Jürgen Lang

Wörter nachschlagen. Deutsch lernen.

Tausende Wortformen, h/Hunderte Beispielsätze
und ein klein wenig Grammatik.

AF211516

FÜR CKHL

Wörter nachschlagen. Deutsch lernen.

ISBN 9783759760760
Herstellung und Verlag: BoD – Books on Demand, Norderstedt

Bibliografische Information der Deutschen Nationalbibliothek:
Die Deutsche Nationalbibliothek verzeichnet diese Publikation in der Deutschen
Nationalbibliografie; detaillierte bibliografische Daten sind im Internet über
http://dnb.dnb.de abrufbar.

EINLEITUNG UND BEDIENUNGSANLEITUNG

INFINITIV	SUBSTANTIVIERUNG	(VERLAUFSFORM)
anleiten	das Anleiten	die Anleitung
bedienen	das Bedienen	die Bedienung
		die Bedienungsanleitung
		↳ FUGENLAUT

Wer eine fremde Sprache sprechen möchte, muss zunächst deren Wörter und Wortformen lernen. Das ist freilich eine grandiose Binsenweisheit, aber ein umfangreicher Wortschatz ist nun einmal das Grundgerüst einer jeden Sprache. Nun ist es allerdings so, dass sich im Deutschen durch diverse historische Gegebenheiten die Flexion eines Wortes – also die Veränderung einer Wortform nach den Vorgaben einer grammatischen Kategorie – ...

- **deklinierbare Wörter:**   Artikel, Adjektive, Substantive, Pronomen
- **konjugierbare Wörter:**   Verben
- **unveränderbare Wörter:**   Adverbien, Interjektionen, Junktionen, Numerale, Partikel, Präpositionen

... in vielen Fällen heute an der Grundform des Wortes gar nicht mehr erkennbar ist. So kann

- von der Grundform eines Substantivs weder das Genus, noch der Plural regelmäßig abgeleitet werden,
- am Infinitiv eines Verbs ohne ausgeprägtes etymologisches Wissen nicht erkannt werden, ob das Verb zielgerichtet ist oder aber sich selbst genügt – also transitiv oder intransitiv ist –, ob es mit dem Hilfsverb *haben* oder dem Hilfsverb *sein* steht oder ob das Verb schwach oder stark gebeugt wird und wenn stark, mit welchem Ablaut,
- an einer Präposition nur noch bei den Wechselpräpositionen der Folgekasus systematisch erfragt werden.

Folglich werden idealerweise die Substantive gleich mit Artikel und Pluralform, die Verben mit Stammformen und Hilfsverb sowie Transitivität oder Folgekasus und die Präpositionen mit Folgekasus gelernt.

Mit diesem Buch kann dank der nach Wortarten sortierten Wörtersammlung, den vielen Beispielsätzen und Redemitteln sowie kompakten und komprimierten Erklärungen zur Grammatik der Wortschatz in jeder Sprachstufe von A1 bis C2 erweitert und können unklare Formen schnell nachgeschlagen werden, wobei aber zu beachten ist, dass sich das Buch weder als kompakte Grammatik, noch als ein Lehrbuch versteht. *„Wörter nachschlagen. Deutsch lernen.“* ist als 2-in-1-Buch eine unterstützende Lernhilfe und ein Nachschlagewerk!

Da die – allesamt frei erfundenen – Beispielsätze vor allem der Betonung und Nachvollziehbarkeit der Grammatik dienen, sind sie bewusst einfach und die Grammatik verdeutlichend gehalten. Bei den Sätzen wird es mit dem Schriftsteller *Mark Twain* gehalten:

> *„Zum Beispiel fragt mein Buch nach einem gewissen Vogel (es fragt immerzu nach Dingen, die für niemanden irgendwelche Bedeutung haben): ‚Wo ist der Vogel?‘ Die Antwort auf diese Frage lautet – gemäß dem Buch –, dass der Vogel in der Schmiede wartet, wegen des Regens. Natürlich würde kein Vogel so etwas tun, aber ich muss mich an das Buch halten.“*   (aus: Die schreckliche deutsche Sprache)

Ähnliche oder auch gleichlautende Sätze sind beabsichtigt und stehen für die Austauschmöglichkeit eines Wortes oder einer Wortform.

Angesichts der Vielzahl der Möglichkeiten in der deutschen Sprache sind alle Listen natürlich ohne jedweden Anspruch auf Vollständigkeit zusammengestellt.

Bei der Zusammenstellung der Wörterlisten und Beispielsätze wurde mit großer Sorgfalt darauf geachtet, dass die aufgeführte Schreibweise den Vorgaben des amtlichen Regelwerks entspricht. Durchgängig gelingt das nicht, was auch daran liegt, dass es angesichts des Spannungsfeldes zwischen den empfohlenen und den erlaubten Schreibweisen im Regelwerk gar nicht möglich ist.

Zudem kann trotz sorgfältigen Lektorats das Vorkommen von Tippfehlern leider nicht ausgeschlossen werden.

Leerzeilen am Ende einer Seite sind technisch bedingt, ebenso wie Abstände zwischen den Wörtern, die im Blocksatz durch den Verzicht auf eine Wort- und Silbentrennung entstehen.

Wie alle meine Bücher ist auch dieses – frei nach Goethe – nicht dazu da, damit man wisse, dass der Autor irgendetwas weiß. *Jedermann ist es unbenommen, Besseres zu bieten.*

INHALTSÜBERSICHT

INHALTSVERZEICHNIS

Das Genus nach Wortendung
{die Endung zeigt den Artikel an}

Homonyme Substantive
{ein Abdruck hinterlässt Abdrucke und Abdrücke}

Einige Substantive mit Artikel, Genitiv und Plural
{von 'der Aal' bis 'die Zyste'}

Länder- und Gebietsnamen mit Einwohnerbezeichnungen
{das Europa, der Europäer und die Europäer}

Wortformen von und Besonderheiten bei Verben 174

Wortformen von und Besonderheiten nach Partikeln 297

Satzbau und Satzarten, Deklination und Konjugation 303

WORTFORMEN VON UND BESONDERHEITEN BEI SUBSTANTIVEN

Ein Substantiv

- bezeichnet einen konkreten oder abstrakten Gegenstand,
- ist in der Anzahl festgelegt,
- hat ein grammatisches Geschlecht und
- steht in einem Satz *immer* in einem bestimmten Kasus.

[!] Generell unterscheidet die Sprache nicht zwischen einem Lebewesen, einer Sache oder einem Begriff, vielmehr stellt ein Substantiv alles auf der Welt als ein Ding dar und gibt den Dingen einen Namen. Substantive werden immer großgeschrieben.

Mit der **Substantivierung** lässt sich fast alles, was im eigentlichen Sinn kein Ding ist, in ein Ding umwandeln. Bis auf die Großschreibung bleibt das Wort dabei grundsätzlich unverändert, bei den Adjektiven wird aber zum Beispiel ein e angehängt.

- lernen _> das Lernen
- fünf _> die Fünf
- deutsch _> das Deutsche
- bunt _> das Bunte

Substantivierungen zur Betonung kontinuierlicher und bestehender Dinge erfolgen – sofern möglich – mit der Endung *-ung*.

- beraten _> die Beratung
- schreiben _> die Schreibung

aber: lernen _> ~~die Lernung~~

Der **Numerus** steht für die Anzahl der Dinge und ist eine semantische Kategorie zur Bezeichnung einer Realität. Für die Bildung des Plurals haben wir fünf mögliche Endungen, die Wortformen werden teils mit und teils ohne einen Umlaut gebildet. Einige Substantive haben aus ihrer Bedeutung heraus keine Pluralform, andere keinen Singular.

[!] An der Grundform eines Substantivs ist die Bildung der Pluralform nicht erkennbar, ...

- das Gedicht – die Gedichte
- das Gesicht – die Gesichter

... regelmäßig ist nur, dass die Maskulina und Neutra auf -el, -en und -er sowie die Neutra auf -chen und -lein den Plural ohne Endung bilden, die Feminina keinen Plural ohne Endung sowie alle Namen und die meisten Substantive, die auf den Vokal -a, -i, -o oder -u enden, den Plural mit -s.

- der Koffer – die Koffer
- das Pflaster – die Pflaster
- die Leiter – die Leitern

- das Brötchen – die Brötchen
- das Blümlein – die Blümlein

- das Auto – die Autos
- das Taxi – die Taxis

Das **Genus** – oder das grammatische Geschlecht – ist eine lexikalisch-grammatische Kategorie zur Unterteilung von Wörtern, um in einem Satz eine Übereinstimmung zwischen den Satzelementen zu ermöglichen. Das Genus ist im Singular in

- *Maskulinum* oder *männlich*,
- *Femininum* oder *weiblich* und
- *Neutrum* oder *sächlich*

unterteilt, in jedem Substantiv fest enthalten und kann in der Regel nicht frei gewählt werden. Im Plural wird das Genus nicht unterschieden, dort stehen alle Substantive im Standardgenus und der bestimmte Artikel lautet ausnahmslos *die*.

- die Gabel – <u>die</u> Gabeln
- der Löffel – <u>die</u> Löffel
- das Messer – <u>die</u> Messer

Auch das Genus kann von der Grundform eines Substantivs nicht regelmäßig hergeleitet werden, ...

- die Butter
- das Futter
- der Kutter
- die Mutter

... ergibt sich aber bei einigen Substantiven – sprich meist ohne Regelmäßigkeit – aus der Bedeutung oder der Wortendung.

- der Norden, der Osten, der Süden, der Westen
- die Buche, die Eiche, die Linde, die Pappel, die Tanne

- die Dunkel<u>heit</u>
- die Dankbar<u>keit</u>
- die Umarm<u>ung</u>
- das Männ<u>lein</u>
- das Mäd<u>chen</u>

[!] Die **Bezeichnungen der Genuskategorien** sind bis auf die wenigen Substantive, die das Wort *Mann* beziehungsweise *Frau* oder aber eine anerkannte männliche oder weibliche Form enthalten – *der Vater, der Onkel, die Mutter, die Tante* –, regelmäßig inhaltsleer. Das Genus wird also lexikalisch zugeordnet.

- der Löffel
- das Messer
- die Gabel

In einer **Substantiv-Substantiv-Komposition** gibt immer das letzte Substantiv den Artikel vor.

- die Karte + <u>das</u> Spiel = <u>das</u> Kartenspiel
- das Spiel + <u>die</u> Karte = <u>die</u> Spielkarte
- der Arm + das Band + <u>die</u> Uhr = <u>die</u> Armbanduhr

Bei einigen Zusammensetzungen wird ein **Fugenelement** zwischen die Wörter eingefügt. Obwohl eine Substantivkomposition für einen Genitiv steht, lassen sich die verwendeten Fugenelemente weder regelmäßig aus der Genitivendung der Substantive herleiten, noch lässt sich überhaupt eine Regel ableiten.

- die Planung der Stadt = die Stadtplanung
- der Bau der Stadt = der St<u>ä</u>dt<u>e</u>bau

- der Tag der Geburt = der Geburt<u>s</u>tag
- die Finsternis der Sonne = die Sonn<u>en</u>finsternis

- das Ei des Huhns = das H<u>ü</u>hn<u>er</u>ei
- das Ei des Kuckucks = das Kuckuck<u>s</u>ei
- das Ei des Straußes = das Strauß<u>en</u>ei

TIPP

Substantive immer gleich mit dem **bestimmten Artikel**, der **Genitivform** und der **Pluralform** lernen!

- der Leiter – des Leiters – die Leiter
- die Leiter – der Leiter – die Leitern

Substantive ohne Plural
{es gibt nur eine Liebe}

Gefühle/Gefühlsäußerungen

- Spinnen können heftige <u>Abscheu</u> auslösen. / ~~die Abscheue~~
- <u>Der Ärger</u> verfliegt schnell. / ~~die Ärger~~
- Auch Krankenpfleger kennen <u>den Ekel</u>. / ~~die Ekel~~
- <u>Der Hass</u> ist eine feindselige Einstellung. / ~~die Hasse~~
- <u>Die Liebe</u> von Inge ist groß. / ~~die Lieben~~
- <u>Das Misstrauen</u> zerstört Freundschaften. / ~~die Misstrauen~~
- <u>Der Neid</u> anderer muss verdient werden. / ~~die Neide~~
- Wenn etwas schiefgeht, ist einem <u>der Spott</u> sicher. / ~~die Spotte~~
- <u>Der Zorn</u> der Götter ist gefürchtet. / ~~die Zorne~~

Sammel-/Gattungsbegriffe

- <u>Der Adel</u> lebt in einer eigenen Welt. / ~~die Adel~~
- <u>Das Benzin</u> wird immer teurer. / ~~die Benzine~~
- <u>Das Blut</u> gefriert in den Adern. / ~~die Blute~~
- <u>Die Chemie</u> ist eine komplexe Wissenschaft. / ~~die Chemien~~
- <u>Der Diesel</u> kann auch zum Heizen verwendet werden. / ~~die Diesel~~
- <u>Das Fleisch</u> muss gut abgehangen werden. / ~~die Fleische~~
- <u>Der Handel</u> zwischen den Ländern wird gefördert. / ~~die Handel~~
- Zu Weihnachten ist <u>das Geflügel</u> gefragt. / ~~die Geflügel~~
- <u>Das Gepäck</u> geht am Flughafen verloren. / ~~die Gepäcke~~
- <u>Der Käse</u> kommt aus dem Allgäu. / ~~die Käsen~~ [aber: die Käse]
- Hans muss <u>das Laub</u> wegfegen. / ~~die Laube~~
- <u>Die Milch</u> kocht schnell über. / ~~die Milche~~
- <u>Das Mittelalter</u> liegt lange zurück. / ~~die Mittelalter~~
- Inge sammelt <u>das</u> heruntergefallene <u>Obst</u> ein. / ~~die Obste~~
- <u>Jedes Ostern</u> trifft sich die Familie auf Menorca. / ~~die Ostern~~
- <u>Die Physik</u> ist praktisch und theoretisch. / ~~die Physiken~~
- <u>Das Publikum</u> ist wundervoll. / ~~die Publikums~~
- <u>Der Schmuck</u> der Königin wird vererbt. / ~~die Schmucke~~
- <u>Der Staub</u> kommt immer wieder. / ~~die Staube~~
- Der Bauer treibt <u>das Vieh</u> in den Stall. / ~~die Viehe~~
- <u>Das Wild</u> versteckt sich vor dem Jäger. / ~~die Wilde~~

Abstrakte und unzählbare Dinge

- Das Alter bringt einige Gebrechen mit sich. / ~~die Alter~~
- Das Bewusstsein ist ein Merkmal der Menschen. / ~~die Bewusstseine~~
- Oft ist die Erziehung Glückssache. / ~~die Erziehungen~~
- Der Frieden ist unbezahlbar. / ~~die Frieden~~
- Die Geduld wird gern strapaziert. / ~~die Gedulde~~
- Die Gesundheit kann nicht gekauft werden. / ~~die Gesundheiten~~
- Der Glaube kann Berge versetzen. / ~~die Glauben~~
- Das Glück kommt immer von allein. / ~~die Glücke~~
- Die Hitze ist unerträglich. / ~~die Hitzen~~
- Die Jugend geht schneller als gedacht zu Ende. / ~~die Jugenden~~
- Die Kälte hält an. / ~~die Kälten~~
- Die Kindheit sollte schön sein. / ~~die Kindheiten~~
- Der Lärm geht einem auf die Nerven. / ~~die Lärme~~
- Die Liebe ist stärker als alles andere. / ~~die Lieben~~
- Die Musik regt die Phantasie an. / ~~die Musiken~~
- Das Pech klebt an den Stiefeln. / ~~die Pechs~~
- Der Regen hört scheinbar nie mehr auf. / ~~die Regen~~
- Die Ruhe ist wundervoll. / ~~die Ruhen~~
- Der Ruhm verfliegt schneller als er kommt. / ~~die Ruhme~~
- Der Schnee bedeckt das Land. / ~~die Schnees~~
- Der Stolz auf die Leistung ist berechtigt. / ~~die Stolze~~
- Der König belohnt die Treue des Musketiers. / ~~die Treuen~~
- Der König bestraft den Verrat. / ~~die Verrate~~
- Das Vertrauen muss verdient werden. / ~~die Vertrauen~~
- Das Vieh wird in den Stall gebracht. / ~~die Viehe~~
- Die Wärme ist mollig. / ~~die Wärmen~~
- Die Zeit ist reif für eine Neuerung. / ~~die Zeiten~~

Substanzen

- Die Bronze enthält viel Kupfer. / ~~die Bronzen~~
- Das Eis schmilzt in der Sonne. / ~~die Eise~~
- Das Gold ist sehr begehrt. / ~~die Golde~~
- Das Kupfer wird mit Gold überzogen. / ~~die Kupfer~~
- Das Leder wird gegerbt. / ~~die Leder~~
- Das Silber ist ein chemisches Element. / ~~die Silber~~
- Der Stahl sorgt für Stabilität. / ~~die Stahle~~

17

- Das Uran ist jahrtausendelang radioaktiv. / ~~die Urane~~
- Der Strom wird aus Sonnenenergie erzeugt. / ~~die Strome~~
- Der Zement muss lange trocknen. / ~~die Zemente~~

Organisationen

- Die Bahn veröffentlicht einen neuen Fahrplan. / ~~die Bahnen~~
- Die Bundesbank erhöht die Zinsen. / ~~die Bundesbanken~~
- Die Bundeswehr hilft bei Katastrophen. / ~~die Bundeswehren~~
- Die Europäische Union ist ein Staatenbündnis. / ~~die Europäischen Unionen~~
- Die Nato bewacht die Grenzen. / ~~die Natos~~
- Die Post transportiert Briefe und Pakete. / ~~die Posten~~
- Der Zoll kontrolliert die Grenzen. / ~~die Zolle~~

Infinitive als Substantive

lernen, lernte, hat gelernt
   ↳ das Lernen
- Das Lernen macht nicht immer Spaß. / ~~die Lernen~~

laufen, lief, ist gelaufen
   ↳ das Laufen
- Das Laufen jeden Tag fördert die Gesundheit. / ~~die Laufen~~

sprechen, sprach, hat gesprochen
   ↳ das Sprechen
- Das Sprechen vor vielen Leuten ist Übungssache. / ~~die Sprechen~~

Substantive ohne Singular
{die Gebrüder sind nie allein}

Bezeichnungen von Krankheiten

- Die Masern sind ansteckend. / ~~der, die, das Maser~~
- Die Röteln und die Pocken ebenfalls. / ~~der, die, das Rötel, Pocke~~
- Die Salmonellen sind Bakterien. / ~~der, die, das Salmonelle~~
aber: Die Grippe ist ansteckend. / ~~die Grippen~~

Geographische Bezeichnungen und Ländernamen

- Die Alpen sind das höchste Gebirge Deutschlands. / ~~der, die, das Alpe~~
- Die Anden sind ein Gebirge in Südamerika. / ~~der, die, das Ande~~
- Die Balearen gehören zu Spanien. / ~~der, die, das Baleare~~
- Die Kanaren auch. / ~~der, die, das Kanare~~
- Die Niederlande sind ein Königreich. / ~~das Niederland~~
- Die Tropen liegen zwischen den Wendekreisen. / ~~der, die, das Trope~~

Sammelbezeichnungen

- Der Ehemann muss keine Alimente zahlen. / ~~der, die, das Aliment~~
- Alkoholika dürfen Kindern nicht verkauft werden. / ~~der, die, das Alkoholikum~~
- Die Eingeweide sind die Gesamtheit der Organe. / ~~der, die, das Eingeweide~~
- Die Daten müssen ausgewertet werden. / ~~die Date~~
- Alle Einkünfte sind zu versteuern. / ~~die Einkunft~~
- Der Polizist möchte die Fahrzeugpapiere sehen. / ~~das Fahrzeugpapier~~
- Die Kinder machen gern Faxen. / ~~der, die, das Faxe~~
- In den Ferien reisen viele Deutsche nach Mallorca. / ~~der, die, das Ferie~~
- Die Flitterwochen kommen nach der Hochzeit. / ~~die Flitterwoche~~
- Die Gezeiten sind der Wechsel von Ebbe und Flut. / ~~die Gezeit~~
- Die Kosten laufen aus dem Ruder. / ~~der, die, das Koste~~
- Die Ländereien müssen bewirtschaftet werden. / ~~die Länderei~~
- Die Möbel werden für den Umzug gut verpackt. / ~~der, die, das Möbel~~
- Der Zoll prüft die Personalien. / ~~der, die, das Personalie~~
- Die Spesen werden separat abgerechnet. / ~~der, die, das Spese~~
- Das Kind hat zu viele Spielwaren. / ~~die Spielware~~
- Die Spirituosen sind gut verschlossen. / ~~die Spirituose~~
- Nach dem Erdbeben liegen viele Trümmer herum. / ~~der, die, das Trümmer~~
- Die Zicken der Katze gehen Hans auf die Nerven. / ~~die Zicke~~

Das Genus nach Bedeutungsgruppe
{der Morgen und der Mittag sind Tageszeiten}

Automarken

- Der Porsche ist ein deutscher Sportwagen.
- Der VW Käfer läuft und läuft und läuft.

auch: Audi, BMW, Ferrari, Fiat, Ford, Mercedes, Opel, Tesla, Volkswagen, Volvo ...

Alkoholika

- Der Wein aus Deutschland ist sehr lecker.
- Der Whisky wurde im Land der Kelten erfunden.

auch: Champagner, Korn, Likör, Sekt, Weinbrand, Wermut, Wodka ...
aber: Das Bier wird gebraut.

Gesteine/Mineralien

- Der Trachyt vom Drachenfels wird am Kölner Dom verbaut.
- Der Marmor aus Italien gehört zu den Luxusgütern.

auch: Diamant, Kieselstein, Salmiak, Smaragd ...
aber: Das Quecksilber ist flüssig und gasförmig.

Himmelsrichtungen

- Der Norden ist auf einer Landkarte immer oben.
- Der Osten ist auf einer Landkarte immer rechts.
- Der Süden ist auf einer Landkarte immer unten.
- Der Westen ist auf einer Landkarte immer links.

Tage

- Der Montag eröffnet die Woche.
- Der Dienstag ist der zweite Wochentag.
- Der Mittwoch liegt nicht in der Mitte der Woche.
- Der Donnerstag ist eigentlich der Mittwoch.
- Der Freitag läutet das Wochenende ein.
- Der Samstag ist der Tag des Autowaschens.
- Der Sonntag ist der Tag des Ausruhens.

Monate

- Der Januar ist der erste Monat des Jahres.
- Der Februar ist der kürzeste Monat des Jahres.
- Der März ist nach dem römischen Gott Mars benannt.
- Der April beginnt gern mit einem Scherz.
- Der Mai wird auch der Wonnemonat genannt.
- Der Juni ist der Monat der Sonnenwende.
- Der Juli verdankt seinen Namen Julius Cäsar.
- Der August ist der Sommerferienmonat.
- Der September ist der Monat des Herbstanfangs.
- Der Oktober ist der längste Monat des Jahres.
- Der November gilt als Monat des Gedenkens.
- Der Dezember ist der letzte Monat des Jahres.

Tageszeiten

- Der Morgen beginnt meistens zu früh.
- Der Vormittag liegt zwischen Morgen und Mittag.
- Der Mittag beginnt um 12 Uhr.
- Der Nachmittag liegt zwischen Mittag und Abend.
- Der Vorabend quetscht sich noch dazwischen.
- Der Abend endet meistens zu spät.

aber: Die Nacht ist keine Tageszeit.
          Die Mitternacht auch nicht.

[!] ~~Vormorgen, Nachabend~~

Wetter

- Der Raureif verfängt sich in den Ästen.
- Der Regen fällt im Urwald oftmals tagelang.
- Der Schnee macht den meisten Kindern Spaß.
- Der Hagel ist so groß wie ein Golfball.
- Der Tau bleibt an den Blättern hängen.
- Der Nebel ist für Autofahrer gefährlich.

Chemische Elemente

- Das Aluminium ist ein Leichtmetall.
- Das Arsen wurde von Albertus Magnus entdeckt.

auch: Gold, Silber, Uran
aber: *Der Sauerstoff* ist lebensnotwendig.

Farben

- Das Rot ist die Farbe des Ferraris.
- Das Blau des Meers ist dunkel.
- Das Gelb ist eine der drei Grundfarben.

auch: alle anderen Farbnamen inklusive das Weiß, das Schwarz und das Grau

Flugzeug-, Fluggeräte- und Schiffsnamen

- Die Concorde flog von Paris nach New York.
- Die Hindenburg war ein Luftschiff.
- Die Queen Mary 2 gilt als Königin der Meere.
- Die Titanic sollte unsinkbar sein.

Landschaften

- Die Arktis gehört zu den kältesten Zonen der Welt.
- Die Sahara gehört zu den heißesten Zonen der Welt.
- Die Normandie liegt in Frankreich.
- Die Eifel ist ein Gebirge im Westen Deutschlands.

Motorradmarken

- Die BMW ist ein Motorrad aus Bayern.
- Die Harley Davidson hat Kultstatus.
- Eine Kawasaki ist das schnellste Motorrad.
- Die Vespa ist ein Roller.

Merke: der BMW ist ein Auto, die BMW ist ein Motorrad,
der Honda ist ein Auto und die Honda ein Motorrad

Pflanzennamen

- Die Eiche ist ein typisch deutscher Baum.
- Die Linde auch.
- Die Tanne wird zu Weihnachten geschmückt.
- Die Rose ist die Blume der Verliebten.
- Die Tulpe steht für Holland.

Diminutive

- Das Bächlein ist bei Hochwasser ein Fluss.
- Das Mädchen spielt mit seiner Freundin.
- Das Männlein steht im Walde.
- Das Ampelmännchen wechselt seine Farbe.
- Das Blümchen steht auf der Fensterbank.
- Das Blümlein steht auf der Fensterbank.

Substantivierungen von Infinitiven

- Das Malen macht den Kindern einen Riesenspaß.
- Das Lernen von Vokabeln macht nicht immer Spaß.
- Das Sprechen lernen Kinder erst später.
- Das Rechnen ist eine anstrengende Sache.
siehe oben bei „Substantive ohne Plural"

Substantivierungen von Adjektiven

- Das Neue ist nicht immer besser als das Alte.
- Das Teure ist nicht immer besser als das Preiswerte.
- Das Billige ist immer schlechter als das Preiswerte.

Substantivierte Zahlen

- Die Eins ist nicht generell die erste Zahl.
- Die Zwei ist die kleinste Primzahl.
- Die Elf ist eine Schnapszahl.
- Die Dreizehn gilt als Unglückszahl.

Das Genus nach Wortendung
{die Endung zeigt den Artikel an}

Endungen mit Regelmäßigkeit

-heit, -keit, -ung

Die Endungen -heit, -keit und -ung stehen immer für Feminina.
- Die Gesundheit ist das größte Gut.
- Die Mehrheit stimmt für den neuen Vertrag.

- Die Schwierigkeit lässt sich nicht beseitigen.
- Die Einigkeit in der Gruppe ist wichtig.

- Die Lieferung des Pakets verzögert sich.
- Die Leerung des Briefkastens fällt heute aus.

-chen, -lein

Die Endungen -chen und -lein stehen immer für Verkleinerungsformen im Neutrum.
- Das Männchen rennt dem Weibchen hinterher.
- Das Blümchen steht auf der Fensterbank.

- Das Männlein steht im Walde.
- Das Blümlein am Fenster muss gegossen werden.

-in (bei Bezeichnungen weiblicher Personen)

Personenbezeichnungen auf -in und -innen im Plural bezeichnen Frauen.
- Die Königin ist die Schönste der Königinnen.
- Die Künstlerin eröffnet ihre Ausstellung.
- Die Artistin erklimmt das Trapez.
- Die Ärztin gibt dem Patienten einen guten Rat.

-ier (bei Personenbezeichnungen)

- Der Kavalier hält der Dame die Türe auf.
- Der Offizier erteilt dem Soldaten einen Befehl.
- Der Routinier bewahrt die Ruhe.
- Der Bankier rät seinen Kunden zum Aktienkauf.

Endungen oft ohne Regelmäßigkeit

-and

- Der Bestand geht zu Neige.
- Der Doktorand wertet die Statistik aus.
- Der Konfirmand freut sich auf seine Feier.
- Der Proband hat ein mulmiges Gefühl.

-ant

- Der Lieferant bringt viele Pakete.
- Der Praktikant muss die Pakete auspacken.
- Der Intendant stellt das neue Programm vor.
- Der Elefant lebt in Afrika und Asien.

aber: Das Restaurant ist montags geschlossen.

            Für Hans gehört das Croissant zum Frühstück.

-är (bei Personenbezeichnungen)

- Der Millionär kauft sich seinen fünften Sportwagen.
- Der Aktionär verliert viel Geld an der Börse.
- Der Legionär rüstet sich für den Einsatz.
- Der Pensionär freut sich auf seine Freizeit.

-ent

- Der Advent ist die Vorweihnachtszeit.
- Der Dirigent wird stürmisch gefeiert.
- Der Student bereitet sich auf das Examen vor.
- Der Patient braucht viel Ruhe.

-eur

- Der Ingenieur plant eine neue Anlage.
- Der Regisseur ist mit der Szene zufrieden.
- Der Dompteur trainiert seine Kaninchen.
- Der Amateur verdient im Sport kein Geld.
- Der Monteur repariert die defekte Heizung.

aber: Das Malheur ist schnell passiert.

-ich

- Der Teppich muss dringend gereinigt werden.
- Der Dietrich öffnet dem Dieb viele Türen.
- Der schwere Bottich wird in den Garten gerollt.
- Der Kranich ist ein großer Vogel.

-ig

- Der König schenkt seinem Volk ein großes Fest.
- Der Pfennig hat ausgedient.
- Der Reisig ist ein dünner Zweig.
- Der Honig klebt an den Fingern.

-ist

- Der Artist trainiert für den Auftritt.
- Der Polizist kontrolliert den Autofahrer.
- Der Perfektionist kann Fehler nicht ausstehen.
- Der Jurist liest das Gesetzbuch.

-ling (bei Personenbezeichnungen)

- Der Zwilling kommt selten allein.
- Der Lehrling beendet dieses Jahr seine Ausbildung.
- Der Feigling versteckt sich im Gebüsch.
- Der Säugling weiß noch nichts vom Leben.

aber: Die Reling ist frisch gestrichen.
         Das Bowling macht großen Spaß.

-tor

- Der Motor ist für das schwere Auto zu schwach.
- Der Monitor fängt an zu flackern.
- Der Ventilator verteilt die heiße Luft im Raum.
- Der Lektor gibt dem Autor hilfreiche Hinweise.

-ett (bei Sachbezeichnungen)

- Das Ballett begeistert das Publikum.
- Das Bankett wird von den Gästen geschätzt.
- Das Tablett ist vollbeladen mit Gläsern.
- Das Jackett ist Hans eine Nummer zu klein.

aber: Der Kadett wird belobigt.

-ma

- Das Drama nimmt seinen Lauf.
- Das Thema ist für den Schüler zu kompliziert.
- Das Dilemma muss nicht negativ sein.
- Das Klima erwärmt sich mit jedem Jahr mehr.

aber: Die Firma sucht neue Mitarbeiter.

-um

- Das Album ist für alle Fotos zu klein.
- Das Stipendium hilft Marta sehr.
- Das Gymnasium ist ein Weg zum Studium.
- Das Zentrum ist nicht immer in der Mitte.

-tum

- Das Datum für das Fest steht fest.
- Das Brauchtum muss gepflegt werden.
- Das Votum entscheidet über den Ausgang.
- Das Präteritum ist eine Vergangenheitsform.

aber: Der Reichtum allein macht nicht glücklich.
         Der Irrtum hatte schwerwiegende Folgen.

-age

- Die Garage bekommt ein neues Dach.
- Die Klage überrascht den Anlageberater.
- Die Frage wird oft gestellt.
- Die Etage ist wegen Bauarbeiten gesperrt.

aber: Das Gelage endet mit Kopfschmerzen.

-anz

- Die Distanz kann schwer geschätzt werden.
- Die Diskrepanz ist unübersehbar.
- Die Toleranz hat Grenzen.
- Die Akzeptanz des Königs im Volk steigt.

-ei

- Die Bäckerei hat sonntags geschlossen.
- Die Bücherei kauft 1.000 neue Bücher.
- Die Trödelei geht dem Lehrer auf die Nerven.
- Die Polizei erwischt den Dieb auf frischer Tat.

-enz

- Die Tendenz der steigenden Preise hält an.
- Die Residenz des Königs ist stattlich.
- Die Lizenz muss erneuert werden.
- Die Konferenz dauert bereits sieben Stunden.

-ette

- Die Tablette schmeckt nach Zitrone.
- Die Serviette ist kunstvoll gefaltet.
- Die Operette dauert drei Stunden.
- Die Kette ist sehr schön.

aber: Das Baguette ist sehr lecker.
        Das Roulette ist ein Spiel auf die Zahlen.

-ik

- Die Technik ist schnell veraltet.
- Die Problematik wird vom Experten schnell erkannt.
- Die Musik schallt über den Platz.
- Die Akustik des Platzes ist gut.

aber: Das Mosaik besteht aus hunderten Steinchen.
        Der Atlantik und der Pazifik sind Meere.

-ion

- Die Spekulation kostet den Anleger viel Geld.
- Die Argumentation ist schlüssig.
- Diese Reaktion wurde nicht erwartet.
- Der Präsident hat die Gratulation vergessen.

aber: Der Lampion leuchtet.
        Das Stadion ist gut besucht.

-ität

- Die Universität bietet viele Sprachkurse an.
- Die Kapazität des Lagers reicht nicht aus.
- Die Absurdität der Idee ist unglaublich.
- Die Mentalität der Personen ist verschieden.

-schaft

- Die Freundschaft ist eine schöne Sache.
- Die Mitgliedschaft im Verein ist sehr teuer.

- Hans und Inge wandern quer durch <u>die Landschaft</u>.
- <u>Die Mannschaft</u> muss sich steigern.

aber: <u>Der Schaft</u> hat kein »schaft« als Endung.

-ur

- <u>Die Natur</u> ist immer stärker.
- <u>Die Rasur</u> kann ein Ritual sein.
- <u>Die Diktatur</u> hat keinen Sinn für den freien Willen.
- <u>Die Frisur</u> der Prinzessin kommt in Mode.

aber: <u>Das Abitur</u> ermöglich ein Studium.

-üre

- <u>Die Maniküre</u> zieht sich in die Länge.
- <u>Die Broschüre</u> wird dem Kunden zugeschickt.
- <u>Die Bordüre</u> verziert den Teppich.
- <u>Die Lektüre</u> des Buchs kann nur empfohlen werden.

Homonyme Substantive
{ein Abdruck hinterlässt Abdrucke und Abdrücke}

Substantiv mit Pluralform in erster Bedeutung
Substantiv mit Pluralform in zweiter Bedeutung
(Substantiv mit Pluralform in weiterer Bedeutung)

der Abdruck – die Abdrucke (gedruckte Texte, Bilder)
der Abdruck – die Abdrücke (Spur, Fährte)
- Der Drucker kontrolliert den Abdruck.
- Der Drucker kontrolliert die Abdrucke.
- Hans und Inge hinterlassen ihren Abdruck im Sand.
- Hans und Inge hinterlassen ihre Abdrücke im Sand.

der Akt – die Akte (Aktion)
der Akt – die Akte (Bild, Teil einer Vorführung)
- Das Paar gibt sich in einem feierlichen Akt das Jawort.
- Die Hochzeit findet in mehreren Akten statt.
- Der Schauspieler vergisst im ersten Akt den Text.
- Das Stück zieht sich über acht Akte.

der Ausdruck – die Ausdrucke (gedruckte Texte, Bilder)
der Ausdruck – die Ausdrücke (Worte und Wörter)
- Der Drucker prüft den Ausdruck.
- Der Drucker prüft die Ausdrucke.
- Der Redner sucht nach dem richtigen Ausdruck.
- Der Redner sucht nach den richtigen Ausdrücken.

der Ball – die Bälle (Sportgerät)
der Ball – die Bälle (Tanzveranstaltung)
- Beim Fußballspiel geht ein Ball kaputt.
- Beim Fußballspiel gehen zwei Bälle kaputt.
- Hans und Inge tanzen jedes Jahr auf einem Ball.
- Hans und Inge tanzen jedes Jahr auf zwei Bällen.

der Bau – die Baue (Tierhöhle)
der Bau – die Bauten (Bauwerk / Gebäude)
- Der Bau des Kaninchens reicht über die ganze Wiese.
- Die Baue der Kaninchen reichen über die ganze Wiese.
- Der Bau des Klosters hat 100 Jahre gedauert.
- Die Bauten des Klosters haben 100 Jahre gedauert.

der Band – die Bände (Buch einer Reihe)
das Band – die Bänder (breite Schnur oder Kordel)
die Band – die Bands (Musikergruppe)
- Das Wörterbuch hat einen Band.
- Das Wörterbuch der Gebrüder Grimm hat 32 Bände.
- Inge bindet ihre Rosen mit einem Band fest.
- Inge bindet ihre Rosen mit Bändern fest.
- Auf dem Festival spielt eine Band.
- Auf dem Festival spielen viele Bands.

die Bande – die Banden (Personengruppe)
die Bande – die Banden (Werbetafel)
- Die Kinder treffen sich gern als Bande.
- Die Kinder treffen sich gern in Banden.
- Der Ball fliegt gegen die Bande.
- Der Ball fliegt gegen die Banden.

die Bank – die Banken (Geldinstitut)
die Bank – die Bänke (Sitzgelegenheit)
- Hans legt sein Geld bei mehreren Banken an.
- Hans legt sein Geld bei einer Bank an.
- Im Garten steht eine Bank.
- Im Garten stehen vier Bänke.

die Birne – die Birnen (Frucht)
die Birne – die Birnen (Leuchtmittel)
- Inge isst jeden Tag eine Birne.
- Inge isst jeden Tag zwei Birnen.
- Hans tauscht die Birne in der Lampe.
- Hans tauscht die Birnen in der Lampe.

die Börse – die Börsen (Portemonnaie)
die Börse – die Börsen (Devisenmarkt)
- Hans nimmt auf die Reise eine Börse mit.
- Hans nimmt auf die Reise zwei Börsen mit.
- Der Anlageberater prüft die Kurse an der Börse.
- Der Anlageberater prüft die Kurse an den Börsen.

die Bremse – die Bremsen (Haltevorrichtung)
die Bremse – die Bremsen (Insekt)
- Hans repariert die Bremse am Fahrrad.
- Hans repariert die Bremsen am Fahrrad.
- Die Bremse ist eine lästige Stechfliege.
- Die Bremsen sind lästige Stechfliegen.

die Bronze – [Ø] (Legierung)
die Bronze – die Bronzen (Kunstgegenstand)
- Der Künstler überzieht die Skulptur mit Bronze.
- [Ø]
- Der Künstler verkauft seine neuste Bronze.
- Der Künstler verkauft seine neusten Bronzen.

der Bulle – die Bullen (Tier)
die Bulle – die Bullen (Schriftstück)
- Der Bulle steht auf der Weide.
- Der Bauer treibt die Bullen auf die Weide.
- Der Archäologe findet eine alte Bulle.
- Der Archäologe findet drei alte Bullen.

der Bund – die Bunde / Bünde (Gebinde)
der Bund – die Bünde (Vereinigung / Stoffeinfassung)
- Der Bauer verteilt einen Bund Stroh im Stall.
- Der Bauer verteilt etliche Bunde Stroh im Stall.
- Inge kauft einen Bund Radieschen.
- Inge kauft fünf Bünde Radieschen.
- Die Vereine schließen sich zu einem Bund zusammen.
- Die Vereine schließen sich zu Bünden zusammen.

die Decke – die Decken (Stoffstück)
die Decke – die Decken (Stoffstück)
- Im Haus muss die Decke gestrichen werden.
- Im Haus müssen die Decken gestrichen werden.
- Inge wickelt sich in eine Decke ein.
- Inge wickelt sich in zwei Decken ein.

der Druck – die Drucke (gedruckte Texte, Bilder)
der Druck – die Drücke (Spur, Fährte, Kraft)
- Der Drucker prüft den Druck.
- Der Drucker prüft die Drucke.
- Der Statiker prüft den Druck auf die Pfeiler.
- Der Statiker prüft die Drücke auf die Pfeiler.

das Erbe – [Ø] (Hinterlassenschaft)
der Erbe – die Erben (Person, die erbt)
- Der König hinterlässt das Erbe.
- [Ø]
- Der Erbe nimmt das Erbe an.
- Die Erben nehmen das Erbe an.

der Flügel – die Flügel (Arm eines Vogels)
der Flügel – die Flügel (Klavier)
- Der Flügel des Vogels ist wasserabweisend.
- Die Flügel des Vogels sind wasserabweisend.
- Der Flügel des Komponisten ist ein Vermögen wert.
- Die Flügel des Komponisten sind ein Vermögen wert.

der Flur – die Flure (Korridor)
die Flur – die Flure (Landschaft)
- Der Flur verbindet die Zimmer.
- Die Flure verbinden die Zimmer.
- Hans und Inge wandern durch die blühende Flur.
- Hans und Inge wandern durch blühende Flure.

das Futter – [Ø] (Tiernahrung)
das Futter – die Futter (Stoff für Innenseiten)
- Hans geht das Futter für den Hund kaufen.
- [Ø]
- Inge näht das Futter in die Jacke.
- Inge näht die Futter in die Jacken.

der Gang – die Gänge (Korridor, Weg)
die Gang – die Gangs (Bande)
- Der Gang verbindet die Räume.
- Die Gänge verbinden die Räume.
- Die Gang sorgt für Angst und Schrecken.
- Die Gangs sorgen für Angst und Schrecken.

das Gehalt – die Gehälter (Lohn)
der Gehalt – die Gehalte (ideeller Wert)
- Die Arbeiter fordern ein höheres Gehalt.
- Die Arbeiter fordern höhere Gehälter.
- In den Parteien fehlt Hans der Gehalt.
- In den Parteien fehlen Hans die Gehalte.

der Geist – [Ø] (Verstand)
der Geist – die Geiste (Alkohol)
der Geist – die Geister (Gespenst)
- Der Lärm geht Hans auf den Geist.
- [Ø]
- Der Nachbar trinkt gern einen Geist.
- Der Nachbar trinkt gern einige Geiste.
- In einem Schloss spukt ein Geist.
- In einem Schloss spuken die Geister.

der Heide – die Heiden (Ungläubiger)
die Heide – die Heiden (Landschaft)
- Der Heide glaubt nicht an Gott.
- Der Heiden glauben nicht an Gott.
- Hans und Inge wandern durch die blühende Heide.
- Hans und Inge wandern durch blühende Heiden.

die Hochzeit [Hoch-Zeit] – [∅] (Blütezeit)
die Hochzeit – die Hochzeiten (Heirat)
- Die Klassik ist eine Hochzeit deutscher Dichter.
- [∅]
- Inge ist zu zwei Hochzeiten eingeladen.
- Inge ist zur Hochzeit von Paul und Paula eingeladen.

die Hut – [∅] (Vorsicht)
der Hut – die Hüte (Kopfbedeckung)
- Der Postbote ist auf der Hut vor dem Hund.
- [∅]
- Inge ist beim Sturm der Hut weggeflogen.
- Inge sind beim Sturm zwei Hüte weggeflogen.

das Junge – die Jungen (Jungtier)
der Junge – die Jungen (männliches Kind)
- Die Löwin säugt das Junge.
- Die Löwin säugt ihre Jungen.
- Der Junge aus dem Haus geht zum Spielen.
- Die Jungen aus dem Haus treffen sich zum Spielen.

die Kapelle – die Kapellen (Kirchenraum)
die Kapelle – die Kapellen (Musiker)
- Die Hochzeit findet in einer Kapelle statt.
- Die Hochzeit findet in einer der Kapellen statt.
- Auf der Hochzeit spielt eine Kapelle.
- Auf der Hochzeit spielen drei Kapellen.

der Kiefer – die Kiefer (Kinnbacke)
die Kiefer – die Kiefern (Baum)
- Hans tut der Kiefer weh.
- Hans tun beide Kiefer weh.
- Im Garten steht eine Kiefer.
- Im Wald stehen zahlreiche Kiefern.

die Kluft – die Kluften (Uniform)
die Kluft – die Klüfte (tiefer Riss)
- Die Armee steckt ihre Soldaten in eine Kluft.
- Die Armee steckt ihre Soldaten in Kluften.
- In Inges Hose ist nach der Arbeit eine Kluft.
- In Inges Hose sind nach der Arbeit einige Klüfte.

das Korn – die Körner (Samen)
der Korn – die Korne (Branntwein)
- Die Vögel fressen Inges ausgesätes Korn.
- Die Vögel fressen Inges ausgesäte Körner.
- Hans trinkt in der Kneipe einen Korn.
- Hans trinkt in der Kneipe einige Korne.

das Kristall – [Ø] (Glas)
der Kristall – die Kristalle (Mineral)
- Inge besitzt ein paar schöne Gläser aus Kristall.
- [Ø]
- Ein Kristall hat regelmäßige Strukturen.
- Kristalle haben regelmäßige Strukturen.

der Kunde – die Kunden (Person, die einkauft)
die Kunde – die Kunden (Nachricht)
- Hans muss sich heute allein um den Kunden kümmern.
- Hans muss sich heute allein um die Kunden kümmern.
- Die Kunde verbreitet sich schnell im Königreich.
- Die Kunden verbreiten sich schnell im Königreich.

das Laster – die Laster (schlechte Gewohnheit)
der Laster – die Laster (Lkw)
- Rauchen und Biertrinken sind Laster.
- Rauchen und Biertrinken ist ein Laster.
- Der Spediteur lädt die Ware auf den Laster.
- Der Spediteur verteilt die Ware auf mehrere Laster.

der Läufer – die Läufer (Sportler)
der Läufer – die Läufer (kleiner Teppich)
- Der Läufer erreicht erschöpft das Ziel.
- Die Läufer erreichen erschöpft das Ziel.
- Hans legt den Läufer in den Flur.
- Hans legt zwei Läufer in den Flur.

der Leiter – die Leiter (Führungsperson)
die Leiter – die Leitern (Hilfe zum Hinauf-/Hinuntersteigen)
- Im Zeltlager passt ein Leiter auf.
- Im Zeltlager passen fünf Leiter auf.
- Hans hat eine Leiter hinter dem Haus stehen.
- Hans hat zwei Leitern hinter dem Haus stehen.

die Leere – [Ø] (das Nichts)
die Lehre – die Lehren (Ausbildung)
- Am Strand herrscht im Winter gähnende Leere.
- [Ø]
- Ernesto schließt seine Lehre ab.
- Ernesto schließt bereits seine zweite Lehre ab.

das Mal – die Mal / Male (Zeitpunkt)
das Mal – die Male (Fleck auf der Haut)
- Inge trifft sich das eine Mal mit der Bekannten.
- Inge trifft sich einige Male mit der Bekannten.
- Hans hat ein Mal am Rücken.
- Hans hat mehrere Male am Rücken.

der Mangel – die Mängel (Fehler)
die Mangel – die Mangeln (Wäschewalze)
- Die Ware wird wegen eines Mangels umgetauscht.
- Die Ware wird wegen vieler Mängel umgetauscht.
- Die Wäscherei kauft eine neue Mangel.
- Die Wäscherei kauft fünf neue Mangeln.

das Mark – [Ø] (Knochensubstanz)
die Mark – die Mark (Währung)
die Mark – die Marken (Landschaft)
- Der Knochen ist bis an das Mark verletzt.
- [Ø]
- Ein Brot kostete früher eine Mark.
- Ein Brot kostete früher zwei Mark.
- Die Musketiere streifen durch die Mark.
- Die Musketiere streifen durch die Marken.

der Mast – die Maste / Masten (senkrechte Stange)
der Mast – die Masten (Mästen von Tieren)
- Die Stromtrasse erreicht den Mast.
- Die Stromtrasse erstreckt sich über viele Maste.
- Im Herbst beginnt die Mast der Tiere.
- Im Herbst beginnen die Masten der Tiere.

die Messe – die Messen (Gottesdienst)
die Messe – die Messen (Ausstellung)
die Messe – die Messen (Schiffskantine)
- Der Dom wird nach der Messe für Besucher geöffnet.
- Der Dom wird nach den Messen für Besucher geöffnet.
- Hans soll Waren auf einer Messe kaufen.
- Hans soll Waren auf drei Messen kaufen.
- Das Schiff hat eine Messe nur für die Besatzung.
- Das Schiff hat zwei Messen für die Besatzung.

die Mutter – die Mütter (Frau)
die Mutter – die Muttern (Schraube)
- Die Mutter geht zum Kindergarten.
- Die Mütter treffen sich im Kindergarten.
- Hans zieht die Mutter an dem Autoreifen nach.
- Hans zieht die Muttern an den Autoreifen nach.

der Nachdruck – [Ø] (Kopie)
der Nachdruck – die Nachdrucke (gedruckte Texte, Bilder)
- Der Politiker fordert das Gesetz mit Nachdruck.
- [Ø]
- Der Drucker kontrolliert den Nachdruck.
- Der Drucker kontrolliert die Nachdrucke.

der Pass – die Pässe (Dokument)
der Pass – die Pässe (Gebirgspfad)
- Inges Pass ist abgelaufen.
- Hans' und Inges Pässe sind abgelaufen.
- Der Pass am Berghang wird im Winter geschlossen.
- Die Pässe am Berghang werden im Winter geschlossen.

das Plastik – [Ø] (Kunststoff)
die Plastik – die Plastiken (Bildwerk)
- Es gibt zu viel Plastik auf der Welt.
- [Ø]
- Der Künstler fertigt eine Plastik an.
- Der Künstler fertigt zwei Plastiken an.

der Pony – die Ponys (Frisur)
das Pony – die Ponys (kleines Pferd)
- Die Freundin lässt sich den Pony schneiden.
- Die Freundinnen lassen sich die Ponys schneiden.
- Die Kinder dürfen auf dem Pony reiten.
- Die Kinder dürfen auf den Ponys reiten.

der Schauer – die Schauer (Niederschlag)
der Schauer – [Ø] (Angst, Grusel)
- Der Schauer lässt den Fluss ansteigen.
- Die Schauer lassen den Fluss ansteigen.
- Hans läuft ein eisiger Schauer über den Rücken.
- [Ø]
das Schild – die Schilder (Zeichen)
der Schild – die Schilde (Schutz)
- In der Straße wird ein neues Schild aufgestellt.
- In der Straße werden neue Schilder aufgestellt.
- Der Polizist stellt seinen Schild auf.
- Die Polizisten stellen ihre Schilde auf.
das Schloss – die Schlösser (Herrschaftshaus)
das Schloss – die Schlösser (Schließvorrichtung)
- Der König besitzt ein Schloss.
- Der König besitzt viele Schlösser.
- Im Winter friert das Schloss an der Türe ein.
- Im Winter frieren die Schlösser an den Türen ein.
der See – die Seen (Binnengewässer)
die See – die Seen (Meer)
- In der Eifel gibt es einen schönen See.
- In der Eifel gibt es viele schöne Seen.
- Das Kreuzfahrtschiff fährt über die See.
- Das Kreuzfahrtschiff fährt über die Seen.
das Service – die Service (Geschirr)
der Service – die Services (Bedienung)
- Das gute Service wird an den Festtagen gedeckt.
- Die guten Service werden an den Festtagen gedeckt.
- Die Firma bietet keinen Service.
- Die Firma bietet keine Services.
der Star – die Stare (Vogel)
der Star – die Stars (berühmte Person)
- Der Star kann andere Vögel perfekt nachahmen.
- Die Stare können andere Vögel perfekt nachahmen.
- Hans und Inge treffen auf dem Ball einen Star.
- Hans und Inge treffen auf dem Ball viele Stars.

das Steuer – die Steuer (Lenkvorrichtung)
die Steuer – die Steuern (Abgabe)
- Auf der Schiffsbrücke befindet sich das Steuer.
- Auf der Schiffsbrücke befinden sich zwei Steuer.
- Hans zahlt jedes Jahr seine Steuer.
- Hans und Inge zahlen jedes Jahr ihre Steuern.

der Strauß – die Strauße (Vogel)
der Strauß – die Sträuße (Blumengebinde)
- Der Strauß lebt in Afrika.
- Die Strauße leben in Afrika.
- Inge schickt ihrer Freundin einen Strauß Blumen.

das Tau – die Taue (Seil)
der Tau – [Ø] (Niederschlag)
- Das Schiff wird mit einem Tau festgemacht.
- Das Schiff wird mit vielen Tauen festgemacht.
- Der Tau bedeckt die Wiese.
- [Ø]

der Taube – die Tauben (Gehörlose Person)
die Taube – die Tauben (Vogel)
- Im Straßenverkehr ist der Taube benachteiligt.
- Im Straßenverkehr sind die Tauben benachteiligt.
- In der Stadt ist das Füttern der Taube verboten.
- In der Stadt ist das Füttern der Tauben verboten.

der Ton – die Tone (Sediment)
der Ton – die Töne (Klang, Geräusch)
- Der Künstler fertigt eine Skulptur aus Ton.
- Der Künstler fertigt eine Skulptur aus Tonen.
- Der Sänger trifft nicht immer den Ton.
- Der Sänger trifft nicht immer alle Töne.

das Tor – die Tore (große Tür)
der Tor – die Toren (Narr)
- Im Mittelalter schützt das große Tor die Stadt.
- Im Mittelalter schützen große Tore die Stadt.
- Der Spieler kommt sich vor wie ein Tor.
- Die Spieler kommen sich vor wie die Toren.

das Verdienst – die Verdienste (Leistung)
der Verdienst – die Verdienste (Einkommen)
- Hans wird für seinen Verdienst befördert.
- Hans wird für seine Verdienste befördert.
- Der Mitarbeiter hofft auf einen höheren Verdienst.
- Der Mitarbeiter hofft auf höhere Verdienste.

die Wahl – die Wahlen (Abstimmung)
der Wal – die Wale (Tier)
- Die Wahl findet nächstes Jahr statt.
- Die Wahlen finden nächstes Jahr statt.
- Der Wal ist vom Aussterben bedroht.
- Die Wale sind vom Aussterben bedroht.

das Wasser – die Wasser (Verbindung Wasserstoff und Sauerstoff)
das Wasser – die Wässer (wässrige Flüssigkeit)
- Der Katamaran kann über das flache Wasser fahren.
- Der Katamaran kann über die flachen Wasser fahren.
- Ein Parfum ist ein wohlriechendes Wasser.
- Parfums sind wohlriechende Wässer.

die Wehe – die Wehen (Geburt)
die Wehe – die Wehen (Anhäufung durch Wind)
- Bei der werdenden Mutter kommt die erste Wehe.
- Bei der werdenden Mutter setzen die Wehen ein.
- Hans kann wegen der Wehe nicht wandern.
- Hans kann wegen der Wehen nicht wandern.

der Weise – die Weisen (Wissender)
die Weise – die Weisen (Melodie)
die Weise – die Weisen (Vorgehen)
- Der Weise gibt dem König einen Rat.
- Die Weisen geben dem König einen Rat.
- Hans summt eine alte Weise.
- Hans summt alte Weisen.
- Zum Ziel führt nicht nur eine Weise.
- Zum Ziel führen mehrere Weisen.

das Wort – die Wörter (Äußerung)
das Wort – die Worte (Ausdruck)
- Der Lektor sucht nach einem Wort.
- Der Lektor sucht nach einem Fehler in den Wörtern.
- Der Autor sucht nach dem richtigen Wort.
- Der Autor sucht nach den richtigen Worten.

der Zoll – die Zoll (Maßeinheit)
der Zoll – die Zölle (Abgabe)
der Zoll – [Ø] (Behörde)
- Der Sensor ist ein Zoll breit.
- Der Sensor ist mehrere Zoll breit.
- Inge muss für ihre Einkäufe Zoll bezahlen.
- Inge muss für ihre Einkäufe Zölle bezahlen.
- Der Zoll kontrolliert die Personen an den Grenzen.
- [Ø]

Einige Substantive mit Artikel, Genitiv und Plural
{von 'der Aal' bis 'die Zyste'}

Artikel Substantiv – Genitivform – Pluralform
feste Wortverbindung mit Funktionsverb / Redensart => Bedeutung

- Ø = keine Wortform (eigene Verwendungen ggf. möglich)
- N = N-Deklination.
- [!] Einige Substantive werden bedeutungsgleich in unterschiedlichen Genera verwendet.
- [!] Einige Substantive haben zwei mögliche Pluralformen.

Info: Das Genitiv-s im Maskulinum Singular und Neutrum Singular kann meist als Endung *-s* oder *-es* angehängt werden:
- der Tag, des Tags / Tages
- das Hemd, des Hemds / Hemdes

aber: das Pflaster, des ~~Pflasteres~~ Pflasters / ~~Datumes~~ Datums / ~~Autoes~~ Autos

---

A

der Aal – des Aals – die Aale
der Abdruck – des Abdrucks – die Abdrucke   (gedruckte Texte, Bilder)
der Abdruck – des Abdrucks – die Abdrücke   (Spur, Fährte)
das Abenteuer – des Abenteuers – die Abenteuer
die Abfuhr – der Abfuhr – die Abfuhren
    eine Abfuhr erteilen => jemanden zurückweisen

das Abhören – des Abhörens – Ø
das Abitur – des Abiturs – die Abiture
das Abkommen – des Abkommens – die Abkommen
der Ablauf – des Ablaufs – die Abläufe
die Ablehnung – der Ablehnung – die Ablehnungen
    auf Ablehnung stoßen => abgelehnt werden

die Absage – der Absage – die Absagen
    eine Absage erteilen => etwas absagen

der Absatz – des Absatzes – die Absätze
der Abscheu – des Abscheus – Ø
die Abscheu – der Abscheu – Ø
der Absolvent – des Absolventen – die Absolventen   N
die Absurdität – der Absurdität – die Absurditäten
der Abstand – des Abstands – die Abstände
das Abtasten – des Abtastens – Ø

die Achse – der Achse – die Achsen
die Achsel – der Achsel – die Achseln
der Acker – des Ackers – die Äcker
der Adel – des Adels – Ø
die Ader – der Ader – die Adern
der Adler – des Adlers – die Adler
der Adressat – des Adressaten – die Adressaten   N
die Adresse – der Adresse – die Adressen
der Advent – des Advents – die Advente
der Advokat – des Advokaten – die Advokaten   N
das Aerosol – des Aerosols – die Aerosole
der Affe – des Affen – die Affen
der Affront – des Affronts – die Affronts
der Agent – des Agenten – die Agenten   N
die Agentur – der Agentur – die Agenturen
der Ahn – des Ahnen – die Ahnen   N
die Ähre – der Ähre – die Ähren
der Airbag – des Airbags – die Airbags
der Akku – des Akkus – die Akkus
der Akrobat – des Akrobaten – die Akrobaten   N
der Akt – des Akts – die Akte
die Akte – der Akte – die Akten
der Akteur – des Akteurs – die Akteure
die Aktie – der Aktie – die Aktien
die Aktion – der Aktion – die Aktionen
die Akustik – der Akustik – Ø
die Akutversorgung – der Akutversorgung – die Akutversorgungen
der Akzent – des Akzents – die Akzente
der Alarm – des Alarms – die Alarme
    Alarm schlagen => aufmerksam machen

das/der Alias – des Alias – die Alias/Aliasse
das Alibi – des Alibis – die Alibis
Ø – Ø – die Alimente
der Alkohol – des Alkohols – die Alkohole
Ø – Ø – die Alkoholika
die Allee – der Allee – die Alleen
die Allergie – der Allergie – die Allergien
der Allgemeinzustand – des Allgemeinzustands – die Allgemeinzustände
der Alligator – des Alligators – die Alligatoren
Ø – Ø – die Alpen
das Alphabet – des Alphabets – die Alphabete

der Altar – der Altare – die Altare
die Allüre – der Allüre – die Allüren
das Alter – des Alters – die Alter
die Alternative – der Alternative – die Alternativen
das Altertum – des Altertums – die Altertümer
der Amboss – des Ambosses – die Ambosse
die Ameise – der Ameise – die Ameisen
die Ampel – der Ampel – die Ampeln
die Amsel – der Amsel – die Amseln
das Amt – des Amts – die Ämter
    ein Amt antreten => eine Tätigkeit anfangen

die Analogie – der Analogie – die Analogien
die Analyse – der Analyse – die Analysen
die Anamnese – der Anamnese – die Anamnesen
die Ananas – der Ananas – die Ananasse
Ø – Ø – die Anden
die Andacht – der Andacht – die Andachten
der Anfall – des Anfalls – die Anfälle
der Anfang – des Anfangs – die Anfänge
die Angabe – der Angabe – die Angaben
    eine Angabe machen => etwas angeben

das Angebot – des Angebots – die Angebote
die Angel – der Angel – die Angeln
    zwischen Tür und Angel => auf die Schnelle / zwischendurch

der Angriff – des Angriffs – die Angriffe
die Angst – der Angst – die Ängste
der Anhänger – des Anhängers – die Anhänger
der Anker – des Ankers – die Anker
die Anklage – der Anklage – die Anklagen
    Anklage erheben => jemanden anklagen
    unter Anklage stehen => angeklagt sein

der Anklang – des Anklangs – die Anklänge
    Anklang finden => positiv aufgenommen werden

die Ankunft – der Ankunft – die Ankünfte
der Anlass – des Anlasses – die Anlässe
die Anlehnung – der Anlehnung – die Anlehnungen
die Anleihe – der Anleihe – die Anleihen
die Annonce – der Annonce – die Annoncen
der Anspruch – des Anspruchs – die Ansprüche
    Anspruch erheben => etwas beanspruchen

die Anschrift – der Anschrift – die Anschriften
die Anstrengung – der Anstrengung – die Anstrengungen
    Anstrengungen unternehmen => sich anstrengen

die Anordnung – der Anordnung – die Anordnungen
    eine Anordnung treffen => etwas anordnen

die Anspannung – der Anspannung – die Anspannungen
der Anteil – des Anteils – die Anteile
die Antenne – der Antenne – die Antennen
die Antwort – der Antwort – die Antworten
    Antwort bekommen => beantwortet werden
    Antwort geben => antworten

der Antrag – des Antrags – die Anträge
der Anwalt – des Anwalts – die Anwälte
die Anweisung – der Anweisung – die Anweisungen
die Anzeige – der Anzeige – die Anzeigen
der Apfel – des Apfels – die Äpfel
    in den sauren Apfel beißen => ungewollte Aufgabe erledigen

die Apfelsine – der Apfelsine – die Apfelsinen
der Apostroph – des Apostrophs – die Apostrophe
der Apparat – des Apparats – die Apparate
die Apparatur – der Apparatur – die Apparaturen
der Appetit – des Appetits – die Appetite
die Appetitlosigkeit – der Appetitlosigkeit – Ø
das/der Aquädukt – des Aquädukts – die Aquädukte
das Aquarium – des Aquariums – die Aquarien
die Arbeit – der Arbeit – die Arbeiten
    eine Arbeit aufnehmen => eine Tätigkeit anfangen

der Arbeiter – des Arbeiters – die Arbeiter
der Archivar – des Archivars – die Archivare
die Arena – der Arena – die Arenen
der Ärger – des Ärgers – Ø
der Arm – des Arms – die Arme
der Ärmel – des Ärmels – die Ärmel
das Aroma – des Aromas – die Aromen
der Arsch – des Arschs – die Ärsche
die Art – der Art – die Arten
das Artefakt – des Artefakts – die Artefakte
die Arterie – der Arterie – die Arterien
der Artikel – des Artikels – die Artikel
die Artischocke – der Artischocke – die Artischocken

die Arznei – der Arznei – die Arzneien
das Arzneimittel – des das Arzneimittels – die das Arzneimittel
der Arzt – des Arztes – die Ärzte
der Arztbrief – des Arztbriefes – die Arztbriefe
die Ärztin – der Ärztin – die Ärztinnen
der Asket – des Asketen – die Asketen   N
der Aspekt – des Aspekts – die Aspekte
die Assel – der Assel – die Asseln
der Assistent – des Assistenten – die Assistenzen   N
der Asteroid – des Asteroiden – die Asteroiden   N
der Athlet – des Athleten – die Athleten   N
der Atlas – des Atlasses – die Atlanten/Atlasse
die Atmung – der Atmung – Ø
das Atom – des Atoms – die Atome
das Attentat – des Attentats – die Attentate
die Attrappe – der Attrappe – die Attrappen
die Au – der Au – die Auen
die Audienz – der Audienz – die Audienzen
der Aufenthalt – des Aufenthalts – die Aufenthalte
die Aufgabe – der Aufgabe – die Aufgaben
die Aufmerksamkeit – der Aufmerksamkeit – die Aufmerksamkeiten
die Aufnahme – der Aufnahme – die Aufnahmen
der Aufnahmebogen – des Aufnahmebogen – die Aufnahmebögen
die Aufregung – der Aufregung – die Aufregungen
    in Aufregung versetzen => jemanden aufregen

der Aufruhr – des Aufruhrs – die Aufruhre
das Aufstoßen – des Aufstoßens – Ø
der Auftrag – des Auftrags – die Aufträge
das Auge – des Auges – die Augen
    im Auge haben => beobachten/planen
    wie die Faust aufs Auge passen => perfekt zusammenpassen
    Tomaten auf den Augen haben => etwas nicht sehen
    mit blauem Auge davonkommen => Glück haben

die Aula – der Aula – die Aulen
die Aura – der Aura – die Auren
der Ausdruck – des Ausdrucks – die Ausdrucke   (Drucke)
der Ausdruck – des Ausdrucks – die Ausdrücke   (Worte und Wörter)
die Ausflucht – der Ausflucht – die Ausflüchte
der Ausgang – des Ausgangs – die Ausgänge
die Auskunft – der Auskunft – die Auskünfte
die Ausleihe – der Ausleihe – die Ausleihen

der Auslöser – des Auslösers – die Auslöser
der Auswuchs – des Auswuchses – die Auswüchse
das Auto – des Autos – die Autos
der Automat – des Automaten – die Automaten
das Automobil – des Automobils – die Automobile
der Autor – des Autors – die Autoren
die Autorität – der Autorität – die Autoritäten
die Avance – der Avance – die Avancen
die Axt – der Axt – die Äxte

B

das Baby – des Babys – die Babys
der Bach – des Bachs – die Bäche
das Bächlein – des Bächleins – die Bächlein
die Backe – der Backe – die Backen
das Backup – des Backups – die Backups
das Bad – des Bades – die Bäder
der Bagger – des Baggers – die Bagger
die Bahn – der Bahn – die Bahnen
der Bahnhof – des Bahnhofs – die Bahnhöfe
    (nur) Bahnhof verstehen => inhaltlich nicht folgen können

die Bahre – der Bahre – die Bahren
die Bakterie – der Bakterie – die Bakterien
der Balg – des Balgs – die Bälge
das Balg – des Balgs – die Bälger
der Balken – des Balkens – die Balken
der Balkon – des Balkons – die Balkone
der Ball – des Balls – die Bälle
die Ballade – der Ballade – die Balladen
der Ballast – des Ballasts – die Ballaste
der Ballen – des Ballens – die Ballen
das Ballett – des Balletts – die Ballette
der Ballon – des Ballons – die Ballone
die Balz – der Balz – die Balzen
die Banalität – der Banalität – die Banalitäten
die Banane – der Banane – die Bananen
der Band – des Bands – die Bände   (Buch einer Reihe)
das Band – des Bands – die Bänder   (breite Schnur oder Kordel)
die Band – der Band – die Bands   (Musikergruppe)

die Bandage – der Bandage – die Bandagen
die Bande – der Bande – die Banden
der Bandit – des Banditen – die Banditen N
die Bank – der Bank – die Banken   (Geldinstitut)
die Bank – der Bank – die Bänke   (Sitzgelegenheit)
das Bankett – des Banketts – die Bankette
der Bankrott – des Bankrotts – die Bankrotte
das Banner – des Banners – die Banner
die Bar – der Bar – die Bars
der Barcode – des Barcodes – die Barcodes
der Bär – des Bären – die Bären N
die Barbe – der Barbe – die Barben
der Barde – des Barden – die Barden
die Barkasse – der Barkasse – die Barkassen
das/der Barock – des Barocks – Ø
der Barren – des Barrens – die Barren
der Bart – des Barts – die Bärte
    in den Bart murmeln => unverständlich sprechen

der Basar – des Basars – die Basare
die Base – der Base – die Basen
die Bastion – der Bastion – die Bastionen
das Bataillon – des Bataillons – die Bataillone
die Batterie – der Batterie – die Batterien
der Bau – des Baus – die Baue   (Tierhöhle)
der Bau – des Baus – die Bauten   (Bauwerk/Gebäude)
    in Bau befinden => gebaut werden

der Bauch – des Bauchs – die Bäuche
der Bauchnabel – des Bauchnabels – die Bauchnabel
der Bauer – des Bauern – die Bauern N
    was der Bauer nicht kennt => nicht aufgeschlossen sein

der Baum – des Baums – die Bäume
die Baustelle – der Baustelle – die Baustellen
    nicht meine Baustelle => nicht zuständig sein

der Beamte – des Beamten – die Beamten N
der Beat – des Beats – die Beats
das Beben – des Bebens – die Beben
der Becher – des Bechers – die Becher
das Becken – des Beckens – die Becken
der Bedarf – des Bedarfs – die Bedarfe
die Bedienung – der Bedienung – die Bedienungen

die Bedrängnis – der Bedrängnis – die Bedrängnisse
in Bedrängnis geraten => in schwierige Lage kommen

das Bedürfnis – des Bedürfnisses – die Bedürfnisse
die Beere – der Beere – die Beeren
das Beet – des Beets – die Beete
der Befehl – des Befehls – die Befehle
das Befinden – des Befindens – Ø
die Befugnis – der Befugnis – die Befugnisse
der Befund – des Befunds – die Befunde
das Begehr – des Begehrs – Ø
das Begräbnis – des Begräbnisses – die Begräbnisse
der Begriff – des Begriffs – die Begriffe
der Behälter – des Behälters – die Behälter
die Behandlung – der Behandlung – die Behandlungen
das Behandlungskonzept – des Behandlungskonzepts – die Behandlungskonzepte
der Behelf – des Behelfs – die Behelfe
die Behörde – der Behörde – die Behörden
die Beichte – der Beichte – die Beichten
der Beifall – des Beifalls – Ø
das Beil – des Beils – die Beile
das Beileid – des Beileids – Ø
das Bein – des Beins – die Beine
Lügen haben kurze Beine => mit Lügen nicht weit kommen

der Beisasse – des Beisassen – die Beisassen
das Beispiel – des Beispiels – die Beispiele
die Beize – der Beize – die Beizen
das Bekenntnis – des Bekenntnisses – die Bekenntnisse
die Beklemmnis – der Beklemmnis – die Beklemmnisse
die Belastung – der Belastung – die Belastungen
der Bengel – des Bengels – die Bengel
das Benzin – des Benzins – die Benzine
der Benziner – des Benziners – die Benziner
die Beobachtung – der Beobachtung – die Beobachtungen
unter Beobachtung stehen => beobachtet werden

der Berater – des Beraters – die Berater
der Bereich – des Bereichs – die Bereiche
der Berg – des Bergs – die Berge
hinterm Berg halten => verheimlichen

der Bericht – des Berichts – die Berichte
der Beruf – des Berufs – die Berufe

das Besäufnis – des Besäufnisses – die Besäufnisse
der Bescheid – des Bescheids – die Bescheide
die Beschwerde – der Beschwerde – die Beschwerden
    Beschwerde einlegen => sich beschweren

das Beschwerdebild – des Beschwerdebilds – die Beschwerdebilder
der Besen – des Besens – die Besen
die Besiedlung – der Besiedlung – die Besiedlungen
das Besitztum – des Besitztums – die Besitztümer
das Besteck – des Bestecks – die Bestecke
der Besuch – des Besuchs – die Besuche
der Bestand – des Bestands – die Bestände
der Beton – des Betons – die Betons/Betone
    in Beton gegossen => feststehend

der Betracht – des Betrachts – die Betrachte
    in Betracht ziehen => erwägen/überlegen

der Betrag – des Betrags – die Beträge
der Betreff – des Betreffs – Ø
der Betrieb – des Betriebs – die Betriebe
    in Betrieb nehmen => anfangen/beginnen/starten
    in Betrieb setzen => anfangen/beginnen/starten

die Betrübnis – der Betrübnis – die Betrübnisse
der Betrug – des Betrugs – die Betrüge
das Bett – des Betts – die Betten
die Beuge – der Beuge – die Beugen
die Beule – der Beule – die Beulen
die Beute – der Beute – die Beuten
der Beutel – des Beutels – die Beutel
die Bewandtnis – der Bewandtnis – die Bewandtnisse
die Bewegung – der Bewegung – die Bewegungen
    in Bewegung setzen => bewegen/starten
    in Bewegung versetzen => bewegen/starten

der Beweis – des Beweises – die Beweise
das Bewusstsein – des Bewusstseins – Ø
der Bezirk – des Bezirks – die Bezirke
der Bezug – des Bezugs – die Bezüge
    Bezug nehmen => beziehen

die Bibel – der Bibel – die Bibeln
der Biber – des Bibers – die Biber
die Bibliothek – der Bibliothek – die Bibliotheken
die Biene – der Biene – die Bienen

das Bier – des Biers – die Biere
das Biest – des Biests – die Biester
der Bikini – des Bikinis – die Bikinis
die Bilanz – der Bilanz – die Bilanzen
das Bild – des Bilds – die Bilder
    im Bilde sein => informiert sein

das Bildnis – des Bildnisses – die Bildnisse
die Bildung – der Bildung – die Bildungen
das Billard – des Billards – die Billarde
die Billiarde – der Billiarde – die Billiarden
die Binde – der Binde – die Binden
die Biographie – der Biographie – die Biographien
das/der Biotop – des Biotops – die Biotope
die Birne – der Birne – die Birnen
der Bischof – des Bischofs – die Bischöfe
der Biss – des Bisses – die Bisse
der Bissen – des Bissens – die Bissen
das Bistro – des Bistros – die Bistros
das Bistum – des Bistums – die Bistümer
die Bitte – der Bitte – die Bitten
    eine Bitte vortragen => etwas bitten

die Bitternis – der Bitternis – die Bitternisse
die Blamage – des Blamage – die Blamagen
die Blase – der Blase – die Blasen
die Blässe – der Blässe – Ø
das Blatt – des Blatts – die Blätter
    auf einem anderen Blatt stehen => im Kontext nicht relevant sein

das Blech – des Blechs – die Bleche
das Blei – des Bleis – Ø (Schwermetall)
der Blei – des Bleis – die Bleie (Fischart)
die Bleibe – der Bleibe – die Bleiben
die Blende – der Blende – die Blenden
die Blessur – der Blessur – die Blessuren
der Blick – des Blicks – die Blicke
der Blinddarm – des Blinddarms – die Blinddärme
der Blitz – des Blitzes – die Blitze
der Block – des Blocks – die Blöcke/Blocks
der/das Blog – des Blogs – die Blogs
der Bluff – des Bluffs – die Bluffs
die Blume – der Blume – die Blumen
das Blümlein – des Blümleins – die Blümlein

die Bluse – der Bluse – die Blusen
das Blut – des Bluts – Ø
der Blutdruck – des Blutdrucks – die Blutdrücke
die Blutgruppe – der Blutgruppe – die Blutgruppen
der Bluthochdruck – des Bluthochdrucks – die Bluthochdrücke
die Blutung – der Blutung – die Blutungen
der Blutzucker – des Blutzuckers – Ø
die Blüte – der Blüte – die Blüten
der Bob – des Bobs – die Bobs
der Bock – des Bocks – die Böcke
    Bock haben => Lust auf etwas haben
    keinen Bock haben => keine Lust auf etwas haben

der Boden – des Bodens – die Böden
die Böe – der Böe – die Böen
der Bogen – des Bogens – die Bögen
    den Bogen überspannen => übertreiben

die Bohne – der Bohne – die Bohnen
der Bohrer – des Bohrers – die Bohrer
der Boiler – des Boilers – die Boiler
die Boje – der Boje – die Bojen
der Böller – des Böllers – die Böller
der Bolzen – des Bolzens – die Bolzen
die Bombe – der Bombe – die Bomben
der Bon – des Bons – die Bons
das/der Bonbon – des Bonbons – die Bonbons
der Bonus – des Bonus – die Bonusse/Boni
der Bonze – des Bonzen – die Bonzen
der Boom – des Booms – die Booms
das Boot – des Boots – die Bote
das Bordell – des Bordells – die Bordelle
die Bordüre – der Bordüre – die Bordüren
die Börse – der Börse – die Börsen
die Borste – der Borste – die Borsten
der Boss – des Bosses – die Bosse
der Bote – des Boten – die Boten   N
der Bottich – des Bottichs – die Bottiche
die Boutique – der Boutique – die Boutiquen
die Box – der Box – die Boxen
der Brand – des Brands – die Brände
    in Brand setzen => anzünden

die Brasse – der Brasse – die Brassen

der Braten – des Bratens – die Braten
    dem Braten nicht trauen => misstrauisch sein

der Brauch – des Brauchs – die Bräuche
die Braue – der Braue – die Brauen
die Brause – der Brause – die Brausen
die Braut – der Braut – die Bräute
der Brechreiz – des Brechreizes – die Brechreize
die Bredouille – der Bredouille – die Bredouillen
der Brei – des Breis – die Breie
    um den heißen Brei reden => keine klare Aussage machen

die Breite – der Breite – die Breiten
die Bremse – der Bremse – die Bremsen
die Bresche – der Bresche – die Breschen
das Brett – des Bretts – die Bretter
das Brevier – des Breviers – die Breviere
der Brief – des Briefs – die Briefe
die Brille – der Brille – die Brillen
    rosarote Brille aufhaben => einseitig zu optimistisch bis naiv sein

die Brisanz – der Brisanz – die Brisanzen
die Brise – der Brise – die Brisen
die Bronze – der Bronze – [Ø]   (Legierung)
die Bronze – der Bronzen – die Bronzen   (Kunstgegenstand)
die Broschüre – der Broschüre – die Broschüren
das Brot – des Brotes – die Brote
der Browser – des Browsers – die Browser
der Bruch – des Bruchs – die Brüche
der Bruder – des Bruders – die Brüder
die Brücke – der Brücke – die Brücken
die Brühe – der Brühe – die Brühen
die Brunft – der Brunft – die Brünfte
der Brunnen – des Brunnens – die Brunnen
    (das Kind ist) in den Brunnen gefallen => etwas ist zu spät / schon passiert

die Brust – der Brust – die Brüste
das Brustbein – des Brustbeins – die Brustbeine
der Bube – des Buben – die Buben   N
das Buch – des Buchs – die Bücher
die Buche – der Buche – die Buchen
die Bücherei – der Bücherei – die Bücherei
der Buchstabe – des Buchstabens – die Buchstaben   [!] Genitiv +s   N
die Bucht – der Bucht – die Buchten

die Büchse – der Büchse – die Büchsen
die Bude – der Bude – die Buden
der Büffel – des Büffels – die Büffel
der Bug – des Bugs – die Buge
der Bügel – des Bügels – die Bügel
die Bühne – der Bühne – die Bühnen
der Bulle – des Bullen – die Bullen   (Tier)   N
die Bulle – der Bulle – die Bullen   (Schriftstück)
das Bund – des Bundes – die Bunde   (Gebinde)
der Bund – des Bunds – die Bünde   (Vereinigung / Stoffeinfassung)
das Bündel – des Bündels – die Bündel
das Bündnis – des Bündnisses – die Bündnisse
der Bunker – des Bunkers – die Bunker
die Bürde – der Bürde – die Bürden
die Burg – der Burg – die Burgen
der Bürge – des Bürgen - die Bürgen
der Burger – des Burgers – die Burger
der Bürger – des Bürgers – die Bürger
die Bürgschaft – der Bürgschaft – die Bürgschaften
der/das Burnout – des Burnouts – die Burnouts
das Büro – des Büros – die Büros
die Bürste – der Bürste – die Bürsten
der Bus – des Busses – die Busse
der Busch – des Buschs – die Büsche
der Busen – des Busens – die Busen
die Butter – der Butter – Ø
der Button – des Buttons – die Buttons

C

der Call – des Calls – die Calls
das Canapee – des Canapees – die Canapees
der Catwalk – des Catwalks – die Catwalks
das Cello – des Cellos – die Cellos
der Cent – des Cents – die Cents
das Center – des Centers – die Center
die Chance – der Chance – die Chancen
das Chaos – des Chaos – Ø
der Charakter – des Charakters – die Charaktere
die Charge – der Charge – die Chargen
der Chat – des Chats – die Chats

der Check – des Checks – die Checks
der Chef – des Chefs – die Chefs
die Chemie – der Chemie – Ø
die Chiffre – der Chiffre – die Chiffren
der Chip – des Chips – die Chips
der Chor – des Chors – die Chöre
der Choral – des Chorals – die Choräle
die City – der City – die Citys
der Clan – des Clans – die Clans
die Clementine – der Clementine – die Clementinen
der Clinch – des Clinchs – die Clinchs
der Clown – des Clowns – die Clowns
der Club – des Clubs – die Clubs
     willkommen im Club => Anspielung auf eine Gemeinsamkeit

der Cocktail – des Cocktails – die Cocktails
der Code – des Codes – die Codes
die Cola – der Cola – die Colas
der Computer – des Computers – die Computer
der Container – des Containers – die Container
das Controlling – des Controllings – die Controllings
die Couch – der Couch – die Couches
das Cover – des Covers – die Cover
der Crash – des Crashs – die Crashs
die Creme – der Creme – die Cremes
die Crew – der Crew – die Crews
das Croissant – des Croissants – die Croissants
das/der Curry – des Currys – die Currys
der Cut – des Cuts – die Cuts

D

das Dach – des Dachs – die Dächer
der Dachs – des Dachses – die Dachse
der Dackel – des Dackels – die Dackel
die Dahlie – der Dahlie – die Dahlien
die Dame – der Dame – die Damen
der Dank – des Danks – Ø
der Darm – des Darms – die Därme
Ø – Ø – die Daten
das Datum – des Datums – Ø

der Daumen – des Daumens – die Daumen
   die Daumen drücken => Glück wünschen

die Daune – der Daune – die Daunen
das Debakel – des Debakels – die Debakel
das Debüt – des Debüts – die Debüts
das Deck – des Decks – die Decks
die Decke – der Decke – die Decken
der Deckel – des Deckels – die Deckel
der Degen – des Degens – die Degen
der Defekt – des Defekts – die Defekte
das Defizit – des Defizits – die Defizite
der Deich – des Deichs – die Deiche
die Deichsel – der Deichsel – die Deichseln
der Dekan – des Dekans – die Dekane
das Dekolleté – des Dekolletés – die Dekolletés
der/das Dekor – des Dekors – die Dekore/Dekors
das Dekret – des Dekrets – die Dekrete
die Delegation – der Delegation – die Delegationen
der Delfin – des Delfins – die Delfine
das Delikt – des Delikts – die Delikte
der Delinquent – des Delinquenten – die Delinquenten   N
die Delle – der Delle – die Dellen
die Demut – der Demut – Ø
   Demut üben => zurückhaltend sein

das Deo – des Deos – die Deos
das Deodorant – des Deodorants – die Deodorants
das Depot – des Depots – die Depots
der Depp – des Deppen – die Deppen   N
das Derby – des Derbys – die Derbys
das Desaster – des Desasters – die Desaster
das Design – des Designs – die Designs
das Dessert – des Desserts – die Desserts
das Detail – des Details – die Details
das Deutsche – des Deutschen – Ø
der Deutsche – des Deutschen – die Deutschen   N
die Devise – der Devise – die Devisen
die Diagnose – der Diagnose – die Diagnosen
die Diagnostik – der Diagnostik – die Diagnostiken
die Diagonale – der Diagonale – die Diagonalen
die Diakonie – der Diakonie – die Diakonien
der Dialekt – des Dialekts – die Dialekte

der Dialog – des Dialogs – die Dialoge
der Diamant – der Diamanten – die Diamanten
die Diät – der Diät – die Diäten
der Diätplan – des Diätplans – die Diätpläne
die Dichte – der Dichte – die Dichten
das Dickicht – des Dickichts – die Dickichte
der Dieb – des Diebs – die Diebe
das Diebesgut – des Diebesguts – die Diebesgüter
der Diebstahl – des Diebstahls – die Diebstähle
der Dienst – des Diensts – die Dienste
der Dienstplan – des Dienstplans – die Dienstpläne
der Diesel – des Diesels – die Diesel
die Differenz – der Differenz – die Differenzen
das Diktat – des Diktats – die Diktate
die Dimension – der Dimension – die Dimensionen
das Ding – des Dings – die Dinge/Dinger
der Dinkel – des Dinkels – Ø
der Dip – des Dips – die Dips
das Diplom – des Diploms – die Diplome
der Diplomand – des Diplomanden – die Diplomanden   N
der Diplomat – des Diplomaten – die Diplomaten   N
der Direktor – des Direktors – die Direktoren
der Dirigent – des Dirigenten – die Dirigenten   N
die Dirne – der Dirne – die Dirnen
die Diskussion – der Diskussion – die Diskussionen
     zur Diskussion stehen => diskutiert werden

das Display – des Displays – die Displays
der Dissident – des Dissidenten – die Dissidenten
die Distel – der Distel – die Disteln
die Diva – der Diva – die Diven
der Divisor – des Divisors – die Divisoren
der Docht – des Dochts – die Dochte
die Dogge – der Dogge – die Doggen
das Dogma – des Dogmas – die Dogmen
der Doktorand – des Doktoranden – die Doktoranden   N
die Dokumentation – der Dokumentation – die Dokumentationen
der Dollar – des Dollars – die Dollar
die Domain – der Domain – die Domains
die Domäne – der Domäne – die Domänen
der Döner – des Döners – die Döner
der Dongle – des Dongles – die Dongles

der Donner – des Donners – die Donner
das Dorf – des Dorfs – die Dörfer
der Dorn – des Dorns – die Dornen
die Dose – der Dose – die Dosen
die Dosierung – der Dosierung – die Dosierungen
das/der Dotter – des Dotters – die Dotter
der Download – des Downloads – die Downloads
der Dozent – des Dozenten – die Dozenten   N
der Drache – des Drachen – die Drachen   N
der Drachen – des Drachens – die Drachen
der Draht – des Drahts – die Drähte
die Drainage – der Drainage – die Drainagen
der Drall – des Dralls – die Dralle
das Drama – des Dramas – die Dramen
die Dramaturgie – der Dramaturgie – die Dramaturgien
das Drangsal – des Drangsals – die Drangsale
die Drangsal – der Drangsal – die Drangsale
die Drei – der Drei – die Dreien
die Dresche – der Dresche – die Dreschen
die Dressur – der Dressur – die Dressuren
die Dringlichkeit – der Dringlichkeit – die Dringlichkeiten
der Drink – des Drinks – die Drinks
das Drittel – des Drittels – die Drittel
die Droge – der Droge – die Drogen
die Drohne – der Drohne – die Drohnen
die Droschke – der Droschke – die Droschken
der Druck – des Drucks – die Drucke   (gedruckte Texte, Bilder)
der Druck – des Drucks – die Drücke   (Spur, Fährte, Kraft)
      unter Druck setzen => bedrängen / Einfluss ausüben
      unter Druck stehen => gestresst sein

die Drüse – der Drüse – die Drüsen
der Dschungel – des Dschungels – die Dschungel
der Dübel – des Dübels – die Dübel
der Duft – des Dufts – die Düfte
die Dummheit – der Dummheit – die Dummheiten
      eine Dummheit begehen => etwas Dummes tun

die Düne – der Düne – die Dünen
das Dunkel – des Dunkels – Ø
das Duplikat – des Duplikats – die Duplikate
das Durcheinander – des Durcheinanders – die Durcheinander
der Durchfall – des Durchfalls – Ø

die Dürre – der Dürre – die Dürren
der Durst – des Durstes – Ø
die Dusche – der Dusche – die Duschen
die Düse – der Düse – die Düsen

E

die Ebbe – der Ebbe – die Ebben
der Eber – des Ebers – die Eber
das Echo – des Echos – die Echos
die Echse – der Echse – die Echsen
die Ecke – der Ecke – die Ecken
das/der Efeu – des Efeus – Ø
der Egomane – des Egomanen – die Egomanen
die Ehre – der Ehre – die Ehren
die Ehrlichkeit – der Ehrlichkeit – Ø
das Ei – des Eies – die Eier
die Eibe – der Eibe – die Eiben
die Eiche – der Eiche – die Eichen
das Eigentum – des Eigentums – die Eigentümer
die Eile – der Eile – die Eilen
der Eimer – des Eimers – die Eimer
die Einbildung – der Einbildung – die Einbildungen
der Einblick – des Einblicks – die Einblicke
    Einblick nehmen => hineinblicken

der Einbrecher – des Einbrechers – die Einbrecher
der Einbruch – des Einbruchs – die Einbrüche
der Eingang – des Eingangs – die Eingänge
die Eingebung – der Eingebung – die Eingebungen
Ø – Ø – die Eingeweide
der Eingriff – des Eingriffs – die Eingriffe
die Einheit – der Einheit – die Einheiten
das Einhorn – des Einhorns – die Einhörner
der Einkauf – des Einkaufs – die Einkäufe
der Einklang – des Einklangs – die Einklänge
    in Einklang stehen => übereinstimmen

das Einkommen – des Einkommens – die Einkommen
die Einkunft – der Einkunft – die Einkünfte
die Eins – der Eins – die Einsen
die Einschränkung – der Einschränkung – die Einschränkungen

N

der Einspruch – des Einspruchs – die Einsprüche
Einspruch einlegen => sich beschweren / Prüfung beantragen

der Eintrag – des Eintrags – die Einträge
die Einwilligung – der Einwilligung – die Einwilligungen
das Eis – des Eises – die Eise
das Eisen – des Eisens – die Eisen
der Ekel – des Ekels – die Ekel
der Eklat – des Eklats – die Eklats
die Ekstase – der Ekstase – die Ekstasen
der Elch – des Elchs – die Elche
der Elefant – des Elefanten – die Elefanten   N
wie ein Elefant im Porzellanladen => ungeschickt sein
aus einer Mücke einen Elefanten machen => etwas größer machen, als es ist

die Elektrode – der Elektrode – die Elektroden
die Elektrolyse – der Elektrolyse – die Elektrolysen
das Elektron – des Elektrons – die Elektronen
das Element – des Elements – die Elemente
die Elite – der Elite – die Eliten
das Elixier – des Elixiers – die Elixiere
die Elle – der Elle – die Ellen
der Ellenborgen – des Ellenbogens – die Ellenbogen
die Ellipse – der Ellipse – die Ellipsen
∅ – ∅ – die Eltern
die Emanze – der Emanze – die Emanzen
das Embargo – des Embargos – die Embargos
der Emmer – des Emmers – ∅
der Empfang – des Empfangs – die Empfänge
die Empfängnis – der Empfängnis – die Empfängnisse
die Empore – der Empore – die Emporen
das Ende – des Endes – die Enden
zu Ende bringen => beenden

die Endivie – der Endivie – die Endivien
der Engel – des Engels – die Engel
der Enkel – des Enkels – die Enkel
die Ente – der Ente – die Enten
das Entgelt – des Entgelts – die Entgelte
die Entlassung – der Entlassung – die Entlassungen
die Entropie – der Entropie – die Entropien
die Entscheidung – der Entscheidung – die Entscheidungen
eine Entscheidung treffen => etwas entscheiden

der Entschluss – des Entschlusses – die Entschlüsse
einen Entschluss fassen => beschließen/entschließen

die Entstehung – der Entstehung – die Entstehungen
die Entstehungsgeschichte – der Entstehungsgeschichte – die Entstehungsgeschichten
der Entwurf – des Entwurfes – die Entwürfe
die Entzündung – der Entzündung – die Entzündungen
die Episode – der Episode – die Episoden
das Epos – des Epos – die Epen
der Erbe – des Erben – die Erben   (Person, die erbt)   N
das Erbe – des Erbes – Ø   (Hinterlassenschaft)
das/der Erbteil – des Erbteils – die Erbteile
das Ereignis – des Ereignisses – die Ereignisse
der Erfolg – des Erfolgs – die Erfolge
Früchte des Erfolgs ernten => Lohn erhalten

die Erfordernis – der Erfordernis – die Erfordernisse
die Erfüllung – der Erfüllung – die Erfüllungen
in Erfüllung gehen => erfüllt werden

die Ergänzung – der Ergänzung – die Ergänzungen
das Ergebnis – des Ergebnisses – die Ergebnisse
der Erker – des Erkers – die Erker
die Erkrankung – der Erkrankung – die Erkrankungen
die Erlaubnis – der Erlaubnis – die Erlaubnisse
Erlaubnis erteilen => erlauben

die Erle – der Erle – die Erlen
das Erlebnis – des Erlebnisses – die Erlebnisse
die Ernte – der Ernte – die Ernten
der Erpel – des Erpels – die Erpel
der Erreger – des Erregers – die Erreger
die Ersparnis – der Ersparnis – die Ersparnisse
das Erstaunen – des Erstaunens – Ø
in Erstaunen versetzen => jemanden erstaunen

der Ertrag – des Ertrags – die Erträge
die Erwägung – der Erwägung – die Erwägungen
in Erwägung ziehen => erwägen/überlegen

der Erwerb – des Erwerbs – die Erwerbe
das Erz – des Erzes – die Erze
das Erzeugnis – des Erzeugnisses – die Erzeugnisse
die Erziehung – der Erziehung – Ø
die Esche – der Esche – die Eschen
der Esel – des Esels – die Esel

die Espe – der Espe – die Espen
der Essay – des Essays – die Essays
der Essig – des Essigs – die Essige
die Etage – der Etage – die Etagen
der Etat – des Etats – die Etats
die Ethik – der Ethik – die Ethiken
die Ethnie – der Ethnie – die Ethnien
das Etui – des Etuis – die Etuis
die Etymologie – der Etymologie – die Etymologien
die Eule – der Eule – die Eulen
der Eunuch – des Eunuchen – die Eunuchen
der Euro – des Euros – die Euro
der Euter – des Euters – die Euter
das/der Event – des Events – die Events
der Evergreen – des Evergreens – die Evergreens
das Exil – des Exils – die Exile
das Examen – des Examens – die Examen
der Exilant – des Exilanten – die Exilanten
der Exit – des Exits – die Exits
der Exot – des Exoten – die Exoten   N
der Experte – des Experten – die Experten
der Extrakt – des Extrakts – die Extrakte
die Exzellenz – der Exzellenz – die Exzellenzen
der Exzess – des Exzesses – die Exzesse

F

die Fabel – der Fabel – die Fabeln
die Fabrik – der Fabrik – die Fabriken
das Fach – des Fachs – die Fächer
die Fachschaft – der Fachschaften – die Fachschaften
der Faden – des Fadens – die Fäden
die Fahne – der Fahne – die Fahnen
das Fahrrad – des Fahrrads – die Fahrräder
die Fähigkeit – der Fähigkeit – die Fähigkeiten
    Fähigkeit besitzen => fähig sein

die Fähre – der Fähre – die Fähren
die Fahrt – der Fahrt – die Fahrten
    in Fahrt kommen => aktiv werden / loslegen

der Fake – des Fakes – die Fakes

der Fakir – des Fakirs – die Fakire
der Fakt – des Fakts – die Fakten
der Faktor – des Faktors – die Faktoren
der Falafel – des Falafels – die Falafel
der Falke – des Falken – die Falken   N
der Fall – des Falls – die Fälle
das Fallbeispiel – des Fallbeispiels – die Fallbeispiele
die Falle – der Falle – die Fallen
die Falte – der Falte – die Falten
der Falter – des Falters – die Falter
die Familie – der Familie – die Familien
der Fang – des Fangs – die Fänge
die Farbe – der Farbe – die Farben
      Farbe bekennen => seine Position offenlegen

der Farn – des Farns – die Farne
die Faser – der Faser – die Fasern
das Fass – des Fasses – die Fässer
die Faulheit – der Faulheit – Ø
die Fäule – der Fäule – die Fäulen
die Fäulnis – der Fäulnis – die Fäulnisse
die Faust – der Faust – die Fäuste
      wie die Faust aufs Auge passen => perfekt zusammenpassen

das Fax – des Faxes – die Faxe
die Faxe – der Faxe – die Faxen
die Feder – der Feder – die Federn
die Fee – der Fee – die Feen
der Feed – des Feeds – die Feeds
das Feedback – des Feedbacks – die Feedbacks
der Fehler – des Fehlers – die Fehler
die Feier – der Feier – die Feiern
die Feierlichkeit – der Feierlichkeit – die Feierlichkeiten
der Feige – des Feigen – die Feigen   [Person]   N
die Feige – der Feige – die Feigen   [Frucht]
die Feile – der Feile – die Feilen
der Feind – des Feinds – die Feinde
die Feindschaft – der Feindschaft – die Feindschaften
das Feld – des Felds – die Felder
das Fell – des Fells – die Felle
der Fels – des Felses – die Felsen
der Felsen – des Felsens – die Felsen
der Fenchel – des Fenchels – die Fenchel

das Fenster – des Fensters – die Fenster
  das Geld zum Fenster hinauswerfen => unnötige Dinge kaufen

∅ – ∅ – die Ferien
das Ferkel – des Ferkels – die Ferkel
der Fernseher – des Fernsehers – die Fernseher
die Ferse – der Ferse – die Fersen
die Fessel – der Fessel – die Fesseln
das Fest – des Fests – die Feste
die Festung – der Festung – die Festungen
die Fete – der Fete – die Feten
das Fett – des Fetts – die Fette
der Fetzen – des Fetzens – die Fetzen
der Feuer – des Feuers – die Feuer
die Feuerwehr – der Feuerwehr – die Feuerwehren
die Figur – der Figur – die Figuren
der Film – des Films – die Filme
das/der Filter – des Filters – die Filter
∅ – ∅ – die Finanzen
der Finger – des Fingers – die Finger
das Finish – des Finishs – die Finishs
der Fink – des Finken – die Finken
die Finsternis – der Finsternis – die Finsternisse
die Firma – der Firma – die Firmen
der Fisch – des Fischs – die Fische
die Fissur – der Fissur – die Fissuren
die Fistel – der Fistel – die Fisteln
die Fläche – der Fläche – die Flächen
der Fladen – des Fladens – die Fladen
die Flagge – der Flagge – die Flaggen
die Flamme – der Flamme – die Flammen
der Flaneur – des Flaneurs – die Flaneure
die Flanke – der Flanke – die Flanken
die Flasche – der Flasche – die Flaschen
der Flash – des Flashs – die Flashs
der Flashmob – des Flashmobs – die Flashmobs
die Flaute – der Flaute – die Flauten
die Flechte – der Flechte – die Flechten
der Fleck – des Flecks – die Flecke
der Flecken – des Fleckens – die Flecken
das Fleisch – des Fleischs – ∅
der Fleiß – des Fleißes – die Fleiße

N

die Fliege – der Fliege – die Fliegen
die Fliese – der Fliese – die Fliesen
die Flinte – der Flinte – der Flinten
    die Flinte ins Korn werfen => aufgeben

die Flocke – der Flocke – die Flocken
der Floh – des Flohs – die Flöhe
der Flop – des Flops – die Flops
das Florett – des Floretts – die Florette
das Floß – des Floßes – die Flöße
die Flöte – der Flöte – die Flöten
der Fluch – des Fluchs – die Flüche
die Flucht – der Flucht – die Fluchten
    die Flucht ergreifen => fliehen/flüchten

der Flug – der Flugs – die Flüge
der Flügel – des Flügels – die Flügel
das Flugzeug – des Flugzeugs – die Flugzeuge
die Flunder – der Flunder – die Flundern
der Flur – des Flurs – die Flure   (Korridor)
die Flur – der Flur – die Flure   (Landschaft)
die Fluse – der Fluse – die Flusen
der Fluss – des Flusses – die Flüsse
die Flut – der Flut – die Fluten
die Flutwelle – der Flutwelle – die Flutwellen
der Flyer – des Flyers – die Flyer
das Fohlen – des Fohlens – die Fohlen
die Folge – der Folge – die Folgen
die Folie – der Folie – die Folien
die Folklore – der Folklore – die Folkloren
die Folter – der Folter – die Foltern
    auf die Folter spannen => gespannt/warten lassen

der Fond – des Fonds – die Fonds
das Fondue – des Fondues – die Fondue/Fondues
der Font – des Fonts – die Fonts
die Fontäne – der Fontäne – die Fontänen
die Form – der Form – die Formen
die Formalität – der Formalität – die Formalitäten
das Formular – des Formulars – die Formulare
die Forschung – der Forschung – die Forschungen
das Foto – des Fotos – die Fotos
das Foul – des Fouls – die Fouls
die Fracht – der Fracht – die Frachten

die Frage – der Frage – die Fragen
    in Frage kommen => relevant sein
    außer Frage stehen => nicht verhandelbar / zweifelsfrei

die Fragestellung – der Fragestellung – die Fragestellungen
die Fraktur – der Fraktur – die Frakturen
der Frame – des Frames – die Frames
die Fratze – der Fratze – die Fratzen
die Frau – der Frau – die Frauen
der Freak – des Freaks – die Freaks
die Freiheit – der Freiheit – die Freiheiten
die Freude – der Freude – die Freuden
der Freund – des Freunds – die Freunde
die Freundschaft – der Freundschaft – die Freundschaften
der Frevel – des Frevels – die Frevel
der Friede/Frieden – des Friedens – die Frieden
die Frische – der Frische – die Frischen
der Friseur – des Friseurs – die Friseure
die Frist – der Frist – die Fristen
die Frisur – der Frisur – die Frisuren
der Frosch – des Frosches – die Frösche
die Frucht – der Frucht – die Früchte
    Früchte des Erfolgs ernten => Lohn für Arbeit erhalten

der Frühling – des Frühlings – die Frühlinge
der Frust – des Frusts – die Fruste
der Fuchs – des Fuchses – die Füchse
die Fuge – der Fuge – die Fugen
der Fugenlaut – des Fugenlauts – die Fugenlaute
die Fuhre – der Fuhre – die Fuhren
der Füller – des Füllers – die Füller
der Fummel – des Fummels – die Fummel
der Fund – des Fundes – die Funde
das Fundament – des Fundaments – die Fundamente
der Fundamentalist – des Fundamentalisten – die Fundamentalisten
der Fundus – des Fundus – die Fundus
der Funke – des Funken – die Funken
die Furche – der Furche – die Furchen
die Furcht – der Furcht – Ø
die Furchtlosigkeit – der Furchtlosigkeit – die Furchtlosigkeiten
der Fürst – des Fürsten – die Fürsten
das Fürstentum – des Fürstentums – die Fürstentümer
der Furz – des Furzes – die Fürze

der Fuß – des Fußes – die Füße
das Futter – des Futters – Ø   (Tiernahrung)
das Futter – des Futters – die Futter   (Stoff für Innenseiten)

G

die Gabe – der Gabe – die Gaben
die Gabel – der Gabel – die Gabeln
der Gag – des Gags – die Gags
der Galgen – des Galgens – die Galgen
das Game – des Games – die Games
die Gang – der Gang – die Gangs   (Bande)
der Gang – des Gangs – die Gänge   (Korridor, Weg)
        in Gang bringen => anfangen/beginnen/starten
        in Gang halten => laufen lassen
        in Gang kommen => anfangen/beginnen/starten
        in Gang setzen => anfangen/beginnen/losgehen

die Gans – der Gans – die Gänse
die Garage – der Garage – die Garagen
die Garde – der Garde – die Garden
die Garderobe – der Garderobe – die Garderoben
die Gardine – der Gardine – die Gardinen
das Garn – des Garns – die Garne
die Garnitur – der Garnitur – die Garnituren
der Garten – des Gartens – die Gärten
das Gas – des Gases – die Gase
die Gasse – der Gasse – der Gassen
der Gast – des Gastes – die Gäste
der Gatte – des Gatten – die Gatten   N
der Gaul – des Gauls – die Gäule
der Gaumen – des Gaumens – die Gaumen
das Geäst – des Geästs – die Geäste
das Gebälk – des Gebälks – die Gebälke
das Gebäude – des Gebäudes – die Gebäude
das Gebein – des Gebeins – die Gebeine
das Gebet – des Gebets – die Gebete
das Gebiet – des Gebiets – die Gebiete
das Gebilde – des Gebildes – die Gebilde
das Gebinde – des Gebindes – die Gebinde
das Gebirge – des Gebirges – die Gebirge
das Gebiss – des Gebisses – die Gebisse

das Geblüt – des Geblüts – die Geblüte
das Gebot – des Gebots – die Gebote
der Gebrauch – des Gebrauchs – die Gebräuche
∅ – ∅ – die Gebrüder
die Gebühr – der Gebühr – die Gebühren
die Geburt – der Geburt – die Geburten
das Gebüsch – des Gebüschs – die Gebüsche
das Gedächtnis – des Gedächtnisses – die Gedächtnisse
der Gedanke – des Gedankens – die Gedanken   [!] Genitiv +s   N
das Gedärm – des Gedärms – die Gedärme
das Gedicht – des Gedichts – die Gedichte
das Gedränge – des Gedränges – die Gedränge
die Geduld – der Geduld – ∅
die Gefahr – der Gefahr – die Gefahren
    in Gefahr bringen => gefährden
    in Gefahr schweben => gefährdet sein
    in Gefahr sein => gefährdet sein

das Gefährt – des Gefährts – die Gefährte
der Gefährte – des Gefährten – die Gefährten   N
das Gefälle – des Gefälles – die Gefälle
das Gefängnis – des Gefängnisses – die Gefängnisse
das Gefäß – des Gefäßes – die Gefäße
das Gefieder – des Gefieders – die Gefieder
das Gefilde – des Gefildes – die Gefilde
das Geflecht – des Geflechts – die Geflechte
das Geflügel – des Geflügels – die Geflügel
das Gefolge – des Gefolges – die Gefolge
das Gefühl – des Gefühls – die Gefühle
das Gefummel – des Gefummels – ∅
die Gegend – der Gegend – die Gegenden
die Gegenwart – der Gegenwart – die Gegenwarten
der Gegner – des Gegners – die Gegner
das Gehalt – des Gehalts – die Gehälter   (Lohn)
der Gehalt – des Gehalts – die Gehalte   (ideeller Wert)
das Gehäuse – des Gehäuses – die Gehäuse
das Geheimnis – des Geheimnisses – die Geheimnisse
das Geheiß – des Geheißes – die Geheiße
der Gehilfe – des Gehilfen – die Gehilfen
das Gehirn – des Gehirns – die Gehirne
das Gehör – des Gehörs – ∅
    Gehör finden => gehört/verstanden werden

der Geier – des Geiers – die Geier
die Geige – der Geige – die Geigen
die Geisel – der Geisel – die Geiseln
die Geißel – der Geißel – die Geißeln
der Geist – des Geists – die Geister   (Gespenst)
der Geist – des Geists – die Geiste   (Alkohol)
der Geist – des Geists – Ø   (Verstand)
    da scheiden sich die Geister => unterschiedlichen Ansichten/ Meinungen haben

das Gejammer – des Gejammers – Ø
das Gekläff/Gekläffe – des Gekläffes – Ø
das Gelände – des Geländes – die Gelände
das Geläuf – des Geläufs – die Geläufe
das Geld – des Gelds – die Gelder
    das Geld zum Fenster hinauswerfen => unnötige Dinge kaufen

das/der Gelee – des Gelees – die Gelees
das Gelenk – des Gelenks – die Gelenke
das Gelöbnis – des Gelöbnisses – die Gelöbnisse
das Gelübde – des Gelübdes – die Gelübde
das Gemach – des Gemachs – die Gemächer
der Gemahl – des Gemahls – die Gemahle
die Gemeinde – der Gemeinde – die Gemeinden
das Gemenge – des Gemenges – die Gemenge
das Gemisch – des Gemischs – die Gemische
das Gemüse – des Gemüses – die Gemüse
das Gemüt – des Gemüts – die Gemüter
das Gen – des Gens – die Gene
das Genick – des Genicks – die Genicke
der/das Genie – des Genies – die Genies
der Genitiv – des Genitivs – die Genitive
der Genosse – des Genossen – die Genossen
das Genus – des Genus – die Genera
der Genuss – des Genusses – die Genüsse
das Gepäck – des Gepäcks – Ø
die Gepflogenheit – der Gepflogenheit – die Gepflogenheiten
die Gerade – der Gerade – die Geraden
das Gerangel – des Gerangels – Ø
das Gerät – des Geräts – die Geräte
das Geräusch – des Geräuschs – die Geräusche
das Gerede – des Geredes – Ø
das Gericht – des Gerichts – die Gerichte
das Gerippe – des Gerippes – die Gerippe

der Germane – des Germanen – die Germanen   N
der Germanist – des Germanisten – die Germanisten   N
die Gerste – der Gerste – die Gersten
der Geruch – des Geruchs – die Gerüche
das Gerücht – des Gerüchts – die Gerüchte
der Gesang – des Gesangs – die Gesänge
das Gesäß – des Gesäßes – die Gesäße
das Geschäft – des Geschäfts – die Geschäfte
das Geschehnis – des Geschehnisses – die Geschehnisse
die Geschichte – der Geschichte – die Geschichten
das Geschick – des Geschicks – die Geschicke
das Geschiebe – des Geschiebes – die Geschiebe
das Geschirr – der Geschirrs – die Geschirre
der Geschmack – des Geschmacks – die Geschmäcker
das Geschmeide – des Geschmeides – die Geschmeide
das Geschöpf – des Geschöpfs – die Geschöpfe
das Geschoß – des Geschoßes – die Geschoße
das Geschrei – des Geschreis – die Geschreie
das Geschwister – des Geschwisters – die Geschwister
die Geschwulst – der Geschwulst – die Geschwulste
das Geschwür – des Geschwürs – die Geschwüre
der Geselle – des Gesellen – die Gesellen   N
die Gesellschaft – der Gesellschaft – die Gesellschaften
    Gesellschaft leisten => bei jemandem bleiben

das Gesetz – des Gesetzes – die Gesetze
das Gesicht – des Gesichts – die Gesichter
das Gespann – des Gespanns – die Gespanne
das Gespenst – des Gespensts – die Gespenster
das Gespräch – des Gesprächs – die Gespräche
    ein Gespräch führen => mit jemandem sprechen

die Gestalt – der Gestalt – die Gestalten
das Gestammel – des Gestammels – Ø
das Geständnis – des Geständnisses – die Geständnisse
die Geste – der Geste – die Gesten
das Gestell – des Gestells – die Gestelle
die Gestik – der Gestik – die Gestiken
das Gestüt – des Gestüts – die Gestüte
das Gesuch – des Gesuchs – die Gesuche
die Gesundheit – der Gesundheit – Ø
der Gesundheitspfleger – des Gesundheitspflegers – die Gesundheitspfleger
das Getreide – des Getreides – die Getreide

das Getriebe – des Getriebes – die Getriebe
das Getue – des Getues – die Getue
das Getümmel – des Getümmels – die Getümmel
das Gewächs – des Gewächses – die Gewächse
die Gewähr – der Gewähr – Ø
die Gewalt – der Gewalt – die Gewalten
das Gewand – des Gewands – die Gewänder
das Gewässer – des Gewässers – die Gewässer
das Gewebe – des Gewebes – die Gewebe
das Gewehr – des Gewehrs – die Gewehre
das Gewicht – des Gewichts – die Gewichte
das Gewimmel – des Gewimmels – Ø
der Gewinn – des Gewinns – die Gewinne
das Gewirr – des Gewirrs – die Gewirre
das Gewitter – des Gewitters – die Gewitter
das Gewürz – des Gewürzes – die Gewürze
das Gezappel – des Gezappels – Ø
Ø – Ø – die Gezeiten
das Gezwitscher – des Gezwitschers – Ø
das Gift – des Gifts – die Gifte
der Gipfel – des Gipfels – die Gipfel
der Gips – des Gipses – die Gipse
die Gitarre – der Gitarre – die Gitarren
der Glamour – des Glamours – die Glamours
das Glas – des Glases – die Gläser
die Glaserei – der Glaserei – die Glasereien
die Glasur – der Glasur – die Glasuren
die Glätte – der Glätte – die Glätten
die Glatze – der Glatze – die Glatzen
der Glaube – des Glaubens – Ø
    Glauben schenken => etwas/jemanden glauben

das Gleichnis – des Gleichnisses – die Gleichnisse
das Glied – des Glieds – die Glieder
die Glocke – der Glocke – die Glocken
die Glotze – der Glotze – die Glotzen
das Glück – des Glücks – Ø
das Gluten – des Glutens – Ø
das Gold – des Goldes – Ø
der Gorilla – des Gorillas – die Gorillas
der Gospel – des Gospels – die Gospel
der Gott – des Gotts – die Götter

der Götze – des Götzen – die Götzen
das Grab – des Grabs – die Gräber
der Graben – des Grabens – die Gräben
der Grad – des Grads – die Grade
der Graf – des Grafen – die Grafen   N
die Grafschaft – der Grafschaft – die Grafschaften
das Gramm – des Gramms – die Gramme
das Grammofon – des Grammofons – die Grammofone
der Grandslam – des Grandslams – die Grandslams
das Gras – des Grases – die Gräser
der Grat – des Grats – die Grate
die Gräte – der Gräte – die Gräten
die Gravur – der Gravur – die Gravuren
der Greif – des Greifen – die Greifen   N
das Gremium – des Gremiums – die Gremien
die Grenze – der Grenze – die Grenzen
der Grenzübertritt – des Grenzübertritts – die Grenzübertritte
der Griff – des Griffs – die Griffe
der Griffel – des Griffels – die Griffel
die Grille – der Grille – die Grillen
die Grimasse – der Grimasse – die Grimassen
der Grip – des Grips – Ø
die Grippe – der Grippe – Ø
der Groschen – des Groschens – die Groschen
die Größe – der Größe – die Größen
die Grotte – der Grotte – die Grotten
die Grube – der Grube – die Gruben
die Gruft – der Gruft – die Grüfte
der Grund – des Grunds – die Gründe
die Gruppe – der Gruppe – die Gruppen
der Grusel – des Grusels – die Grusel
der Gruß – des Grußes – die Grüße
die Grußbotschaft – der Grußbotschaft – die Grußbotschaften
die Grütze – der Grütze – die Grützen
das/der Gulasch – des Gulaschs – die Gulasche
das/der Gummi – des Gummis – die Gummis
die Gurgel – der Gurgel – die Gurgeln
die Gurke – der Gurke – die Gurken
der Gurt – des Gurts – die Gurte
der Gürtel – des Gürtels – die Gürtel
das Gut – des Guts – die Güter
das Gymnasium – des Gymnasiums – die Gymnasien

H

das Haar – des Haars – die Haare
    das Haar in der Suppe suchen => etwas Negatives suchen

die Habe – der Habe – Ø
der Hack – des Hacks – die Hacks
die Hacke – der Hacke – die Hacken
der Hafen – des Hafens – die Häfen
die Hagebutte – der Hagebutte – die Hagebutten
der Hahn – des Hahns – die Hähne
der Haken – des Hakens – die Haken
die Hälfte – der Hälfte – die Hälften
der Hall – des Halls – die Halle
die Halle – der Halle – die Hallen
der Halm – des Halms – die Halme
der Hals – des Halses – die Hälse
der Halt – des Halts – die Halte
der Halter – des Halters – die Halter
die Haltung – der Haltung – die Haltungen
der Halunke – des Halunken – die Halunken
der Hammer – des Hammers – die Hämmer
die Hand – der Hand – die Hände
    mit harter Hand regieren => streng anführen

der Handel – des Handels – Ø
die Handlung – der Handlung – die Handlungen
das Handy – des Handys – die Handys
der Hang – des Hangs – die Hänge
der Hangover – des Hangovers – die Hangovers
die Harfe – der Harfe – die Harfen
die Harke – der Harke – die Harken
der Harz – des Harzes – die Harze
der Hase – des Hasen – die Hasen
die Haube – der Haube – die Hauben
die Haubitze – der Haubitze – die Haubitzen
der Haudegen – des Haudegens – die Haudegen
der Haufen – des Haufens – die Haufen
    über den Haufen werfen => etwas aufgeben

die Häufung – der Häufung – die Häufungen
das Haupt – des Haupts – die Häupter
das Haus – des Hauses – die Häuser
    aus dem Häuschen sein => sich sehr freuen/begeistern

N

die Haut – der Haut – die Häute
der Hebel – des Hebels – die Hebel
die Hecke – der Hecke – die Hecken
die Hefe – der Hefe – die Hefen
das Heft - des Hefts - die Hefte
die Hegemonie – der Hegemonie – die Hegemonien
das/der Hehl – des Hehls – Ø
der Heide – des Heiden – die Heiden (Ungläubiger)   N
die Heide – der Heide – die Heiden   (Landschaft)
das Heil – des Heils – Ø
das Heiligtum – des Heiligtums – die Heiligtümer
die Heilung – der Heilung – die Heilungen
das Heim – des Heims – die Heime
die Heimat – der Heimat – die Heimaten
die Heirat – der Heirat – die Heiraten
die Hektik – der Hektik – Ø
der Held – des Helden – die Helden
das Heldentum – des Heldentums – die Heldentümer
das Hemd – des Hemds – die Hemden
das Hemmnis – des Hemmnisses – die Hemmnisse
der Hengst – des Hengstes – die Hengste
der Henkel – des Henkels – die Henkel
die Henne - der Henne – die Hennen
der Herbst – des Herbsts – die Herbste
der Herd – des Herdes – die Herde
die Herde – der Herde – die Herden
der Herold – des Herolds – die Herolde
der Herr – des Herrn – die Herren
die Herrschaft – der Herrschaft – die Herrschaften
    Herrschaft ausüben => herrschen über

das Herz – des Herzens – die Herzens [!] Genitiv +s   N
der Herzinfarkt – des Herzinfarktes – die Herzinfarkte
die Heuer – der Heuer – die Heuern
das Hexagon – des Hexagons – die Hexagone
der Hieb – des Hiebs – die Hiebe
die Hieroglyphe – der Hieroglyphe – die Hieroglyphen
die Hilfe – der Hilfe – die Hilfen
    Hilfe leisten => helfen

der Himmel – des Himmels – die Himmel
    noch kein Meister vom Himmel gefallen => sich Fähigkeit erarbeiten müssen
    im siebten Himmel sein => sehr glücklich sein

das Hindernis – des Hindernisses – die Hindernisse
der Hintern – des Hinterns – die Hintern
das Hinterteil – des Hinterteils – die Hinterteile
der Hinweis – des Hinweises – die Hinweise
das Hirn – des Hirns – die Hirne
der Hirsch – des Hirschs – die Hirsche
die Hirse – der Hirse – die Hirsen
der Hirte – des Hirten – die Hirten
der Hit – des Hits – die Hits
die Hitze – der Hitze – die Hitzen
der Hoax – des Hoax – die Hoaxes
der Hobel – des Hobels – die Hobel
die Hochzeit – der Hochzeit – Ø   (Blütezeit)
die Hochzeit – der Hochzeit – die Hochzeiten   (Heirat)
die Hocke – der Hocke – die Hocken
der Hocker – des Hockers – die Hocker
der Höcker – des Höckers – die Höcker
der Hoden – des Hodens – die Hoden
der Hof – des Hofs – die Höfe
die Höflichkeit – der Höflichkeit – Ø
die Höhe – der Höhe – die Höhen
die Höhle – der Höhle – die Höhlen
der Hohn – des Hohns – Ø
der Holster – des Holster – die Holster
der Holunder – des Holunders – die Holunder
das Holz – des Holzes – die Hölzer
der Honig – des Honigs – die Honige
    Honig ums Maul schmieren => sich einschmeicheln

der Hopfen – des Hopfens – die Hopfen
das Horn – des Horns – die Hörner
die Hose – der Hose – die Hosen
das Hospital – des Hospitals – die Hospitäler
die Hostie – der Hostie – die Hostien
das Hotel – des Hotels – die Hotels
der Hub – des Hubs – die Hubs
der Huf – des Hufs – die Hufe
der Hügel – des Hügels – die Hügel
das Huhn – des Huhns – die Hühner
der Hühne – des Hühnen – die Hühnen   N
die Hülle – der Hülle – die Hüllen
die Hummel – der Hummel – die Hummeln

der Hummer – des Hummers – die Hummer
der Humpen – des Humpens – die Humpen
der Hund – des Hunds – die Hunde
    da wird der Hund in der Pfanne verrückt => erstaunt/verwundert sein

das Hundert – des Hunderts – die Hunderte
die Hundertschaft – der Hundertschaft – die Hundertschaften
der Hunger – des Hungers – Ø
    Hunger mitbringen => Lust auf ein Essen haben

der Hungerlohn – des Hungerlohns – die Hungerlöhne
die Hupe – der Hupe – die Hupen
die Hure – der Hure – die Huren
der Hut – des Huts – die Hüte   (Kopfbedeckung)
die Hut – der Hut – Ø   (Vorsicht)
    den Hut nehmen => von einem Amt zurücktreten

die Hütte – der Hütte – die Hütten
die Hyäne – der Hyäne – die Hyänen
der Hydrant – des Hydranten – die Hydranten
die Hygiene – der Hygiene – Ø

I

die Idee – der Idee – die Ideen
der Idiot – des Idioten – die Idioten   N
der Igel – des Igels – die Igel
die Impfung – der Impfung – die Impfungen
der Infarkt – des Infarktes – die Infarkte
die Info – der Info – die Infos
die Information – der Information – die Informationen
die Initiative – der Initiative – die Initiativen
    die Initiative ergreifen => entschlossen anfangen

der Insasse – des Insassen – die Insassen   N
das Insekt – des Insekts – die Insekten
die Insel – der Insel – die Inseln
das Institut – des Instituts – die Institute
das Inventar – des Inventars – die Inventare
die Inventur – der Inventur – die Inventuren
der Investor – des Investors – die Investoren
der Ire – des Iren – die Iren   (Bewohner Irlands)   N
der Irre – des Irren – die Irren   N

die Irre – der Irre – Ø
    in die Irre führen => jemanden täuschen

der Irrtum – des Irrtums – die Irrtümer
    im Irrtum befinden => sich irren
    im Irrtum sein => sich irren

J

die Jacht – der Jacht – die Jachten
die Jacke – der Jacke – die Jacken
das Jackett – des Jacketts – die Jackette/Jacketts
die Jagd – der Jagd – die Jagden
das Jahr – des Jahrs – die Jahre
die Jalousie – der Jalousie – die Jalousien
der Jammer – des Jammers – Ø
der Januar – des Januars – die Januare
der Jet – des Jets – die Jets
der Job – des Jobs – die Jobs
das/der Joghurt – des Joghurts – die Joghurts (auch: Jogurt)
die Joghurt – der Joghurt – die Joghurts (auch: Jogurt)
der Joke – des Jokes – die Jokes
das Journal – des Journals – die Journale
der Jubel – des Jubels – die Jubel
der Jubilar – des Jubilars – die Jubilare
das Jubiläum – des Jubiläums – die Jubiläen
der Jude – des Juden – die Juden   N
die Jugend – der Jugend – Ø
der Junge – des Jungen – die Jungen   N

K

das Kabel – des Kabels – die Kabel
die Kachel – der Kachel – die Kacheln
der Kader – des Kaders – die Kader
der Kaffee – des Kaffees – die Kaffees
der Käfer – des Käfers – die Käfer
der Käfig – des Käfigs – die Käfige
der Kakao – des Kakaos – die Kakaos
die Kaktee – der Kaktee – die Kakteen
der Kaktus – des Kaktus/Kaktusses – die Kaktusse/Kakteen

das Kalb – des Kalbs – die Kälber
der Kalender – des Kalenders – die Kalender
das/der Kalkül – des Kalküls – die Kalküle
die Kälte – der Kälte – Ø
das Kamel – des Kamels – die Kamele
die Kamera – der Kamera – die Kameras
der Kamin – des Kamins – die Kamine
der Kamm – des Kamms – die Kämme
    alles über einen Kamm scheren => offensichtliche Unterschiede ignorieren

die Kammer – der Kammer – die Kammern
der Kampf – des Kampfs – die Kämpfe
der Kanal – des Kanals – die Kanäle
die Kandidatur – der Kandidatur – die Kandidaturen
der Kanister – des Kanisters – die Kanister
die Kanne – der Kanne – die Kannen
die Kante – der Kante – die Kanten
die Kantine – der Kantine – die Kantinen
das Kanu – des Kanus – die Kanus
die Kaper – der Kaper – die Kapern
der Kapitän – des Kapitäns – die Kapitäne
der Kaplan – des Kaplans – die Kaplane
die Kappe – der Kappe – die Kappen
die Kapsel – der Kapsel – die Kapseln
die Kapuze – der Kapuze – die Kapuzen
die Karaffe – der Karaffe – die Karaffen
das Karnickel – des Karnickels – die Karnickel
das Karo – des Karos – die Karos
die Karotte – der Karotte – die Karotten
der Karpfen – des Karpfens – die Karpfen
die Karre – der Karre – die Karren
der Karren – des Karrens – die Karren
die Karte – der Karte – die Karte
    auf eine Karte setzen => riskieren

die Kartoffel – der Kartoffel – die Kartoffeln
der Karton – des Kartons – die Kartons
das Karussell – des Karussells – die Karusselle
der Käse – des Käses – die Käse
die Kaserne – der Kaserne – die Kasernen
die Kasse – der Kasse – die Kassen
    zur Kasse bitten => Geld eintreiben

die Kassette – der Kassette – die Kassetten

die Kaste – der Kaste – die Kasten
der Kasten – des Kastens – die Kästen
der Katalog – des Katalogs – die Kataloge
das/der Katapult – des Katapults – die Katapulte
der Kater – des Katers – die Kater
der/das Katheder – des Katheders – die Katheder
der Katheter – des Katheters – die Katheter
die Katze – der Katze – die Katzen
    die Katze im Sack kaufen => etwas unkontrolliert kaufen

der Kauf – des Kaufs- die Käufe
    in Kauf nehmen => hinnehmen / billigend akzeptieren

der Kauz – des Kauzes – die Käuze
der Kefir – des Kefirs – die Kefire
der Keil – des Keils – die Keile
der Keim – des Keims – die Keim
    im Keim ersticken => etwas von vornherein unterbinden

das/der Keks – des Kekses – die Kekse
    auf den Keks gehen => nerven

der Kelch – des Kelchs – die Kelche
die Kelle – der Kelle – die Kellen
der Keller – des Kellers – die Keller
die Kenntnis – der Kenntnis – die Kenntnisse
    zur Kenntnis nehmen => einsehen/wahrnehmen

der Kerker – des Kerkers – die Kerker
der Kern – des Kerns - die Kerne
die Kerze – der Kerze – die Kerzen
das/der Ketchup – des Ketchups – die Ketchups
die Kette – der Kette – die Ketten
die Keule – der Keule – die Keulen
der Key – des Keys – die Keys
der Kick – des Kicks – die Kicks
der Kiefer – des Kiefers – die Kiefer   (Kinnbacke)
die Kiefer – der Kiefer – die Kiefern   (Baum)
die Kieme – der Kieme – die Kiemen
der Kiesel – des Kiesels – die Kiesel
das Kilo – des Kilos – die Kilos
das Kilogramm – des Kilogramms – die Kilogramme
die Kimme – der Kimme – die Kimmen
das Kind – des Kinds – die Kinder
    das Kind ist in den Brunnen gefallen => etwas ist zu spät / schon passiert

die Kindheit – der Kindheit – Ø
das Kinn – des Kinns – die Kinne
das Kino – des Kinos – die Kinos
der Kiosk – des Kiosks – die Kioske
die Kippe – der Kippe – die Kippen
die Kirche – der Kirche – die Kirchen
die Kirsche – der Kirsche – die Kirschen
das Kissen – des Kissens – die Kissen
die Kiste – der Kiste – die Kisten
die Kita – der Kita – die Kita
der Kittel – des Kittels – die Kittel
die Kitzelei – der Kitzelei – die Kitzeleien
die Kladde – der Kladde – die Kladden
die Klage – der Klage – die Klagen
die Klammer – der Klammer – die Klammern
der Klang – des Klangs – die Klänge
die Klappe – der Klappe – die Klappen
die Klarinette – der Klarinette – die Klarinetten
die Klasse – der Klasse – die Klassen
die Klaue – der Klaue – die Klauen
die Klausur – der Klausur – die Klausuren
das Klavier – des Klaviers – die Klaviere
der Kleber – des Klebers – die Kleber
das Kleid – des Kleides – die Kleider
die Kleinigkeit - der Kleinigkeit – die Kleinigkeiten
das Kleinod – des Kleinods – die Kleinode
der Kleister – des Kleisters – die Kleister
die Klemme – der Klemme – die Klemmen
die Klette – der Klette – die Kletten
der Klick – des Klicks – die Klicks
das Klima – des Klimas – die Klimas
die Klinge – der Klinge – die Klingen
die Klingel – der Klingel – die Klingeln
die Klinik – der Klinik – die Kliniken
die Klinke – der Klinke – die Klinken
das Klischee – des Klischees – die Klischees
der Kloß – des Kloßes – die Klöße
das Kloster – des Klosters – die Klöster
der Klotz – des Klotzes – die Klötze
die Kluft – der Kluft – die Kluften   (Uniform)
die Kluft – der Kluft – die Klüfte   (tiefer Riss)
der Klumpen – des Klumpens – die Klumpen

der Klüngel – des Klüngels – die Klüngel
der Klunker – des Klunkers – die Klunker
der Knabe – des Knaben – die Knaben
der Knall – des Knalls – die Knalle
der Knappe – des Knappen – die Knappen
der Knast – des Knasts – die Knäste
der Knebel – des Knebels – die Knebel
die Kneipe – der Kneipe – die Kneipen
das Knie – des Knies – die Knie
der Kniff – des Kniffs – die Kniffe
der Knöchel – des Knöchels – die Knöchel
der Knochen – des Knochens – die Knochen
der Knockout – des Knockouts – die Knockouts
der Knödel – des Knödels – die Knödel
der Knopf – des Knopfs – die Knöpfe
der Knorpel – des Knorpels – die Knorpel
die Knospe – der Knospe – die Knospen
der Knoten – des Knotens – die Knoten
der Knubbel – des Knubbels – die Knubbel
der Knüppel – des Knüppels – die Knüppel
der Kobold – des Kobolds – die Kobolde
der Kocher - des Kochers – die Kocher
der Köcher – des Köchers – die Köcher
der Köder – des Köders – die Köder
der Kodex – des Kodexes – die Kodizes
das Koffein – des Koffeins – Ø
der Koffer – des Koffers – die Koffer
der Kohl – des Kohls – die Kohle
der Kohldampf – des Kohldampfs – Ø
    Kohldampf schieben => hungrig sein

die Kohle – der Kohle – die Kohlen
die Kohorte – der Kohorte – die Kohorten
der Kojote – des Kojoten – die Kojoten
der Kolben – des Kolbens – die Kolben
die Kolchose – der Kolchose – die Kolchosen
der Kollege – des Kollegen – die Kollegen
das Kollektiv – des Kollektivs – die Kollektive
der Koller – des Kollers – die Koller
die Kolonie – der Kolonie – die Kolonien
die Kolonisation – der Kolonisation – die Kolonisationen
der Koloss – des Kolosses – die Kolosse

N

das Koma – des Komas – Ø
der Komet – des Kometen – die Kometen   N
das Komma – des Kommas – die Kommas
der Kommandant – des Kommandanten – die Kommandanten   N
der Kommentar – des Kommentars – die Kommentare
das Komplott – des Komplotts – die Komplotte
der Kompromiss – des Kompromisses – die Kompromisse
    einen Kompromiss schließen => sich einigen

das Konfekt – des Konfekts – die Konfekte
der Konfirmand – des Konfirmanden – die Konfirmanden   N
der König – des Königs – die Könige
die Konjunktur – der Konjunktur – die Konjunkturen
die Konkubine – der Konkubine – die Konkubinen
der Konkurrent – des Konkurrenten – die Konkurrenten   N
die Konkurrenz – der Konkurrenz – die Konkurrenzen
    in Konkurrenz stehen => konkurrieren

die Konsequenz – der Konsequenz – die Konsequenzen
    Konsequenz ziehen => Entscheidung/Folge tragen

die Konstante – der Konstante – die Konstanten
der Konsum – des Konsums – Ø
der Kontakt – des Kontakts – die Kontakte
    in Kontakt stehen => in Kontakt sein

das Kontinuum – des Kontinuums – die Kontinuen
das Konto – des Kontos – die Konten/Kontos
die Kontrolle – der Kontrolle – die Kontrollen
der Kontrolleur – des Kontrolleurs – die Kontrolleure
die Kontur – der Kontur – die Konturen
der Konvent – des Konvents – die Konvente
das Konzept – des Konzepts – die Konzepte
der Kopf – des Kopfes – die Köpfe
    sich den Kopf zerbrechen => lange nachdenken

die Kopie – der Kopie – die Kopien
der Kopist – des Kopisten – die Kopisten   N
die Koppel – der Koppel – die Koppeln
der Korb – des Korbs – die Körbe
    einen Korb bekommen => abgelehnt/zurückgewiesen werden

die Kordel – der Kordel – die Kordeln
das Korn – des Korns – die Körner   (Samen)
der Korn – des Korns – die Korne   (Branntwein)
    die Flinte ins Korn werfen => aufgeben

der Körper – des Körpers – die Körper
die Korrektur – der Korrektur – die Korrekturen
der Korsar – des Korsaren – die Korsaren   N
das Korsett – des Korsetts – die Korsette
die Koryphäe – der Koryphäe – die Koryphäen
der Kosak – des Kosaken – die Kosaken   N
der Kosmopolit – des Kosmopoliten – die Kosmopoliten   N
die Kostbarkeit – der Kostbarkeit – die Kostbarkeiten
Ø – Ø – die Kosten
die Kotze – der Kotze – die Kotzen
die Krabbe – der Krabbe – die Krabben
die Kraft – der Kraft – die Kräfte
der Kragen – des Kragens – die Kragen
der Krake/Kraken – des Kraken – die Kraken   N
die Krake – der Krake – die Kraken
die Kralle – der Kralle – die Krallen
der Krampf – des Krampfes – die Krämpfe
der Krampfanfall – des Krampfanfalls – die Krampfanfälle
der Kran – des Krans – die Kräne
der Kranke – des Kranken – die Kranken   N
der Krankenpfleger – des Krankenpflegers – die Krankenpfleger
die Krankheit – der Krankheit – die Krankheiten
der Kranz – des Kranzes – die Kränze
der Krapfen – des Krapfens – die Krapfen
die Krätze – der Krätze – die Krätzen
der Kratzer – des Kratzers – die Kratzer
die Krause – der Krause – die Krausen
das Kraut – des Krauts – die Kräuter
die Krawatte – der Krawatte – die Krawatten
der Krebs – des Krebses – die Krebse
der Kredit – des Kredits – die Kredite
        einen Kredit aufnehmen => sich Geld leihen

die Kreide – der Kreide – die Kreiden
der Kreis – des Kreises – die Kreise
der Kreisel – des Kreisels – die Kreisel
der Krempel – des Krempels – die Krempel
das Kreuz – des Kreuzes – die Kreuze
die Kreuzprobe – der Kreuzprobe – die Kreuzproben
der Krieg – des Kriegs – die Kriege
der Krimi – des Krimis – die Krimis
der Kringel – des Kringels – die Kringel

das Kristall – des Kristalls – Ø   (Glas)
der Kristall – des Kristalls – die Kristalle   (Mineral)
die Kritik – der Kritik – die Kritiken
    Kritik üben => kritisieren

der Kritiker – des Kritikers – die Kritiker
die Kritzelei – der Kritzelei – die Kritzeleien
das Krokodil – des Krokodils – die Krokodile
die Krone – der Krone – die Kronen
der Kropf – des Kropfs – die Kröpfe
die Kröte – der Kröte – die Kröten
die Krücke – der Krücke – die Krücken
die Krume – der Krume – die Krumen
der Krümel – des Krümels – die Krümel
die Kruste – der Kruste – die Krusten
die Küche – der Küche – die Küchen
der Kuchen – des Kuchens – die Kuchen
die Kugel – der Kugel – die Kugeln
die Kuh – der Kuh – die Kühe
die Kuhmilche – der Kuhmilch – Ø
die Kuhle – der Kuhle – die Kuhlen
der Kult – des Kults – die Kulte
die Kultstätte – der Kultstätte – die Kultstätten
die Kultur – der Kultur – die Kulturen
der Kunde – des Kunden – die Kunden   (Person, die einkauft)   N
die Kunde – der Kunde – die Kunden   (Nachricht)
die Kunst – der Kunst – die Künste
der Künstler – des Künstlers – die Künstler
das Kupfer – des Kupfers – Ø
die Kuppe – der Kuppe – die Kuppen
die Kuppel – der Kuppel – die Kuppeln
die Kurbel – der Kurbel – die Kurbeln
der Kurs – des Kurses – die Kurse
die Kurve – der Kurve – die Kurven
die Küste – der Küste – die Küsten
die Kürze – der Kürze – die Kürzen
der Kuss – des Kusses – die Küsse
die Küste – der Küste – die Küsten
die Kutsche – der Kutsche – die Kutschen
die Kutte – der Kutte – die Kutten
der Kutter – des Kutters – die Kutter
das Kuvert – des Kuverts – die Kuverts

L

das Labor – des Labors – die Labore
das Laboratorium – des Laboratoriums – die Laboratorien
das Labyrinth – des Labyrinths – die Labyrinthe
das Lachen – des Lachens – Ø
    zum Lachen bringen => fröhlich stimmen / lustig sein

der Lachs – des Lachses – die Lachse
der Lack – des Lacks – die Lacke
die Lade – der Lade – die Laden
der Laden – des Ladens – die Läden
die Lage – der Lage – die Lagen
    in die Lage versetzen => sich vorstellen /empfinden

das Lager – des Lagers – die Lager
die Lähmung – der Lähmung – die Lähmungen
der Laib – des Laibs – die Laibe
der Laie – des Laien – die Laien
der Lakai – des Lakaien – die Lakaien
das Laken – des Lakens – die Laken
das Lamm – des Lamms – die Lämmer
das Lämpchen – des Lämpchens – die Lämpchen
die Lampe – der Lampe – die Lampen
das Land – des Landes – die Länder/Lande
    kein Land sehen => überlastet sein / so schnell nicht fertig werden
    andere Länder, andere Sitten => etwas anders machen

Ø – Ø – die Ländereien
die Länge – der Länge – die Längen
die Lappalie – der Lappalie – die Lappalien
der Lappen – des Lappens – die Lappen
das/der Laptop – des Laptops – die Laptops
der Lärm – des Lärms – Ø
die Lasagne – der Lasagne – die Lasagnen
die Lasche – der Lasche – die Laschen
der Laser – des Lasers – die Laser
die Last – der Last – die Lasten
    zur Last fallen => jemanden belasten

die Laterne – der Laterne – die Laternen
die Latte – der Latte – die Latten
das Laub – des Laubs – Ø
die Laube – der Laube – die Lauben

N
N

85

der Laudator – des Laudators – die Laudatoren
die Lauer – der Lauer – die Lauern
der Lauf – des Laufs – die Läufe
die Laune – der Laune – die Launen
die Laus – der Laus – die Läuse
die Laute – der Laute – die Lauten
der Lavendel – des Lavendels – die Lavendel
das Layout – des Layouts – die Layouts
das Lazarett – des Lazaretts – die Lazarette
das Leben – des Lebens – die Leben
  ins Leben rufen => gründen/starten

die Lebenslage – der Lebenslage – die Lebenslagen
das Lebensmittel – des Lebensmittels – die Lebensmittel
die Lebenssituation – der Lebenssituation – die Lebenssituationen
die Leber – der Leber – die Lebern
das Lebewohl – des Lebewohls – die Lebewohls
das Leck – des Lecks – die Lecks
das Leder – des Leders – die Leder
der Legat – des Legaten – die Legaten   N
die Legende – der Legende – die Legenden
die Legion – der Legion – die Legionen
die Lehne – der Lehner – die Lehnen
der Lehrer – des Lehrers – die Lehrer
der Lehrling – des Lehrlings – die Lehrlinge
der Leib – des Leibs – die Leiber
die Leiche – der Leiche – die Leichen
das Leid – des Leids – Ø
das Leiden – des Leidens – die Leiden
die Leihe – der Leihe – die Leihen
der Leim – des Leims – die Leime
die Leine – der Leine – die Leinen
die Leinwand – der Leinwand – die Leinwände
die Leiste – der Leiste – die Leisten
die Leistung – der Leistung – die Leistungen
der Leiter – des Leiters – die Leiter   (Führungsperson)
die Leiter – der Leiter – die Leitern   (Hilfe zum Hinauf-/Hinuntersteigen)
der Leitpunkt – des Leitpunkts – die Leitpunkte
die Leitung – der Leitung – die Leitungen
  auf der Leitung stehen => etwas nicht verstehen

die Lektion – der Lektion – die Lektionen
  eine Lektion erteilen => jemanden zurechtweisen

der Lektor – des Lektors – die Lektoren
das Lemma – des Lemmas – die Lemmas
der Lenz – des Lenzes – die Lenze
die Leuchte – der Leuchte – die Leuchten
Ø – Ø – die Leute
das Level – des Levels – die Level
das Lexikon – des Lexikons – die Lexika/Lexikons
das Licht – des Lichts – die Lichter
> grünes Licht bekommen => etwas machen dürfen

das Lid – des Lids – die Lider
die Liebe – der Liebe – die Lieben
die Liebelei – der Liebelei – die Liebeleien
das Lied – des Lieds – die Lieder
der Lieferant – des Lieferanten – die Lieferanten
die Liege – der Liege – die Liegen
der Lift – des Lifts – die Lifte
die Lilie – der Lilie – die Lilien
die Limo – der Limo – die Limos
das Lineal – des Lineals – die Lineale
die Linie – der Linie - die Linien
der Link – des Links – die Links
die Lippe – der Lippe – die Lippen
die List – der List – die Listen
die Liste – der Liste – die Listen
das/der Liter – des Liters – die Liter
die Lithografie – der Lithografie – die Lithografien
das Lob – des Lobs – die Lobe
> Lob ernten => gelobt werden

das Loch – des Lochs – die Löcher
die Locke – der Locke – die Locken
der Löffel – des Löffels – die Löffel
der Logarithmus – des Logarithmus – die Logarithmen
die Logistik – der Logistik – Ø
der Lohn – des Lohns – die Löhne
der Looping – des Loopings – die Loopings
die Lorbeere – der Lorbeere – die Lorbeeren
> sich auf den Lorbeeren ausruhen => nach Leistung faulenzen

das Los – des Loses – die Lose
die Lotion – der Lotion – die Lotionen
der Lotse – des Lotsen – die Lotsen
der Löwe – des Löwen – die Löwen

N
N

der Luchs – des Luchses – die Luchse
die Lücke – der Lücke – die Lücken
    Mut zur Lücke => sich trauen

die Luft – der Luft – die Lüfte
der Luftikus – des Luftikus/Luftikusses – die Luftikusse
die Lüge – der Lüge – die Lügen
    Lügen haben kurze Beine => mit Lügen nicht weit kommen

die Luke – der Luke – die Luken
der Lümmel – des Lümmels – die Lümmel
der Lump – des Lumpen – die Lumpen
der Lumpen – des Lumpens – die Lumpen
die Lunge – der Lunge – die Lungen
die Lust – der Lust – die Lüste

N

M

die Mache – der Mache – die Machen
die Macht – der Macht – die Mächte
das Mädchen – des Mädchens – die Mädchen
das Mädel – des Mädels – die Mädel
die Magd – der Magd – die Mägde
der Magen – des Magens – die Mägen
der Magnet – des Magneten – die Magneten
die Mähne – der Mähne – die Mähnen
die Maische – der Maische – die Maischen
die Mail – der Mail – die Mails
der Major – des Majors – die Majore
das Makeup – des Makeups – die Makeups
das Making-of – des Making-ofs – die Making-ofs
das Mal – des Mals – die Male   (Fleck auf der Haut)
das Mal – des Mals – die Mal/Male   (Zeitpunkt)
das Malz – des Malzes – die Malze
die Mama – der Mama – die Mamas
das Management – des Managements – die Managements
der Manager – des Managers – die Manager
der Mangel – des Mangels – Ø   (Fehlendes)
der Mangel – des Mangels – die Mängel   (Fehler)
die Mangel – der Mangel – die Mangeln   (Wäschewalze)
    (es) herrscht Mangel (an) => (es) fehlt

die Manie – der Manie – die Manien

die Manier – der Manier – die Manieren
der Mann – des Manns – die Männer
das Märchen – des Märchens – die Märchen
der Marder – des Marders – die Marder
die Margerite – der Margerite – die Margeriten
das Mark – des Marks – Ø   (Knochensubstanz)
die Mark – der Mark – die Mark   (Währung)
die Mark – der Mark – die Marken   (Landschaft)
die Marke – der Marke – die Marken
der Markt – des Marktes – die Märkte
die Marmelade – der Marmelade – die Marmeladen
der Marsch – des Marsches – die Märsche
das/der Marzipan – des Marzipans – die Marzipane
die Masche – der Masche – die Maschen
die Maschine – der Maschine – die Maschinen
die Maser – der Maser – die Masern
die Maske – der Maske – die Masken
das Maß – des Maßes – die Maße
die Maßnahme – der Maßnahme – die Maßnahmen
     eine Maßnahme durchführen => agieren/handeln

die Massage – der Massage – die Massagen
die Masse – der Masse – die Massen
der Mast – des Mastes – die Maste/Masten   (senkrechte Stange)
die Mast – der Mast – die Masten   (Mästen von Tieren)
das Material – des Materials – die Materialien
die Materie – der Materie – die Materien
die Matrize – der Matrize – die Matrizen
die Matte – der Matte – die Matten
die Mauer – der Mauer – die Mauern
das Maul – des Mauls – die Mäuler
     das Maul aufreißen => angeben
     Honig ums Maul schmieren => sich einschmeicheln

der Maulwurf – des Maulwurfs – die Maulwürfe
die Maus – der Maus – die Mäuse
die Maut – der Maut – die Mauten
der Mäzen – des Mäzens – die Mäzene
die Medaille – der Medaille – die Medaillen
das Medikament – des Medikaments – die Medikamente
die Medikation – der Medikation – die Medikationen
die Medizin – der Medizin – die Medizinen
das Meer – des Meers – die Meere

das Megabyte – des Megabytes – die Megabytes
das Mehl – des Mehls – die Mehle
die Meile – der Meile – die Meilen
die Meinung – der Meinung – die Meinungen
die Meise – der Meise – die Meisen
der Meißel – des Meißels – die Meißel
der Meister – des Meisters – die Meister
       noch kein Meister vom Himmel gefallen => sich Fähigkeit erarbeiten

die Melasse – der Melasse – die Melassen
die Menge – der Menge – die Mengen
der Mensch – des Menschen – die Menschen   N
das Menuett – des Menuetts – die Menuette
das Merkmal – des Merkmals – die Merkmale
die Messe – der Messe – die Messen
das Messer – des Messers – die Messer
der Meter – des Meters – die Meter
die Methode – der Methode – die Methoden
die Meute – der Meute – die Meuten
das Mieder – des Mieders – die Mieder
Ø – Ø – die Miesen
die Miete – der Miete – die Mieten
das Mikrofon – des Mikrofons – die Mikrofone
die Milbe – der Milbe – die Milben
die Milch – der Milch – Ø
die Milde – der Milde – die Milden
die Miliz – der Miliz – die Milizen
der Milliardär – des Milliardärs – die Milliardäre
die Milliarde – der Milliarde – die Milliarden
das Milligramm – des Milligramms – die Milligramme
der Milliliter – des Milliliters – die Milliliter
die Million – der Million – die Millionen
der Millionär – des Millionärs – die Millionäre
die Mimose – der Mimose – die Mimosen
der Minister – des Ministers – die Minister
die Minute – der Minute – die Minuten
das Misstrauen – des Misstrauens – Ø
die Mistel – der Mistel – die Misteln
die Mitte – der Mitte – die Mitten
das Mittel – des Mittels – die Mittel
das Mittelalter – des Mittelalters – Ø
der Mittwoch – des Mittwochs – die Mittwoche

der Mob – des Mobs – die Mobs
das Mobile – des Mobiles – die Mobiles
Ø – Ø – die Möbel
die Mode – der Mode – die Moden
    in Mode sein => aktuell/modern sein

das Modell – des Modells – die Modelle
das Mofa – des Mofas – die Mofas
der Mohr – des Mohren – die Mohren
die Möhre – der Möhre – die Möhren
die Molke – der Molke – die Molken
der Monat – des Monats – die Monate
der Mönch – des Mönchs – die Mönche
der Mond – des Monds – die Monde
der Monitor – des Monitors – die Monitore
das Monster – des Monsters – die Monster
der Monteur – des Monteurs – die Monteure
die Montur – der Montur – die Monturen
das Moor – des Moores – die Moore
das Moos – des Mooses – die Moose
der Mops – des Mopses – die Möpse
der Mord – des Mords – die Morde
der Mörtel – des Mörtels – die Mörtel
die Moschee – der Moschee – die Moscheen
das Motel – des Motels – die Motels
der Motor – des Motors – die Motoren
die Motte – der Motte – die Motten
das Motto – des Mottos – die Mottos
die Mücke – der Mücke – die Mücken
    aus einer Mücke einen Elefanten machen => etwas größer machen, als es ist

die Muffen – der Muffen – die Muffen
die Mühe – der Mühe – die Mühen
    sich Mühe geben => sich bemühen

die Mühle – der Mühle – die Mühlen
der Multiplikator – des Multiplikators – die Multiplikatoren
der Mund – des Munds – die Munde/Münde/Münder
die Münze – der Münze – die Münzen
die Muschel – der Muschel – die Muscheln
die Muse – der Muse – die Musen
das Museum – des Museums – die Museen
die Musik – der Musik – die Musiken
der Muskel – des Muskels – die Muskel

das Müsli – des Müslis – die Müslis
der Muslim – des Muslims – die Muslime
das Muster – des Musters – die Muster
der Mut – des Muts – Ø
    Mut zur Lücke => sich trauen

die Mutter – der Mutter – die Mütter   (Frau)
die Mutter – der Mutter – die Muttern   (Schraube)
die Mütze – der Mütze – die Mützen

N

der Nachbar – des Nachbarn – die Nachbarn   N
der Nachdruck – des Nachdrucks – Ø   (Kopie)
der Nachdruck – des Nachdrucks – die Nachdrucke   (gedruckte Texte, Bilder)
der Nachkomme – des Nachkommen – die Nachkommen   N
die Nachricht – der Nachricht – die Nachrichten
die Nacht – der Nacht – die Nächte
der Nachweis – des Nachweises – die Nachweise
der Nacken – des Nackens – die Nacken
die Nadel – der Nadel – die Nadeln
der Nagel – des Nagels – die Nägel
das Nähkästchen – des Nähkästchens – die Nähkästchen
    aus dem Nähkästchen plaudern => ein Geheimnis ausplaudern

die Naht – der Naht – die Nähte
der Name – des Namens – die Namen   [!] Genitiv +s   N
der Namen – des Namens – die Namen   [!] Genitiv +s   N
der Napf – des Napfs – die Näpfe
die Narbe – der Narbe – die Narben
der Narr – des Narren – die Narren   N
der Nasal – des Nasals – die Nasale
die Nase – der Nase – die Nasen
    die Nase voll haben – keine Lust mehr haben

die Nässe – der Nässe – die Nässen
die Natter – der Natter – die Nattern
die Natur – der Natur – die Naturen
Ø – Ø – die Naturalien
der Nebel – des Nebels – die Nebel
der Neffe – des Neffen – die Neffen   N
der Neid – des Neides – Ø
die Nelke – der Nelke – die Nelken

der Nerd – des Nerds – die Nerds
der Nerv – des Nervs – die Nerven
    auf die Nerven gehen => nerven

die Nessel – der Nessel – die Nesseln
das Nest – des Nests – die Nester
das Netz – des Netzes – die Netze
die Neurose – der Neurose – die Neurosen
die Neutralstellung – der Neutralstellung – Ø
die Niederkunft – der Niederkunft – die Niederkünfte
die Niere – der Niere – die Nieren
die Niete – der Niete – die Nieten
der Nippel – des Nippels – die Nippel
die Nonne – der Nonne – die Nonnen
der Noppen – des Noppens – die Noppen
die Norm – der Norm – die Normen
die Not – der Not – die Nöte
die Note – der Note – die Noten
der November - des Novembers - die November
die Nudel – der Nudel – die Nudeln
die Null – der Null – die Nullen
die Nummer – der Nummer – die Nummern
die Nuntiatur – der Nuntiatur – die Nuntiaturen
die Nuss – der Nuss – die Nüsse
die Nüster – der Nüster – die Nüstern
die Nutte – der Nutte – die Nutten
der Nutzen – des Nutzens – die Nutzen

O

der Oberbauch – des Oberbauchs – die Oberbäuche
der Oberst – des Obersten – die Obersten   N
das Objektiv – des Objektivs – die Objektive
das Obst – des Obstes – Ø
der Ochse – des Ochsen – die Ochsen   N
die Ode – der Ode – die Oden
die Öde – der Öde – die Öden
die Ödnis – der Ödnis – die Ödnisse
der Ofen – des Ofens – die Öfen
das Ohr – des Ohrs – die Ohren
das Okular – des Okulars – die Okulare

das Öl – des Öls – die Öle
der Oldie – des Oldies – die Oldies
die Olive – der Olive – die Oliven
die Oma – der Oma – die Omas
der Opa – des Opas – die Opas
das Opfer – des Opfers – die Opfer
die Orange – der Orange – die Orangen
das Orchester – des Orchesters – die Orchester
der Orden – des Ordens – die Orden
das Organ – des Organs – die Organe
die Organisation – der Organisation – die Organisationen
der Organist – des Organisten – die Organisten   N
die Orgel – der Orgel – die Orgeln
die Orientierung – der Orientierung – die Orientierungen
der Ort – des Orts – die Orte
der Otter – des Otters – die Otter

P

das Paar – des Paars – die Paare
die Pacht – der Pacht – die Pachten
das Päckchen – des Päckchens – die Päckchen
das Paddel – des Paddels – die Paddel
der Page – des Pagen – die Pagen   N
das Paket – des Pakets – die Pakete
der Palast – des Palastes – die Paläste
die Palme – der Palme – die Palmen
das Pamphlet – des Pamphlets – die Pamphlete
die Panik – der Panik – die Paniken
        in Panik versetzen => Angst verbreiten

der Panther – des Panthers – die Panther
der Panzer – des Panzers – die Panzer
der Papagei – des Papageis – die Papageien
das Papier – des Papiers – die Papiere
die Pappel – der Pappel – die Pappeln
der Papst – des Papstes – die Päpste
die Parabel – der Parabel – die Parabeln
der Paragraf – des Paragrafen – die Paragrafen   N
die Parallele – der Parallele – die Parallelen   N
der Parasit – des Parasiten – die Parasiten   N

das Parfüm – des Parfüms – die Parfüme
der Park – des Parks – die Parks
die Partei – der Partei – die Parteien
die Party – der Party – die Partys
der Pass – des Passes – die Pässe
der Passant – des Passanten – die Passanten   N
der Passat – des Passats – die Passate
die Paste – der Paste – die Pasten
die Pastille – der Pastille – die Pastillen
der Pate – des Paten – die Paten   N
das Patent – des Patents – die Patente
die Patience – der Patience – die Patiencen
der Patriot – des Patrioten – die Patrioten   N
der Patzer – des Patzers – die Patzer
die Pauke – der Pauke – die Pauken
die Pause – der Pause – die Pausen
das Pech – des Pechs – Ø
das Pedal – des Pedals – die Pedale
die Peitsche – der Peitsche – die Peitschen
die Pelle – der Pelle – die Pellen
der Pelz – des Pelzes – die Pelze
der Penalty – des Penaltys – die Penaltys
das Pendel – des Pendels – die Pendel
der Penis – des Penis – die Penisse/Penes
die Penne – der Penne – die Pennen
der Penny – des Pennys – die Pennys
der Pep – des Peps – die Peps
die Perle – der Perle – die Perlen
die Personalie – der Personalie – die Personalien
die Person – der Person – die Personen   N
die Perspektive – der Perspektive – die Perspektiven
der Pfad – des Pfads – die Pfade
der Pfaffe – des Pfaffen – die Pfaffen   N
der Pfahl – des Pfahls – die Pfähle
das Pfand – des Pfands – die Pfänder
die Pfanne – der Pfanne – die Pfannen
      da wird der Hund in der Pfanne verrückt => erstaunt/verwundert sein

der Pfau – des Pfaus – die Pfaue
der Pfeffer – des Pfeffers – die Pfeffer
der Pfeil – des Pfeils – die Pfeile
der Pfennig – des Pfennigs – die Pfennige

das Pferd – des Pferdes – die Pferde
Pferde scheu machen => unnötig für Aufregung sorgen

der Pfiff – des Pfiffs – die Pfiffe
die Pflanze – der Pflanze – die Pflanzen
das Pflaster – des Pflasters – die Pflaster
die Pflaume – der Pflaume – die Pflaumen
die Pflicht – der Pflicht – die Pflichten
der Pflock – des Pflocks – die Pflöcke
der Pflug – des Pflugs – die Pflüge
der Pfosten – des Pfostens – die Posten
die Pfote – der Pfote – die Pfoten
der Pfuhl – des Pfuhls – die Pfuhle
die Pfütze – der Pfütze – die Pfützen
die Phase – der Phase – die Phasen
die Phrase – der Phrase – die Phrasen
die Philologie – der Philologie – die Philologien
der Philosoph – des Philosophen – die Philosophen   N
die Philosophie – der Philosophie – die Philosophien
das Photon – des Photons – die Photonen
die Physik – der Physik – Ø
der Pickel – des Pickels – die Pickel
die Pieke – der Pieke – die Pieken
der Piepser – des Piepsers – die Pipser
der Pilot – des Piloten – die Piloten   N
der Pin – des Pins – die Pins
der Pinsel – des Pinsels – die Pinsel
die Pinzette – der Pinzette – die Pinzetten
der Piranha – des Piranhas – die Piranhas
die Pizza – der Pizza - die Pizzas/Pizze
die Plage – der Plage – die Plagen
das Plagiat – des Plagiats – die Plagiate
das Plakat – des Plakats – die Plakate
der Plan – des Plans – die Pläne
die Plane – der Plane – die Planen
der Planet – des Planeten – die Planeten   N
das Plastik – des Plastiks – Ø   (Kunststoff)
die Plastik – der Plastik – die Plastiken (Bildwerk)
die Platane – der Platane – die Platanen
die Platte – der Platte – die Platten
der Platz – des Platzes – die Plätze
Platz nehmen => setzen

die Pleite – der Pleite – die Pleiten
das Plug-in – des Plug-ins – die Plug-ins
der Plural – des Plurals – die Plurale
der Po – des Pos – die Pos
die Pocke – der Pocke – die Pocken
der Podcast – des Podcasts – die Podcasts
das/der Podest – des Podestes – die Podeste
der Pokal – des Pokals – die Pokale
der Pol – des Pols – die Pole
die Politur – der Politur – die Polituren
die Polizei – der Polizei – (die Polizeien)
der Polizist – des Polizisten – die Polizisten   N
der Poller – des Pollers – die Poller
die Polygamie – der Polygamie – die Polygamien
der Pony – des Ponys – die Ponys   (Frisur)
das Pony – des Ponys – die Ponys   (kleines Pferd)
der Pool – des Pools – die Pools
der Pop – des Pops – Ø
der Porno – des Pornos – die Pornos
das Portal – des Portals – die Portale
die Portion – der Portion – die Portionen
das Portrait – des Portraits – die Portraits
die Pose – der Pose – die Posen
die Position – der Position – die Positionen
die Posse – der Posse – die Possen
der Post – des Posts – die Posts
die Post – der Post – Ø
die Postille – der Postille – die Postillen
die Potenz – der Potenz – die Potenzen
der Pott – des Potts – die Pötte
die Power – der Power – Ø
der Praktikant – des Praktikanten – die Praktikanten   N
der Prälat – des Prälaten – die Prälaten   N
die Praline – der Praline – die Pralinen
die Pranke – der Pranke – die Pranken
die Präsenz – der Präsenz – die Präsenzen
die Praxis – der Praxis – die Praxen
die Predigt – der Predigt – die Predigten
das Pressing – des Pressings – die Pressings
der Primat – des Primats – die Primate
der Prinz – des Prinzen – die Prinzen   N
die Pritsche – der Pritsche – die Pritschen

das Privileg – des Privilegs – die Privilegien
die Probe – der Probe – die Proben
das Probenmaterial – des Probenmaterials – die Probenmaterialien
das Problem – des Problems – die Probleme
das Procedere – des Procederes – Ø
das Produkt – des Produkts – die Produkte
der Produzent – des Produzenten – die Produzenten   N
das Programm – des Programms – die Programme
das Projekt – des Projekts – die Projekte
der Projektor – des Projektors – die Projektoren
der Prolet – des Proleten – die Proleten
der Prophet – des Propheten – die Propheten   N
der Prospekt – des Prospekts – die Prospekte
der Protest – des Protests – die Proteste
der Protestant – des Protestanten – die Protestanten   N
das Proton – des Protons – die Protonen
die Provinz – der Provinz – die Provinzen
der Prozess – des Prozesses – die Prozesse
die Prüfung – der Prüfung – die Prüfungen
die Prügel – der Prügel – die Prügeln
der Psalm – des Psalms – die Psalmen
der Psychopath – des Psychopathen – die Psychopathen   N
die Psychose – der Psychose – die Psychosen
das Publikum – des Publikums – Ø
der Publikumsverkehr – des Publikumsverkehrs – Ø
der Puck – des Pucks – die Pucks
der Pudding – des Puddings – die Puddings
der Pudel – des Pudels – die Pudel
der Puder – des Puders – die Puder
die Pulle – der Pulle – die Pullen
der Pulli – des Pullis – die Pullis
der Pullover – des Pullovers – die Pullover
der Pullunder – des Pullunders – die Pullunder
der Puls – des Pulses – die Pulse
der Pulsar – des Pulsars – die Pulsare
das Pult – des Pultes – die Pulte
das Pulver – des Pulvers – die Pulver
der Pummel – des Pummels – die Pummel
die Pumpe – der Pumpe – die Pumpen
der Punkt – des Punkts – die Punkte
       auf den Punkt bringen => zusammenfassen

die Punktion – der Punktion – die Punktionen
die Pupille – der Pupille – die Pupillen
die Puppe – der Puppe – die Puppen
die Pustel – der Pustel – die Pusteln
die Pute – der Pute – die Puten
der Puter – des Puters – die Puter
das/der Pyjama – des Pyjamas – die Pyjamas

Q (Qu)

der Quadrant – des Quadranten – die Quadranten   N
die Qual – der Qual – die Qualen
die Qualle – der Qualle – die Quallen
die Quarantäne – der Quarantäne – die Quarantänen
der Quark – des Quarks – die Quarks
      nicht aus dem Quark kommen => langsam arbeiten / nicht vorankommen

der Quasar – des Quasars – die Quasare
die Quaste – der Quaste – die Quasten
die Quelle – der Quelle – die Quellen
der Quilt – des Quilts – die Quilts
die Quitte – der Quitte – die Quitten
die Quittung – der Quittung – die Quittungen
die Quote – der Quote – die Quoten

R

der Rabatt – des Rabatts – die Rabatte
der Rabauke – des Rabauken – die Rabauken
der Rabbi – des Rabbis – die Rabbis
der Rabe – des Raben – die Raben   N
der Rachen – des Rachens – die Rachen
das Rad – des Rads – die Räder
das/der Radar – des Radars – die Radare
der Radiator – des Radiators – die Radiatoren
das Radio – des Radios – die Radios
der Radius – des Radius - die Radien
der Rahmen – des Rahmens – die Rahmen
die Rakete – der Rakete – die Raketen
die Rallye – der Rallye – die Rallyes

die Ramme – der Ramme – die Rammen
die Rampe – der Rampe - die Rampen
der Rand – des Rands – die Ränder
der Rang – des Rangs – die Ränge
der Rank – des Ranks – die Ränke
der Rappe – des Rappen – die Rappen   N
der Rasen – des Rasens – die Rasen
die Raspel – der Raspel – die Raspeln
die Rasse – der Rasse – die Rassen
das Raster – des Rasters – die Raster
die Rasur – der Rasur – die Rasuren
der Rat – des Rates – die Räte/Ø
    einen Rat erteilen => beraten/raten
    einen Rat geben => beraten/raten

der Ratschlag – des Ratschlags – die Ratschläge
    einen Rat erteilen => beraten/raten

die Ration – der Ration – die Rationen
das Rätsel – des Rätsels – die Rätsel
die Ratte – der Ratte – die Ratten
der Raum – des Raums – die Räume
die Raumluft – der Raumluft – die Raumlüfte
die Raupe – der Raupe – die Raupen
die Raute – der Raute – die Rauten
die Reaktion – der Reaktion – die Reaktionen
die Realität – der Realität – die Realitäten
die Rebe – der Rebe – die Reben
der Rebell – des Rebellen – die Rebellen   N
der Rebound – des Rebounds – die Rebounds
der Rechen – des Rechens – die Rechen
die Recherche – der Recherche – die Recherchen
der Rechner – des Rechners – die Rechner
die Rechnung – der Rechnung – die Rechnungen
    in Rechnung stellen => berechnen/fordern

das Recht – des Rechts – die Rechte
    im Recht sein => richtig liegen
    Recht sprechen => ein Urteil verkünden

der Recke – des Recken – die Recken   N
der Redakteur – des Redakteurs – die Redakteure
die Rede – der Rede – die Reden
    zur Rede stellen => ansprechen/konfrontieren

der Redner – des Redners – die Redner
der Reflex – des Reflexes – die Reflexe
der Refrain – des Refrains – die Refrains
das Regal – des Regals – die Regale
die Regel – der Regel – die Regeln
die Regelung – der Regelung – die Regelungen
das Regelwerk – des Regelwerks – die Regelwerke
der Regen – des Regens – Ø
der Reggae – des Reggaes – die Reggaes
das Regiment – des Regiments – die Regimente/Regimenter
die Region – der Region – die Regionen
die Registratur – der Registratur – die Registraturen
das Regulativ – des Regulativs – die Regulative
das Reh – des Rehs – die Rehe
die Reibe – der Reibe – die Reiben
das Reich – des Reichs – die Reiche
der Reichtum – des Reichtums – die Reichtümer
die Reife – der Reife – die Reifen
der Reifen – des Reifens – die Reifen
der Reigen – des Reigens – die Reigen
die Reihe – der Reihe – die Reihen
der Reiher – der Reihers – die Reiher
der Reim – des Reims – die Reime
die Reinigung – der Reinigung – die Reinigungen
die Reise – der Reise – die Reisen
der Reiz – des Reizes – die Reize
der Rekord – des Rekords – die Rekorde
die Religion – der Religion – die Religionen
die Rendite – der Rendite – die Renditen
die Rente – der Rente – die Renten
die Replik – der Replik – die Repliken
die Republik – der Republik – die Republiken
die Requisite – der Requisite – die Requisiten
der Resonant – des Resonanten – die Resonanten
der Respekt – des Respekts – Ø
    Respekt genießen => respektiert werden

der Rest – des Rests – die Reste
die Rettung – der Rettung – die Rettungen
die Reue – der Reue – die Reuen
das Revier – des Reviers – die Reviere
der Revolver – des Revolvers – die Revolver

N

der Richter – des Richters – die Richter
die Richtung – der Richtung – die Richtungen
der Riegel – des Riegels – die Riegel
der Riemen – des Riemens – die Riemen
der Riese – des Riesen – die Riesen
das Riff – des Riffs – die Riffe
das Rind – des Rinds – die Rinder
der Ring – des Rings – die Ringe
die Rippe – der Rippe – die Rippen
das Risiko – des Risikos – die Risiken/Risikos
der Riss – des Risses – die Risse
der Ritt – des Ritts – die Ritte
die Ritze – der Ritze – die Ritzen
die Robbe – der Robbe – die Robben
die Robe – der Robe – die Roben
der Rock – des Rocks – die Röcke
der Rohling – des Rohlings – die Rohlinge
das Rohr – des Rohrs – die Rohre
die Röhre – der Röhre – die Röhren
die Rolle – der Rolle – die Rollen
der Roller – des Rollers – die Roller
der Rollladen – des Rolllladens – die Rollläden
das Rollo – des Rollos – die Rollos
der Roman – des Romans – die Romane
das Rondell – des Rondells – die Rondelle
das Rondo – des Rondos – die Rondos
das Röntgenbild – des Röntgenbilds – die Röntgenbilder
die Rose – der Rose – die Rosen
die Rosine – der Rosine – die Rosinen
das Ross – des Rosses – die Rosse/Rösser
die Rotte – der Rotte – die Rotten
die Route – der Route – die Routen
der Router – des Routers – die Router
die Rübe – der Rübe – die Rüben
der Rubel – des Rubels – die Rubel
der Rubin – des Rubins – die Rubine
der Rücken – des Rückens – die Rücken
die Rückgabe – der Rückgabe – die Rückgaben
das Rückgrat – des Rückgrats – die Rückgrate
der Rucksack – des Rucksacks – die Rucksäcke
die Rücksicht – der Rücksicht – Ø
    Rücksicht nehmen => beachten/berücksichtigen

N

das Rudel – des Rudels – die Rudel
das Ruder – des Ruders – die Ruder
der Ruf – des Rufs – die Rufe
der Rüffel – des Rüffels – die Rüffel
die Ruhe – der Ruhe – Ø
der Ruhm – des Ruhms – Ø
der Rummel – des Rummels – die Rummel
der Rumpf – des Rumpfs – die Rümpfe
der Run – des Runs – die Runs
die Runde – der Runde – die Runden
die Rute – der Rute – die Ruten
die Rutsche – der Rutsche – die Rutschen

S

der Saal – des Saals – die Säle
die Saat – der Saat – die Saaten
der Säbel – des Säbels - die Säbel
die Sache – der Sache – die Sachen
     die Sache ist gegessen => etwas ist abgeschlossen/erledigt

der Sack – des Sacks – die Säcke
     die Katze im Sack kaufen => etwas unkontrolliert kaufen
     auf den Sack gehen => nerven

der Safe – des Safes – die Safes
der Saft – des Safts – die Säfte
die Sage – der Sage – die Sagen
die Säge – der Säge – der Sägen
die Saite – der Saite – die Saiten
der Salat – des Salats – die Salate
das Salz – des Salzes – die Salze
der Samen – des Samens – die Samen
das Sanatorium – des Sanatoriums – die Sanatorien
der Sand – des Sandes – die Sande
     im Sand verlaufen => ohne Ergebnis zu Ende gehen

die Sandale – der Sandale – die Sandalen
die Sänfte – der Sänfte – die Sänften
die Sanktion – der Sanktion – die Sanktionen
der Saphir – des Saphirs – die Saphire
der Sarg – des Sargs – die Särge
der Satz – des Satzes – die Sätze

die Sau – der Sau – die Säue
die Sauce – der Sauce – die Saucen
der Sauerstoff – des Sauerstoffs – Ø
die Säule – der Säule – die Säulen
der Saum – des Saums – die Säume
das Säumnis – des Säumnisses – die Säumnisse
die Sauna – der Sauna – die Saunas
die Säure – der Säure – die Säuren
die Sause – der Sause – die Sausen
der Satz – des Satzes – die Sätze
der Schacht – des Schachts – die Schächte
die Schachtel – der Schachtel – die Schachteln
der Schädel – des Schädels – die Schädel
das Schaf – des Schafs – die Schafe
der Schal – des Schals – die Schals
der Schalter – des Schalters – die Schalter
der Schamane – des Schamanen – die Schamanen   N
die Schande – der Schande – die Schanden
der Schaschlik – des Schaschliks – die Schaschliks
der Schatten – des Schattens – die Schatten
die Schau – der Schau – die Schauen
der Schauder – des Schauders – die Schauder
der Schauer – des Schauers – Ø   (Angst, Grusel)
der Schauer – des Schauers – die Schauer   (Niederschlag)
die Schaufel – der Schaufel – die Schaufeln
der Schaum – des Schaums – die Schäume
die Scheibe – der Scheibe – die Scheiben
die Scheide – der Scheide – die Scheiden
der Scheit – des Scheits – die Scheite
das Schema – des Schemas – die Schemas/Schemen
die Schere – der Schere - die Scheren
die Scherbe – der Scherbe – die Scherben
der Scherge – des Schergen – die Schergen
der Scherz – des Scherzes – die Scherze
die Schicht – der Schicht – die Schichten
das Schicksal – des Schicksals – die Schicksale
die Schiene – der Schiene – die Schienen
das Schiff – des Schiffs – die Schiffe
das Schild – des Schilds – die Schilder   (Zeichen)
der Schild – des Schilds – die Schilde   (Schutz)
die Schilddrüse – der Schilddrüse – die Schilddrüsen
das Schilf – des Schilfs – die Schilfe

der Schimmel – des Schimmels – die Schimmel
der Schimmer – des Schimmers – die Schimmer
der Schimpanse – des Schimpansen – die Schimpansen
die Schindel – der Schindel – die Schindeln
der Schinken – des Schinkens – die Schinken
der Schirm – des Schirms – die Schirme
    auf dem Schirm haben => berücksichtigen / etwas nicht vergessen

die Schlacht – der Schlacht – die Schlachten
der Schlaf – des Schlafs – Ø
der Schlag – des Schlags – die Schläge
der Schläger – des Schlägers – die Schläger
das/der Schlamassel – des Schlamassels – die Schlamassel
die Schlampe – der Schlampe – die Schlampen
die Schlange – der Schlange – die Schlange
    Schlange stehen => sich in einer Reihe anstellen

die Schlappe – der Schlappe – die Schlappen
der Schlaraffe – des Schlaraffen – die Schlaraffen
der Schlauch – des Schlauchs – die Schläuche
    auf dem Schlauch stehen => etwas nach längerem Nachdenken nicht verstehen

die Schlaufe – der Schlaufe – die Schlaufen
der Schlegel – des Schlegels – die Schlegel
die Schleife – der Schleife – die Schleifen
die Schleuse – der Schleuse – die Schleusen
der Schliff – des Schliffs – die Schliffe
der Schlingel – des Schlingels – die Schlingel
der Schlips – des Schlipses – die Schlipse
    auf den Schlips treten => beleidigen/kränken

der Schlitz – des Schlitzes – die Schlitze
das Schloss – des Schlosses – die Schlösser
der Schlot – des Schlots – die Schlote
die Schlucht – der Schlucht – die Schluchten
der Schluckauf – des Schluckaufs – Ø
der Schlumpf – des Schlumpfs – die Schlümpfe
der Schlund – des Schlunds – die Schlünde
der Schlüpfer – des Schlüpfers – die Schlüpfer
der Schluss – des Schlusses – die Schlüsse
der Schlüssel – des Schlüssels – die Schlüssel
der Schmaus – des Schmauses – die Schmäuse
der Schmerz – des Schmerzes – die Schmerzen
die Schmerztoleranz – der Schmerztoleranz – die Schmerztoleranzen

der Schmetterling – des Schmetterlings – die Schmetterlinge
der Schmied – des Schmieds – die Schmiede
die Schmiede – der Schmiede – die Schmieden
der Schmöker – des Schmökers – die Schmöker
der Schmuck – des Schmucks – Ø
der Schnabel – des Schnabels – die Schnäbel
die Schnalle – der Schnalle – die Schnallen
die Schnauze – der Schnauze – die Schnauzen
 die Schnauze voll haben – keine Lust mehr haben

die Schnäuzer – des Schnäuzers – die Schnäuzer
die Schnecke – der Schnecke – die Schnecken
 zur Schnecke machen => scharf rügen

der Schnee – des Schnees – Ø
die Schneise – der Schneise – die Schneisen
die Schnelle – der Schnelle – die Schnellen
das/der Schnipsel – des Schnipsels – die Schnipsel
der Schnitt – des Schnitts – die Schnitte
die Schnitte – der Schnitte – die Schnitten
die Schnittstelle – der Schnittstelle – die Schnittstellen
das Schnitzel – des Schnitzels – die Schnitzel
der Schnösel – des Schnösels – die Schnösel
der Schnuller – des Schnullers – die Schnuller
der Schnupfen – des Schnupfens – die Schnupfen
die Schnur – der Schnur – die Schnüre
der Schober – des Schobers – die Schober
der Schock – des Schocks – die Schocke/Schocks
der Schöffe – des Schöffen – die Schöffen
die Schönheit – der Schönheit – die Schönheiten
der Schopf – des Schopfs – die Schöpfe
der Schoppen – des Schoppens – die Schoppen
die Schote – der Schote – die Schoten
der Schotter – des Schotters – [die Schotter]
der Schrank – des Schranks – die Schränke
das Schrapnell – des Schrapnells – die Schrapnelle
die Schraube – der Schraube – die Schrauben
der Schreck – des Schrecks – die Schrecke
der Schrecken – des Schreckens – die Schrecken
der Schredder – des Schredders – die Schredder
der Schrei – des Schreis – die Schreie
das Schreiben – des Schreibens – die Schreiben
die Schrift – der Schrift – die Schriften

der Schritt – des Schritts – die Schritte
der Schrittmacher – des Schrittmachers – die Schrittmacher
der Schrubber – des Schrubbers – die Schrubber
der Schub – des Schubs – die Schübe
der Schuber – des Schubers – die Schuber
der Schuft – des Schufts – die Schufte
der Schuh – des Schuhs – die Schuhe
die Schuld – der Schuld – die Schulden
die Schule – der Schule – die Schulen
die Schulter – der Schulter – die Schultern
der Schummer – des Schummers – die Schummer
der Schuppen – des Schuppens – die Schuppen
der Schurke – des Schurken – die Schurken   N
der Schuss – des Schusses – die Schüsse
die Schüssel – der Schüssel – die Schüsseln
der Schuster – des Schusters – die Schuster
der Schutz – des Schutzes – Ø
    in Schutz nehmen => beschützen
    unter Schutz stellen => beschützen

der Schütze – des Schützen – die Schützen   N
die Schwäche – der Schwäche – die Schwächen
der Schwager – des Schwagers – die Schwäger
der Schwamm – des Schwamms – die Schwämme
der Schwan – des Schwans – die Schwäne
der Schwanz – des Schwanzes – die Schwänze
der Schwarm – des Schwarms – die Schwärme
das Schweigen – des Schweigens – Ø
    zum Schweigen bringen => jemanden verstummen lassen

der Schweif – des Schweifs – die Schweife
das Schwein – des Schweins – die Scheine
    ich glaub mein Schwein pfeift => äußerst überrascht sein

der Schweinehund
    inneren Schweinehund überwinden => Unangenehmes erledigen

der Schweiß – des Schweißes – die Schweiße
das Schwert – des Schwerts – die Schwerter
die Schwester – der Schwester – die Schwestern
der Schwindel – des Schwindels – Ø   [Erkrankung]
der Schwindel – des Schwindels – die Schwindel   [Lüge]
die Schwitze – der Schwitze – die Schwitzen
die Schwüle – der Schwüle – Ø

der Schwule – des Schwulen – die Schwulen
der Schwung – des Schwungs – die Schwünge
    in Schwung kommen => laufen/schwingen lassen

der Schwur – des Schwurs – die Schwüre
der Score – des Scores – die Scores
der See – des Sees – die Seen   (Binnengewässer)
die See – der See – die Seen   (Meer)
die Seele – der Seele – die Seelen
    auf der Seele brennen => dringendes Anliegen haben

das Segel – des Segels – die Segel
der Segen – des Segens – die Segen
der Segler – des Seglers – die Segler
die Sehne – der Sehne – die Sehnen
die Seide – der Seide – die Seiden
die Seife – der Seife – die Seifen
das Seil – des Seils – die Seile
die Seite – der Seite - die Seiten
    zur Seite stehen => unterstützen

die Sekte – der Sekte – die Sekten
die Sekunde – der Sekunde – die Sekunden
der Sellerie – des Selleries – die Selleries
die Sellerie – der Sellerie – die Selleries
das Semester – des Semesters – die Semester
die Semmel – der Semmel – die Semmeln
der Sender – des Senders – die Sender
die Senke – der Senke – die Senken
der Senkel – des Senkels – die Senkel
die Sense – der Sense – die Sensen
das Septett – des Septetts – die Septette
das Service – des Services – die Service   (Geschirr)
der Service – des Services – die Services   (Bedienung)
der Sessel – des Sessels – die Sessel
das Set – des Sets – die Sets
die Seuche – der Seuche – die Seuchen
der Sex – des Sexes – Ø
der Sextant – des Sextanten – die Sextanten
der Shake – des Shakes – die Shakes
der Shit – des Shits – die Shits
der Shop – des Shops – die Shops
die Sicht – der Sicht – die Sichten
das Sieb – des Siebs – die Siebe

der Sieg – des Sieges – die Siege
das Signet – des Signets – die Signets
die Silbe – der Silbe – die Silben
das Silber – des Silbers – Ø
das/der Silo – des Silos – die Silos
die Simulation – der Simulation – die Simulationen
der Singular – des Singulars – die Singulare
der Sinn – des Sinns – die Sinne
die Sippe – der Sippe – die Sippen
die Sirene - der Sirene – die Sirenen
die Sitte – der Sitte – die Sitten
      andere Länder, andere Sitten => etwas anders machen

die Situation – der Situation – die Situationen
      eine Situation meisten => Schwierigkeiten überwinden

der Sitz – des Sitzes – die Sitze
die Skala – der Skala – die Skalen
das Skalpell – des Skalpells – die Skalpelle
das Skelett – des Skeletts – die Skelette
die Skepsis – der Skepsis – Ø
der Sketch – des Sketchs – die Sketche/Sketchs
der Ski – des Skis – die Skier
der Sklave – des Sklaven – die Sklaven
der Skorpion – des Skorpions – die Skorpione
der Slalom – des Slaloms – die Slaloms
der Slang – des Slangs – die Slangs
der Slapstick – des Slapsticks – die Slapsticks
der Slogan – des Slogans - die Slogans
der Slum – des Slums – die Slums
der Smash – des Smashs – die Smashs
der Smog – des Smogs – die Smogs
der Smoking – des Smokings – die Smokings
der Snack – des Snacks – die Snacks
die Socke – der Socke – die Socken
der Sockel – des Sockels – die Sockel
der Socken – des Sockens – die Socken
das/der Soda – des Sodas – die Sodas
das Sodbrennen – des Sodbrennens – Ø
das Sofa – des Sofas – die Sofas
der Softi – des Softis – die Softis
die Sohle – der Sohle – die Sohlen
der Sohn – des Sohns – die Söhne

N

der Sommer – des Sommers – die Sommer
die Sonde – der Sonde – die Sonden
der Song – des Songs – die Songs
die Sonne – der Sonne – die Sonnen
die Sorge – der Sorge – die Sorgen
    Sorgen machen => sich sorgen

die Sorte – der Sorte – die Sorten
die Soße – der Soße – die Soßen
der Souffleur – des Souffleurs – die Souffleure
der Sound – des Sounds – die Sounds
der Spachtel – des Spachtels – die Spachtel
der Spalt – des Spalts – die Spalte
die Spalte – der Spalte – die Spalten
der Spam – des Spams – die Spams
der Span – des Spans – die Späne
die Spange – der Spange – die Spangen
der Spargel – des Spargels – die Spargel
der Spaß – des Spaßes – die Späße
der Spatel – des Spatels – die Spatel
die Spatel – der Spatel – die Spateln
der Spaten – des Spatens – die Spaten
der Spatz – des Spatzen – die Spatzen
die Speiche – der Speiche – die Speichen
die Speise – der Speise – die Speisen
das Spektakel – des Spektakels – die Spektakel
der Spekulant – des Spekulanten – die Spekulanten   N
die Spende – der Spende – die Spenden
der Sperber – des Sperbers – die Sperber
Ø – Ø – die Spesen
der Spiegel – des Spiegels – die Spiegel
das Spiel – des Spiels – die Spiele
    aufs Spiel setzen => riskieren

der Spieler – des Spielers – die Spieler
die Spielerei – der Spielerei – die Spielereien
der Spieß – des Spießes – die Spieße
der Spike – des Spikes – die Spikes
der Spin – des Spins – die Spins
das/der Spind – des Spinds – die Spinde
die Spinne – der Spinne – die Spinnen
die Spirale – der Spirale – die Spiralen
die Spirituose – der Spirituose – die Spirituosen

das Spital – des Spitals – die Spitäler
die Spitze – der Spitze – die Spitzen
der Spleen – des Spleens – die Spleens
der Split – des Splits – die Splits
der Splitter – des Splitters – die Splitter
der Spoiler – des Spoilers – die Spoiler
der Sporn – des Sporns – die Sporen
der Sport – des Sports – Ø
der Spot – des Spots – die Spots
der Spott – des Spotts – Ø
die Sprache – der Sprache – die Sprachen
das Spray – des Sprays – die Sprays
der Sprenkel – des Sprenkels – die Sprenkel
die Spreu – der Spreu – Ø
die Spritze – der Spritze – die Spritzen
die Spucke – der Spucke – die Spucken
die Spule – der Spule – die Spulen
die Spülung – der Spülung – die Spülungen
die Spur – der Spur - die Spuren
der Spurt – des Spurts – die Spurts
der Staat – des Staates – die Staaten
der Stab – des Stabs – die Stäbe
der Stachel – des Stachels – die Stacheln
das Stadion – des Stadions – die Stadions/Stadien
die Stadt – der Stadt – die Städte
die Staffel – der Staffel – die Staffeln
der Stahl – des Stahls – Ø
der Stalaktit – des Stalalktites/Stalalktiten – die Stalaktite/Stalaktiten
der Stall – des Stalls – die Ställe
der Stamm – des Stamms – die Stämme
der Stand – des Stands – die Stände
der Standard – des Standards – die Standards
der Ständer – des Ständers – die Ständer
die Stange – der Stange – die Stangen
der Stängel – des Stängels – die Stängel
der Star – des Stars – die Stare   (Vogel)
der Star – des Stars – die Stars   (berühmte Person)
die Stärke – der Stärke – die Stärken
der Start – des Starts – die Starts
die Station – der Station – die Stationen
das Stativ – des Stativs – die Stative
die Stätte – der Stätte – die Stätten

N

die Statue – der Statue – die Statuen
die Statur – der Statur – die Staturen
der Status – des Status – die Status
der Stau – des Staus – die Staus
der Staub – des Staubs – die Staube/Stäube
      Staub aufwirbeln => Öffentlichkeit erregen
      (sich) aus dem Staub machen => weglaufen

das Steak – des Steaks – die Steaks
der Stecken – des Steckens – die Stecken
der Stecker – des Steckers – die Stecker
der Steg – des Stegs - die Stege
der Stein – des Steins – die Steine
      in Stein gemeißelt => feststehend

die Stelle – der Stelle – die Stellen
      zur Stelle sein => da sein

die Stellung – der Stellung – die Stellungen
      Stellung nehmen => eigene Position darlegen

die Stelze – der Stelze – die Stelzen
der Stempel – des Stempels – die Stempel
die Stenografie – der Stenografie – die Stenografien
das Sterben – des Sterbens – Ø
      im Sterben liegen => sterben (kurz vor dem Tod)

der Stern – des Sterns – die Sterne
das Steuer – des Steuers – die Steuer   (Lenkvorrichtung)
die Steuer – der Steuer – die Steuern   (Abgabe)
der Stich – des Stichs – die Stiche
der Stick – des Sticks – die Sticks
der Stiefel – des Stiefels – die Stiefel
der Stift – des Stifts – die Stifte
die Stille – der Stille – die Stillen
das Stimmband – des Stimmbands – die Stimmbänder
die Stimme – der Stimme – die Stimmen
die Stirn – der Stirn – die Stirnen
      auf der Stirn geschrieben stehen => offensichtlich sein

der Stock – des Stocks – die Stöcke
der Stoff – des Stoffs – die Stoffe
der Stollen – des Stollens – die Stollen
der Stolz – des Stolzes – Ø
der Stopp – des Stopps – die Stopps
der Store – des Stores – die Stores

die Störung – der Störung – die Störungen
das/der Storno – des Stornos – die Stornos
der Stoß – des Stoßes – die Stöße
die Strafe – der Strafe – die Strafen
    unter Strafe stehen => verboten sein
    eine Strafe verbüßen => bestraft werden

der Strahl – des Strahls – die Strahlen/Strähle
die Strahlung – der Strahlung – die Strahlungen
die Strähne – der Strähne – die Strähnen
der Strand – des Strands – die Strände
die Straße – der Straße – die Straßen
der Stratege – des Strategen – die Strategen   N
die Strategie – der Strategie – die Strategien
der Strauch – des Strauchs – die Sträucher
der Strauß – des Straußes – die Strauße   (Vogel)
der Strauß – des Straußes – die Sträuße   (Blumengebinde)
der Stream – des Streams – die Streams
der Streber – des Strebers – die Streber
der Streifen – des Streifens – die Streifen
der Streik – des Streiks – die Streiks
der Streusel – des Streusels – die Streusel
der Strich – des Strichs – die Striche
    gegen den Strich gehen => ärgern/missfallen

der Striemen – des Striemens – die Striemen
der Strike – des Strikes – die Strikes
der String – des Strings – die Strings
der Strip – des Strips – die Strips
der Strom – des Stroms – Ø
der Strudel – des Strudels – die Strudel
der Strumpf – des Strumpfs – die Strümpfe
das Stück – des Stücks – die Stücke
der Student – des Studenten – die Studenten   N
das Studio – des Studios – die Studios
das Studium – des Studiums – die Studien
die Stufe – der Stufe – die Stufen
der Stufenplan – des Stufenplans – die Stufenpläne
der Stuhl – des Stuhls – die Stühle
der Stuhlgang – des Stuhlgangs – die Stuhlgänge
die Stulle – der Stulle – die Stullen
der Stummel – des Stummels – die Stummel
die Stunde – der Stunde – die Stunden

der Sturm – des Sturms – die Stürme
der Sturz – des Sturzes – die Stürze
die Stute – der Stute – die Stuten
die Stütze – der Stütze – die Stützen
der Style – des Styles – die Styles
das Substantiv – des Substantivs – die Substantive
der Subtrahend – des Subtrahenden – die Subtrahenden   N
die Suche – der Suche – die Suchen
die Sucht – der Sucht – die Süchte
der Sud – des Suds – die Sude
die Sühne – der Sühne – die Sühnen
die Suite – der Suite – die Suiten
der Sultan – des Sultans – die Sultane
die Sultane – der Sultane – die Sultanen
die Sülze – der Sülze – die Sülzen
der Summand – des Summanden – die Summanden
die Summe – der Summe – die Summen
der Sumpf – des Sumpfs – die Sümpfe
die Sünde – der Sünde – die Sünden
die Suppe – der Suppe – die Suppen
    die Suppe auslöffeln – ein selbstverursachtes Problem lösen
    das Haar in der Suppe suchen => etwas Negatives suchen

die Süße – der Süße – die Süßen
der Symbiont – des Symbionten – die Symbionten   N
das Symbol – des Symbols – die Symbole
der Sympathisant – des Sympathisanten – die Sympathisanten   N
die Symptomatik – der Symptomatik – die Symptomatiken
das System – des Systems – die Systeme

T

der Tab – des Tabs – die Tabs
der Tabak – des Tabaks – Ø
das Tabernakel – des Tabernakels – die Tabernakel
das Tablet – des Tablets – die Tablets
das Tablett – des Tabletts – die Tabletts
die Tablette – der Tablette – die Tabletten
der Tadel – des Tadels – die Tadel
die Tafel – der Tafel – die Tafeln
der Tag – des Tags – die Tags
    von einem Tag auf den anderen => plötzlich/unerwartet

das Tageslicht – des Tageslichts – Ø
   ans Tageslicht kommen => auftauchen/entdeckt werden

die Taille – der Taille – die Taillen
die Taktik – der Taktik – die Taktiken
das Tal – des Tals – die Täler
der Talar – des Talars – die Talare
der Taler – des Talers – die Taler
der Talk – des Talks – die Talks
die Tangente – der Tangente – die Tangenten
der Tank – des Tanks – die Tanks
die Tanne – der Tanne – die Tannen
die Tante – der Tante – die Tanten
der Tanz – des Tanzes – die Tänze
der Tapir – des Tapirs – die Tapire
die Tasche – der Tasche – die Taschen
   auf der Tasche liegen => vom Geld anderer leben
   in die Tasche stecken => jemanden übertreffen

die Tasse – der Tasse – die Tassen
die Tastatur – der Tastatur – die Tastaturen
die Taste – der Taste – die Tasten
die Tat – der Tat – die Taten
   zur Tat schreiten => handeln
   in die Tat umsetzen => etwas realisieren

die Tatze – der Tatze – die Tatzen
das Tau – des Taus – die Taue   (Seil)
der Tau – des Taus – Ø   (Niederschlag)
die Taube – der Taube – die Tauben
die Taubheit – der Taubheit – die Taubheiten
die Taufe – der Taufe – die Taufen
das Taxi – des Taxis – die Taxis
das Team – des Teams – die Teams
die Technik – der Technik – die Techniken
der Techno – des Technos – die Technos
der Tee – des Tees – die Tees
der Teich – des Teichs – die Teiche
der Teig – des Teigs – die Teige
das/der Teil – des Teils – die Teile
das Teilchen – des Teilchens – die Teilchen
der Teint – des Teints – die Teints
das Telefax – des Telefaxes – die Telefaxe
das Telefon – des Telefons – die Telefone

das Telefonat – des Telefonats – die Telefonate
das Telegramm – des Telegramms – die Telegramme
der Teller – des Tellers – die Teller
die Temperatur – der Temperatur – die Temperaturen
der Teppich – des Teppichs – die Teppiche
    unter den Teppich kehren => verheimlichen/verschweigen

der Term – des Terms – die Terme
der Termin – des Termins – die Termine
die Terminologie – der Terminologie – die Terminologien
die Terrasse – der Terrasse – die Terrassen
die Terrine – der Terrine – die Terrinen
der Test – des Tests – die Tests
das Testament – des Testaments – die Testamente
das Testat – des Testats – die Testate
der Teufel – des Teufels – die Teufel
der Text – des Textes – die Texte
die Textur – der Textur – die Texturen
die Theke – der Theke – die Theken
das Thema – des Themas – die Themas/Themen
der Theologe – des Theologen – die Theologen
die Therapie – der Therapie – die Therapien
das/der Thermostat – des Thermostats – die Thermostate
der Thread – des Threads – die Threads
der Thriller – des Thrillers – die Thriller
der Tick – des Ticks – die Ticks
die Tiefe – der Tiefe – die Tiefen
der Tiegel – des Tiegels – die Tiegel
das Tier – des Tiers – die Tier
der Tiger – des Tigers – die Tiger
die Tinktur – der Tinktur – die Tinkturen
die Tinte – der Tinte – die Tinten
der Tipp – des Tipps – die Tipps
der Tisch – des Tischs – die Tische
    reinen Tisch machen => etwas richtigstellen/zugeben
    über den Tisch ziehen => betrügen/ausnutzen

der Titel – des Titels – die Titel
der Toast – des Toasts – die Toasts
der Toaster – des Toasters – die Toaster
die Tochter – der Tochter – die Töchter
die Toilette – der Toilette – die Toiletten
die Toleranz – der Toleranz – die Toleranzen

N

die Tomate – der Tomate – die Tomaten
    Tomaten auf den Augen haben => etwas nicht sehen

der Ton – des Tons – die Tone   (Sediment)
der Ton – des Tons – die Töne   (Klang, Geräusch)
    den Ton angeben => bestimmend sein
    große Töne spucken => angeben

die Tonne – der Tonne – die Tonnen
der Topf – des Topfs – die Töpfe
der Tor – des Toren – die Toren   (Narr)   N
das Tor – des Tors – die Tore   (große Tür)
die Torte – der Torte – die Torten
die Tortur – der Tortur – die Torturen
der Tote – des Toten – die Toten
der Touch – des Touchs – die Touchs
die Tour – der Tour – die Touren
die Tournee – der Tournee – die Tourneen
der Trabant – des Trabanten – die Trabanten
der Trab – des Trabs – Ø
    auf Trab halten => nicht zur Ruhe kommen lassen

der Track – des Tracks – die Tracks
der Traffic – des Traffics – die Traffics
die Tragödie – der Tragödie – die Tragödien
der Trailer – des Trailers – die Trailer
der Traktor – des Traktors – die Traktoren
die Tram – der Tram – die Trams
das Trampolin – des Trampolins – die Trampoline
die Trance – der Trance – die Trancen
die Träne – der Träne – die Tränen
    in Tränen ausbrechen => anfangen zu weinen

der Trank – des Tranks – die Tränke
der Transport – des Transports – die Transporte
der Transvestit – des Transvestiten – die Transvestiten   N
der Trash – des Trashs – die Trashs
die Trasse – der Trasse – die Trassen
die Traube – der Traube – die Trauben
die Trauer – der Trauer – die Trauern
die Traufe – der Traufe – die Traufen
der Traum – des Traums – die Träume
das Trauma – des Traumas – die Traumen/Traumata
der Trend – des Trends – die Trends

die Treppe – der Treppe – die Treppen
der Tresen – des Tresens – die Tresen
der Tresor – des Tresor – die Tresor
die Treue – der Treue – die Treuen
das Tribunal – des Tribunals – die Tribunale
der Trichter – des Trichters – die Trichter
der Trick – des Tricks – die Tricks
der Trieb – des Triebs – die Triebe
das Trikot – des Trikots – die Trikots
der Triller – des Trillers – die Triller
der Trinker – des Trinkers – die Trinker
der Trip – des Trips – die Trips
das Tripel – des Tripels – die Tripel
der Tritt – des Tritts – die Tritte
der Troll – des Trolls – die Trolle
die Trommel – der Trommel – die Trommel
die Trompete – der Trompete – die Trompeten
der Tropf – des Tropfes – die Tropfe
der Tropfen – des Tropfens – die Tropfen
die Trophäe – der Trophäe – die Trophäen
der Trost – des Trostes – Ø
    Trost spenden => jemanden trösten

die Tröte – der Tröte – die Tröten
der Trottel – des Trottels – die Trottel
das Trottoir – des Trottoirs – die Trottoire
der Trubel – des Trubels – die Trubel
der Truck – des Trucks – die Trucks
der Trüffel – des Trüffels – die Trüffel
die Truhe – der Truhe – die Truhen
(das Trumm) – (des Trumms) – die Trümmer
der Trumpf – des Trumpfs – die Trümpfe
der Trupp – des Trupps – die Trupps
das T-Shirt – des T-Shirts – die T-Shirts
der Tsunami – des Tsunamis – die Tsunamis
die Tube – der Tube – die Tuben
der Tubus – des Tubusses – die Tuben
das Tuch – des Tuchs – die Tücher
    nicht in trockenen Tüchern sein => nicht feststehen

die Tücke – der Tücke – die Tücken
die Tugend – der Tugend – die Tugenden
die Tulpe – der Tulpe – die Tulpen

die Tunke – der Tunke – die Tunken
der Tunnel – des Tunnels – die Tunnel
der Tupfer – des Tupfers – die Tupfer
die Tür/Türe – der Tür/Türe – die Türen
    offene Tür einrennen => zustimmen
    vor die Tür setzen => jemanden hinauswerfen

der Turban – des Turbans – die Turbans
der Turm – des Turms – die Türme
das Turnier – des Turniers – die Turniere
die Tüte – der Tüte – die Tüten
der Tweet – des Tweets – die Tweets
der Typ – des Typen/Typs – die Typen

U

die Übelkeit – der Übelkeit – Ø
die Übergabe – der Übergabe – die Übergaben
das Übergabeprotokoll – des Übergabeprotokolls – die Übergabeprotokolle
die Übernahme – der Übernahme – die Übernahmen
das Ufer – des Ufers – die Ufer
die Uhr – der Uhr – die Uhren
der Ultraschall – des Ultraschalls – Ø
die Umgebung – der Umgebung – die Umgebungen
der Umschlag – des Umschlags – die Umschläge
der Umstand – des Umstands – die Umstände
der Unfall – des Unfalls – die Unfälle
die Ungnade – der Ungnade – Ø
    in Ungnade fallen => Achtung verlieren

das Unheil – des Unheils – Ø
der Unhold – des Unholds – die Unholde
das Universum – des Universums – die Universen
die Unke – der Unke – die Unken
die Unruhe – der Unruhe – die Unruhen
der Unterbauch – des Unterbauchs – die Unterbäuche
der Untergang – des Untergangs – die Untergänge
der Unterricht – des Unterrichts – die Unterrichte
    Unterricht erteilen => unterrichten

der Unterschied – des Unterschieds – die Unterschiede
die Unterschrift – der Unterschrift – die Unterschriften
die Untersuchung – der Untersuchung – die Untersuchungen

der Untertan – des Untertanen – die Untertanen N
das Unwesen – des Unwesens – Ø
der Upload – des Uploads – die Uploads
der Urknall – des Urknalls – Ø
die Urkunde – der Urkunde – die Urkunden
der Urlaub – des Urlaubs – die Urlaube
die Urne – der Urne – die Urnen
die Ursache – der Ursache – die Ursachen
der Ursprung – des Ursprungs – die Ursprünge
das Urteil – des Urteils – die Urteile

V

das Vakuum – des Vakuums – die Vakua/Vakuen
der Vandale – des Vandalen – die Vandalen N
die Variante – der Variante – die Varianten
die Varianz – der Varianz – die Varianzen
die Vase – der Vase – die Vasen
der Vater – des Vaters – die Väter
der Vektor – des Vektors – die Vektoren
die Vene – der Vene – die Venen
die Veranstaltung – der Veranstaltung – die Veranstaltungen
die Verantwortung – der Verantwortung – die Verantwortungen
    zur Verantwortung ziehen => verantwortlich machen

die Verarbeitung – der Verarbeitung – die Verarbeitungen
das Verb – des Verbs – die Verben
der Verband – des Verbands – die Verbände
das Verbot – des Verbots – die Verbote
die Verbindung – der Verbindung – die Verbindungen
    in Verbindung stehen => in Kontakt sein

das Verbrechen – des Verbrechens – die Verbrechen
    ein Verbrechen begehen => etwas Illegales tun

der Verdacht – des Verdachts – die Verdachte/Verdächte
    in Verdacht geraten => verdächtigt werden
    Verdacht hegen => etwas/jemand verdächtigen
    Verdacht schöpfen => jemanden verdächtigen
    unter Verdacht stehen => verdächtigt werden

die Verdachtsdiagnose – der Verdachtsdiagnose – die Verdachtsdiagnosen
die Verdammnis – der Verdammnis – die Verdammnisse
die Verderbnis – der Verderbnis – die Verderbnisse

der Verdienst – des Verdienstes – die Verdienste
die Verfügung – der Verfügung – Ø
    zur Verfügung haben => verfügbar sein

das Vergessen – des Vergessens – Ø
die Vergessenheit – der Vergessenheit – Ø
    in Vergessenheit geraten => vergessen werden

das Verhalten – des Verhaltens – die Verhalten
das Verhältnis – des Verhältnisses – die Verhältnisse
das Verhör – des Verhörs – die Verhöre
der Verkauf – des Verkaufs – die Verkäufe
der Verlauf – des Verlaufs – die Verläufe
die Verlegung – der Verlegung – die Verlegungen
die Verletzung – der Verletzung – die Verletzungen
der Verlust – des Verlustes – die Verluste
der Verruf – des Verrufs – Ø
    in Verruf geraten => negativen Ruf bekommen

das Versäumnis – des Versäumnisses – die Versäumnisse
der Verschluss – des Verschlusses – die Verschlüsse
das Versprechen – des Versprechens – die Versprechen
    Versprechen halten => tun was versprochen ist

der Versuch – des Versuchs – die Versuche
    einen Versuch unternehmen => probieren

die Versteigerung – der Versteigerung – die Versteigerungen
    zur Versteigerung kommen => versteigert werden

der Vertrag – des Vertrags – die Verträge
das Vertrauen – des Vertrauens – Ø
    ins Vertrauen ziehen => etwas offenbaren

das Verzeichnis – des Verzeichnisses – die Verzeichnisse
die Verzweiflung – der Verzweiflung – Ø
    zur Verzweiflung bringen => jemanden entnerven

der Vetter – des Vetters – die Vettern
das/der Viadukt – des Viadukts – die Viadukte
das Video – des Video – die Videos
das Vieh – des Viehs – die Viecher   [Tier]
das Vieh – des Viehs – Ø   [Gesamtheit der Tiere]
die Vier – der Vier – die Vieren
der Vikar – des Vikars – die Vikare
die Violine – der Violine – die Violinen
das/der Virus – des Virus – die Viren

die Vitrine – der Vitrine – die Vitrinen
der Vogel – des Vogels – die Vögel
die Vokabel – der Vokabel – die Vokabeln
das Volk – des Volks – die Völker
die Vollmacht – der Vollmacht – die Vollmachten
die Vorbereitung – der Vorbereitung – die Vorbereitungen
    Vorbereitungen treffen => etwas vorbereiten

der Vorfahr/Vorfahre – des Vorfahren – die Vorfahren   N
das Vorfeld – des Vorfelds – die Vorfelder
der Vorhang – des Vorhangs – die Vorhänge
der Vorsatz – des Vorsatzes – die Vorsätze
der Vorschein – des Vorscheins – Ø
    zum Vorschein kommen => auftauchen/entdeckt werden

die Vorsorge – der Vorsorge – die Vorsorgen
die Vorsorgeuntersuchung – der Vorsorgeuntersuchung – die Vorsorgeuntersuchungen
der Vorteil – des Vorteils – die Vorteile
der Vortrag – des Vortrags – die Vorträge
der Vorwurf – des Vorwurfs – die Vorwürfe
    einen Vorwurf erheben => vorwerfen

W

die Waage – der Waage – die Waagen
die Waagschale – der Waagschale – die Waagschalen
    etwas in die Waagschale werfen => herausfinden, ob Pro oder Contra schwerer wiegt

die Wabe – der Wabe – die Waben
die Wache – der Wache – die Wachen
    Wache schieben => aufpassen

der Wacholder – des Wacholders – die Wacholder
die Wachtel – der Wachtel – die Wachteln
die Wade – der Wade – die Waden
die Waffel – der Waffel - die Waffeln
der Wagen – des Wagens – die Wagen
der Waggon – des Waggons – die Waggons
das Wagnis – des Wagnisses – die Wagnisse
die Wahl – der Wahl – die Wahlen
    zur Wahl stehen => gewählt werden können
    eine Wahl treffen => wählen/auswählen

die Wahrheit – der Wahrheit – die Wahrheiten

die Währung – der Währung – die Währungen
die Waise – der Waise – die Waisen
der Wald – des Walds – die Wälder
der Wall – des Walls – die Wälle
die Walze – der Walze – die Walzen
die Wand – der Wand – die Wände
der Wandel – des Wandels – die Wandel
die Wange – der Wange – die Wangen
die Wanne – der Wanne – die Wannen
die Wanze – der Wanze – die Wanzen
das Wappen – des Wappens – die Wappen
die Wärme – der Wärme – Ø
die Warze – der Warze – die Warzen
die Wäsche – der Wäsche – die Wäschen
die Wäscherei – der Wäscherei – die Wäschereien
das Wasser – des Wassers – die Wasser   (Verbindung Wasserstoff und Sauerstoff)
das Wasser – des Wassers – die Wässer   (wässrige Flüssigkeit)
    auch nur mit Wasser kochen => etwas nicht besser können
    nicht das Wasser reichen können => nicht die gleiche Leistung erbringen können

das Wasserlassen – des Wasserlassens – Ø
die Watte – der Watte – die Watten
der Wechsel – des Wechsels – die Wechsel
der Wecker – des Weckers – die Wecker
der Wedel – des Wedels – die Wedel
der Wedge – des Wedges – die Wedges
der Weg – des Wegs – die Wege
die Wehr – der Wehr – die Wehren
    zur Wehr setzen => sich wehren

das Weib – des Weibs – die Weiber
das Weibchen – des Weibchens – die Weibchen
die Weiche – der Weiche – die Weichen
die Weide – der Weide – die Weide
die Weihe – der Weihe – die Weihen
der Weiher – des Weihers – die Weiher
die Weile – der Weile – die Weilen
der Wein – des Weins – die Weine
    reinen Wein einschenken => Wahrheit sagen

der Weise – des Weisen – die Weisen (Wissender)   N
die Weise – der Weise – die Weisen (Melodie/Vorgehen)
die Weite – der Weite – die Weiten
    das Weite suchen => sich entfernen / weglaufen

die Welle – der Welle – die Wellen
die Wellenlänge – der Wellenlänge – die Wellenlängen
    auf einer Wellenlänge sein => gut harmonieren

der Welpe – der Welpen – die Welpen
die Welt – der Welt – die Welten
der Weltuntergang – des Weltuntergangs – Ø
    das ist kein Weltuntergang => etwas ist nicht so schlimm

die Wende – der Wende – die Wenden
das Werk – des Werks – die Werke
die Werkstatt – der Werkstatt – die Werkstätten
das Wesen – des Wesens – die Wesen
die Wespe – der Wespe – die Wespen
der Western – des Westerns – die Western
die Wette – der Wette – die Wetten
der Wettkampf – des Wettkampfes – die Wettkämpfe
der Whisky – des Whiskys – die Whiskys
der Wicht – des Wichts – die Wichte
der Wichtel – des Wichtels – die Wichtel
der Wickel – des Wickels – die Wickel
der Widerspruch – des Widerspruchs – die Widersprüche
    Widerspruch einlegen => Überprüfung beantragen
    in Widerspruch stehen => gegensätzlich sein

der Widerwille – des Widerwillen – die Widerwillen   N
die Wiedergabe – der Wiedergabe – die Wiedergaben
die Wiege – der Wiege – die Wiegen
die Wiese – der Wiese – die Wiesen
das Wiesel – des Wiesels – die Wiesel
der Wigwam – des Wigwams – die Wigwams
das Wild – des Wildes – Ø
der Wille/Willen – des Willens – die Willen
die Wimper – der Wimper – die Wimpern
der Wind – des Winds – die Winde
    von etwas Wind bekommen => etwas erfahren, was geheim bleiben soll
    frischen Wind bringen => Änderungen/Neuerungen einführen
    der Wind hat sich gedreht => die Lage/Stimmung hat sich geändert

die Winde – der Winde – die Winden
der Winkel – des Winkels – die Winkel
der Winter – des Winters – die Winter
der Wipfel – des Wipfels – die Wipfel
die Wippe – der Wippe – die Wippen
der Wirbel – des Wirbels – die Wirbel

die Wirbelsäule – der Wirbelsäule – die Wirbelsäulen
die Wirkung – der Wirkung – die Wirkungen
    eine Wirkung haben => bewirken/wirken

Ø – Ø – die Wirren
die Witwe – der Witwe – die Witwen
der Witz – des Witzes – die Witze
die Woche – der Woche – die Wochen
das Wochenende – des Wochenendes – die Wochenenden
die Woge – der Woge – die Wogen
der Wok – des Woks – die Woks
der Wolf – des Wolfs – die Wölfe
    der Wolf im Schafspelz => sich als harmlos/unschuldig ausgeben

die Wolke – der Wolke – die Wolken
    auf Wolke sieben sein => sehr glücklich sein
    aus allen Wolken fallen => völlig überrascht sein

die Wonne – der Wonne – die Wonnen
das Wort – des Worts – die Worte   (Ausdruck)
das Wort – des Worts – die Wörter   (Äußerung)
    Wort halten => tun was versprochen ist

das Wrack – des Wracks – die Wracke
der Wrap – des Wraps – die Wraps
der Wuchs – des Wuchses – die Wüchse
der Wulst – des Wulstes – die Wülste
die Wulst – der Wulst – die Wülste
die Wunde – der Wunde – die Wunden
der Wundverband – des Wundverbandes – die Wundverbände
das Wunder – des Wunders – die Wunder
der Wunsch – des Wunsches – die Wünsche
    einen Wunsch vortragen => etwas wünschen

die Würde – der Würde – die Würden
der Wurf – des Wurfs – die Würfe
der Würfel – des Würfels – die Würfel
    die Würfel sind gefallen => Entscheidung ist getroffen

der Wurm – des Wurms – die Würmer
    da steckt der Wurm drin => etwas läuft schlecht

die Wurst – der Wurst – die Würste
    etwas Wurst sein => egal/gleichgültig/uninteressant

die Würze – der Würze – die Würzen
die Wurzel – der Wurzel – die Wurzeln

die Wüste – der Wüste – die Wüsten
die Wut – der Wut – Ø

X

das Xenon – des Xenons – Ø
die Xenophobie – der Xenophobie – Ø
die Xylografie – der Xylografie – die Xylografien
das Xylophon – des Xylophons – die Xylophone

Y

die Yacht – der Yacht – die Yachten
das Yoga – des Yogas – Ø
die Yucca – der Yucca – die Yuccas

Z

die Zacke – der Zacke – die Zacken
der Zacken – des Zackens – die Zacken
die Zahl – der Zahl – die Zahlen
der Zahn – des Zahns – die Zähne
    auf den Zahn fühlen => Fähigkeiten/Wissen überprüfen

die Zahnpasta – der Zahnpasta – die Zahnpasten/Zahnpastas
die Zange – der Zange – die Zangen
der Zank – des Zanks – Ø
der Zapfen – des Zapfens – die Zapfen
der Zar – des Zaren – die Zaren
der Zaun – des Zauns – die Zäune
die Zeche – der Zeche – die Zechen
die Zecke – der Zecke – die Zecken
der Zeh – des Zehs – die Zehen
die Zehe – der Zehe – die Zehen
das Zeichen – des Zeichens – die Zeichen
    ein Zeichen setzen => deutlich machen

der Zeiger – des Zeigers – die Zeiger
die Zeile – der Zeile – die Zeilen
die Zeit – der Zeit – die Zeiten
der Zeitaufwand – des Zeitaufwands – die Zeitaufwände
die Zeitung – der Zeitung – die Zeitungen

N

die Zelle – der Zelle – die Zellen
das Zelt – des Zelts – die Zelte
der Zement – des Zements – die Zemente
die Zentrierung – der Zentrierung – die Zentrierungen
das Zentrum – des Zentrums – die Zentren
das Zertifikat – des Zertifikats – die Zertifikate
das Zerwürfnis – des Zerwürfnisses – die Zerwürfnisse
der Zettel – des Zettels – die Zettel
das Zeug – des Zeugs – die Zeuge
      sich ins Zeug legen => engagieren

der Zeuge – des Zeugen – die Zeugen   N
das Zeugnis – des Zeugnisses – die Zeugnisse
die Zicke – der Zicke – die Zicken
die Ziege – der Ziege – die Ziegen
der Ziegel – des Ziegels – die Ziegel
das Ziel – des Ziels – die Ziele
die Ziffer – der Ziffer – die Ziffern
die Zikade – der Zikade – die Zikaden
das Zimmer – des Zimmers – die Zimmer
der Zinken – des Zinkens – die Zinken
die Zinne – der Zinne – die Zinnen
der Zins – des Zinses – die Zinsen
der Zipfel – des Zipfels – die Zipfel
der Zirkel – des Zirkels – die Zirkel
die Zisterne – der Zisterne – die Zisternen
das Zitat – des Zitats – die Zitate
die Zitze – der Zitze – die Zitzen
der Zögling – des Zöglings – die Zöglinge
der/das Zölibat – des Zölibats – die Zölibate
der Zoll – des Zolls – die Zoll   (Maßeinheit)
der Zoll – des Zolls – die Zölle   (Abgabe)
der Zoll – des Zolls – $\emptyset$ (Behörde)
der Zollstock – des Zollstocks – die Zollstöcke
die Zone – der Zone – die Zonen
der Zoom – des Zooms – die Zooms
der Zopf – des Zopfs – die Zöpfe
      alte Zöpfe abschneiden => etwas verändern

der Zorn – des Zorns – $\emptyset$
die Zote – der Zote – die Zoten
der Zucchini – des Zucchinis – die Zucchinis
die Zucchini – der Zucchini – die Zucchinis

der Zucker – des Zuckers – die Zucker
der Zufall – des Zufalls – die Zufälle
der Zug – des Zugs – die Züge
die Zugabe – der Zugabe – die Zugaben
der Zügel – des Zügels – die Zügel
das Zugeständnis – des Zugeständnisses – die Zugeständnisse
der Zünder – des Zünders – die Zünder
die Zunft – der Zunft – die Zünfte
die Zunge – der Zunge – die Zungen
der Zusatz – des Zusatzes – die Zusätze
der Zuschauer – des Zuschauers – die Zuschauer
der Zustand – des Zustands – die Zustände
die Zuständigkeit – der Zuständigkeit – die Zuständigkeiten
die Zuversicht – der Zuversicht – Ø
der Zwang – des Zwangs – die Zwänge
der Zweck – des Zwecks – die Zwecke
die Zwei – der Zwei – die Zweien
der Zweifel – des Zweifels – die Zweifel
 außer Zweifel stehen => (nicht) bezweifelt werden
 in Zweifel ziehen => etwas anzweifeln/bezweifeln

der Zweig – des Zweigs – die Zweige
 auf keinen grünen Zweig kommen => nicht erfolgreich werden, nicht weiterkommen

der Zwerg – des Zwergs – die Zwerge
die Zwiebel – der Zwiebel – die Zwiebeln
die Zwille – der Zwille – die Zwillen
der Zwilling – des Zwillings – die Zwillinge
der Zwinger – des Zwingers – die Zwinger
der Zyklon – des Zyklons – die Zyklone
der Zylinder – des Zylinders – die Zylinder
die Zyste – der Zyste – die Zysten

Länder- und Gebietsnamen mit Einwohnerbezeichnungen
{das Europa, der Europäer und die Europäer}

Kontinent – Einwohner, weibliche Form

Afrika - der Afrikaner, die Afrikanerin
Amerika - der Amerikaner, die Amerikanerin
Asien - der Asiat, die Asiatin
Australien - der Australier, die Australierin
Europa - der Europäer, die Europäerin
Südamerika - der Südamerikaner, die Südamerikanerin

Kontinent/Land – Einwohner, weibliche Form

Afghanistan - der Afghane, die Afghanin
Ägypten - der Ägypter, die Ägypterin
Albanien - der Albaner, die Albanerin
Algerien - der Algerier, die Algerierin
Andorra - der Andorraner, die Andorranerin
Angola - der Angolaner, die Angolanerin
Antigua und Barbuda - der Antiguaner, die Antiguanerin
Äquatorialguinea - der Äquatorialguineer, die Äquatorialguineerin
Argentinien - der Argentinier, die Argentinierin
Armenien - der Armenier, die Armenierin
Aserbaidschan - der Aserbaidschaner, die Aserbaidschanerin
Äthiopien - der Äthiopier, die Äthiopierin
Australien - der Australier, die Australierin

die **B**ahamas - der Bahamaer, die Bahamaerin
Bahrain - der Bahrainer, die Bahrainerin
Bangladesch - der Bangladescher, die Bangladescherin
Barbados - der Barbadier, die Barbadierin
Belgien - der Belgier, die Belgierin
Belize - der Belizer, die Belizerin
Benin - der Beniner, die Beninerin
Bhutan - der Bhutaner, die Bhutanerin
Bolivien - der Bolivianer, die Bolivianerin
Bosnien und Herzegowina - der Bosnier, die Bosnierin
Botsuana - der Botsuaner, die Botsuanerin
Brasilien - der Brasilianer, die Brasilianerin
Brunei - der Bruneier, die Bruneierin
Bulgarien - der Bulgare, die Bulgarin

Burkina Faso - der Burkiner, die Burkinerin
Burundi - der Burunder, die Burunderin

Chile - der Chilene, die Chilenin
China - der Chinese, die Chinesin
Costa Rica - der Costa Ricaner, die Costa Ricanerin

Dänemark - der Däne, die Dänin
Deutschland - der Deutsche, die Deutsche
Dominica - der Dominicaner, die Dominicanerin
die Dominikanische Republik - der Dominikaner, die Dominikanerin
Dschibuti - der Dschibutier, die Dschibutierin

Ecuador - der Ecuadorianer, die Ecuadorianerin
El Salvador - der Salvadorianer, die Salvadorianerin
die Elfenbeinküste - der Ivorer, die Ivorerin
England - der Engländer, die Engländerin
Eritrea - der Eritreer, die Eritreerin
Estland - der Este, die Estin

die Färöer-Inseln - der Färinger, die Färingerin
Fidschi - der Fidschianer, die Fidschianerin
Finnland - der Finne, die Finnin
Frankreich - der Franzose, die Französin

Gabun - der Gabuner, die Gabunerin
Gambia - der Gambier, die Gambierin
Georgien - der Georgier, die Georgierin
Ghana - der Ghanaer, die Ghanaerin
Grenada - der Grenader, die Grenaderin
Griechenland - der Grieche, die Griechin
Grönland - der Grönländer, die Grönländerin
Großbritannien - der Brite, die Britin
Guatemala - der Guatemalteke, die Guatemaltekin
Guinea - der Guineer, die Guineerin
Guinea-Bissau - der Guinea-Bissauer, die Guinea-Bissauerin
Guyana - der Guyaner, die Guyanerin

Haiti - der Haitianer, die Haitianerin
Honduras - der Honduraner, die Honduranerin

Indien - der Inder, die Inderin
Indonesien - der Indonesier, die Indonesierin

der Irak - der Iraker, die Irakerin
der Iran - der Iraner, die Iranerin
Irland - der Ire, die Irin
Island - der Isländer, die Isländerin
Israel - der/die Israeli
Italien - der Italiener, die Italienerin

Jamaika - der Jamaikaner, die Jamaikanerin
Japan - der Japaner, die Japanerin
Jemen - der Jemenit, die Jemenitin
Jordanien - der Jordanier, die Jordanierin

Kambodscha - der Kambodschaner, die Kambodschanerin
Kamerun - der Kameruner, die Kamerunerin
Kanada - der Kanadier, die Kanadierin
Kap Verde - der Kapverdier, die Kapverdierin
Kasachstan - der Kasache, die Kasachin
Katar - der Katarer, die Katarerin
Kenia - der Kenianer, die Kenianerin
Kirgisistan - der Kirgise, die Kirgisin
Kiribati - der Kiribatier, die Kiribatierin
Kolumbien - der Kolumbianer, die Kolumbianerin
die Komoren - der Komorer, die Komorerin
der Kongo - der Kongolese, die Kongolesin
Korea - der Koreaner, die Koreanerin
Kosovo - der Kosovare, die Kosovarin
Kroatien - der Kroate, die Kroatin
Kuba - der Kubaner, die Kubanerin
Kuwait - der Kuwaiter, die Kuwaiterin

Laos - der Laote, die Laotin
Lesotho - der Lesother, die Lesotherin
Lettland - der Lette, die Lettin
der Libanon - der Libanese, die Libanesin
Liberia - der Liberianer, die Liberianerin
Libyen - der Libyer, die Libyerin
Liechtenstein - der Liechtensteiner, die Liechtensteinerin
Litauen - der Litauer, die Litauerin
Luxemburg - der Luxemburger, die Luxemburgerin

Macau - der Macauer, die Macauerin
Madagaskar - der Madagasse, die Madagassin
Malawi - der Malawier, die Malawierin

Malaysia - der Malaysier, die Malaysierin
die Malediven - der Malediver, die Malediverin
Mali - der Malier, die Malierin
Malta - der Malteser, die Malteserin
Marokko - der Marokkaner, die Marokkanerin
die Marshallinseln - der Marshaller, die Marshallerin
Mauretanien - der Mauretanier, die Mauretanierin
Mauritius - der Mauritier, die Mauritierin
Mazedonien - der Mazedonier, die Mazedonierin
Mexiko - der Mexikaner, die Mexikanerin
Mikronesien - der Mikronesier, die Mikronesierin
Moldau - der Moldauer, die Moldauerin
Monaco - der Monegasse, die Monegassin
die Mongolei - der Mongole, die Mongolin
Montenegro - der Montenegriner, die Montenegrinerin
Mosambik - der Mosambikaner, die Mosambikanerin
Myanmar - der Myanmare, die Myanmarin

Namibia - der Namibier, die Namibierin
Nauru - der Nauruer, Nauruerin
Nepal - der Nepalese, die Nepalesin
Neuseeland - der Neuseeländer, die Neuseeländerin
Nicaragua - der Nicaraguaner, Nicaraguanerin
die Niederlande - der Niederländer, die Niederländerin
Nigeria - der Nigerianer, die Nigerianerin
Norwegen - der Norweger, die Norwegerin

Oman - der Omaner, die Omanerin
Österreich - der Österreicher, die Österreicherin

Pakistan - der Pakistaner, die Pakistanerin
Palästina - der Palästinenser, die Palästinenserin
Palau - der Palauer, die Palauerin
Panama - der Panamaer, die Panamaerin
Papua-Neuguinea - der Papua-Neuguineer, die Papua-Neuguineerin
Paraguay - der Paraguayer, die Paraguayerin
Peru - der Peruaner, Peruanerin
die Philippinen - der Philippiner, die Philippinerin
Polen - der Pole, die Polin
Portugal - der Portugiese, die Portugiesin
Puerto Rico - der Puerto-Ricaner, die Puerto-Ricanerin

Ruanda - der Ruander, die Ruanderin
Rumänien - der Rumäne, die Rumänin
Russland - der Russe, die Russin

die Salomonen - der Salomoner, die Salomonerin
Sambia - der Sambier, die Sambierin
Samoa - der Samoaner, die Samoanerin
San Marino - der San-Marinese, die San-Marinesin
Saudi-Arabien - der Saudi-Araber, die Saudi-Araberin
Schottland - der Schotte, die Schottin
Schweden - der Schwede, die Schwedin
die Schweiz - der Schweizer, Schweizerin
der Senegal - der Senegalese, die Senegalesin
Serbien - der Serbe, die Serbin
Seychellen - der Seycheller, die Seychellerin
Sierra Leone - der Sierra-Leoner, die Sierra-Leonerin
Simbabwe - der Simbabwer, die Simbabwerin
Singapur - der Singapurer, die Singapurerin
die Slowakei - der Slowake, die Slowakin
Slowenien - der Slowene, die Slowenin
Somalia - der Somalier, die Somalierin
Spanien - der Spanier, die Spanierin
Sri-Lanka - der Sri-Lanker, die Sri-Lankerin
St. Lucia - der Lucianer, die Lucianerin
St. Vincent und die Grenadinen - der Vincenter, die Vincenterin
Südafrika - der Südafrikaner, die Südafrikanerin
der Sudan - der Sudanese, die Sudanesin
Suriname - der Surinamer, die Surinamerin
Swasiland - der/die Swasi
Syrien - der Syrer, die Syrerin
São Tomé und Príncipe - der São Toméer, die São Toméerin

Tadschikistan - der Tadschike, die Tadschikin
Taiwan - der Taiwaner, die Taiwanerin
Tansania - der Tansanier, die Tansanierin
Thailand - der Thailänder, die Thailänderin
Tibet - der Tibeter, die Tibeterin
Timor-Leste - der Timorese, die Timoresin
Togo - der Togoer, die Togoerin
Tonga - der Tongaer, die Tongaerin
der Tschad - der Tschader, die Tschaderin
Tschechien - der Tscheche, die Tschechin

Tunesien - der Tunesier, die Tunesierin
die Türkei - der Türke, die Türkin
Turkmenistan - der Turkmene, die Turkmenin
Tuvalu - der Tuvaluer, die Tuvaluerin

Uganda - der Ugander, die Uganderin
die Ukraine - der Ukrainer, die Ukrainerin
Ungarn - der Ungar, die Ungarin
Uruguay - der Uruguayer, die Uruguayerin
Usbekistan - der Usbeke, die Usbekin

Vanuatu - der Vanuatuer, die Vanuatuerin
Venezuela - der Venezolaner, die Venezolanerin
die Vereinigten Staaten von Amerika - der Amerikaner, die Amerikanerin
Vietnam - der Vietnamese, die Vietnamesin

Wales - der Waliser, die Waliserin
Weißrussland - der Weißrusse, die Weißrussin

die **Z**entralafrikanische Republik - der Zentralafrikaner, die Zentralafrikanerin
Zypern - der Zyprer, die Zyprerin

Für die Einwohner von *St. Kitts und Nevis, Trinidad und Tobago, Vatikanstadt* und den *Vereinigten Arabischen Emiraten* gibt es keine deutsche Bezeichnung.

Deutscher Sprachraum – Einwohner, weibliche Form

Deutschland

Baden-Württemberg - der Baden-Württemberger, die Baden-Württembergerin
      der Badener, die Badenerin
      der Württemberger, Württembergerin
Bayern - der Bayer, die Bayerin
Berlin - der Berliner, die Berlinerin
Brandenburg - der Brandenburger, die Brandenburgerin
Bremen - der Bremer, die Bremerin
Hamburg - der Hamburger, die Hamburgerin
Hessen - der Hesse, die Hessin
Mecklenburg-Vorpommern - Mecklenburg-Vorpommer, Mecklenburg-Vorpommerin
      der Mecklenburger, die Mecklenburgerin
      der Pommer, die Pommerin

Niedersachsen - der Niedersachse, die Niedersächsin
Nordrhein-Westfalen - Nordrhein-Westfale, Nordrhein-Westfälin
    der Rheinländer, die Rheinländerin
    der Westfale, die Westfälin
Rheinland-Pfalz - Rheinland-Pfälzer, Rheinland-Pfälzerin
    der Rheinländer, die Rheinländerin
    der Pfälzer, die Pfälzerin
Saarland - der Berliner, die Berlinerin
Sachsen - der Sachse, die Sächsin
Sachsen-Anhalt - Sachsen-Anhalter, Sachsen-Anhalterin
    der Sachse, die Sächsin
    der Anhalter, die Anhalterin
Schleswig-Holstein - Schleswig-Holsteiner, Schleswig-Holsteinerin
    der Schleswiger, die Schleswigerin
    der Holsteiner, die Holsteinerin
Thüringen - der Thüringer, die Thüringerin

Österreich

Burgenland - der Burgenländer, die Burgenländerin
Kärnten - der Kärntener, die Kärntenerin
Steiermark - der Steiermärker, die Steiermärkerin
Niederösterreich - der Niederösterreicher, die Niederösterreicherin
Oberösterreich - der Oberösterreicher, die Oberösterreicherin
Salzburg - der Salzburger, die Salzburgerin
Tirol - der Tiroler, die Tirolerin
Vorarlberg - der Vorarlberger, die Vorarlbergerin
Wien - der Wiener, die Wienerin

Schweizer Kantone

Aargau - der Aargauer, die Aargauerin
Appenzell - der Appenzeller, die Appenzellerin
Bern - der Berner, die Bernerin
Basel - der Baseler, die Baselerin
Freiburg - der Freiburger, die Freiburgerin
Glarus - der Glaruser, die Glaruserin
Graubünden - der Graubündener, die Graubündenerin
Luzern - der Luzerner, die Luzernerin
Nidwalden - der Nidwaldner, die Nidwaldnerin
Obwalden - der Obwaldner, die Obwaldnerin

St. Gallen - der St. Gallener, die St. Gallenerin
Schaffhausen - der Schaffhausener, die Schaffhausenerin
Solothurn - der Solothurner, die Solothurnerin
Schwyz - der Schwyzer, die Schwyzer
Thurgau - der Thurgauer, die Thurgauerin
Uri - der Urier, die Urierin
Wallis - der Walliser, die Walliserin
Zug - der Zuger, die Zugerin
Zürich - der Züricher, die Züricherin

Belgien > Ostbelgien - der Ostbelgier, Ostbelgierin
Italien > Südtirol - der Südtiroler, die Südtirolerin
Liechtenstein - der Liechtensteiner, die Liechtensteinerin
Luxemburg - der Luxemburger, die Luxemburgerin

WORTFORMEN VON UND BESONDERHEITEN BEI ADJEKTIVEN

Ein Adjektiv – ein Eigenschaftswort – gibt
- eine Eigenart,
- ein kennzeichnendes Merkmal oder
- die Beschaffenheit

eines Dings an. Es beantwortet also die Frage, *wie* ein Ding oder ein Zustand ist.

Die meisten Adjektive sind Gegensatzpaare, was heißt, dass zu einem Adjektiv ein zweites Adjektiv existiert, das inhaltlich für die gegenteilige Bedeutung steht. Hat ein Adjektiv mehr als nur eine Bedeutung, kann es auch mehr als lediglich ein Adjektiv mit einer gegenteiligen Bedeutung geben.
- alt – jung
- alt – neu

Eine weitere wichtige Funktion der Adjektive ist das Vergleichen von Dingen ...
- schnell, schneller
  Der kleine Hund rennt schneller als der große Hund.

... sowie das nähere Bestimmen von Tätigkeiten oder Zuständen.
- Der kleine Hund ist schnell gerannt.

Steht das Adjektiv im Satz hinter einem Substantiv, handelt es sich um eine **prädikative Verwendung**, in der das Adjektiv ein Verb näher bestimmt oder zusammen mit einem Verb das Prädikat bildet.
[!] Adjektive in prädikativer Verwendung werden nicht dekliniert.
- Der Patient ist neu.

In den meisten Fällen steht das Adjektiv allerdings in einer **attributiven Verwendung** vor einem Substantiv in einer Substantivgruppe und muss dekliniert werden.
- Der Arzt spricht mit dem neuen Patienten.

Änderungen in den Steigerungsformen
{die Fichte wächst hoch, aber die Tanne höher}

Positiv: Grundform
Komparativ: [Grundform] +er – Abweichung
Superlativ: [Grundform] +ste / am [Grundform] +sten – Abweichung

alt – älter – älteste – am ältesten
- Hans fühlt sich alt.
- Er ist älter als die anderen Sprachschüler.
- Hans ist der älteste Teilnehmer im Sprachkurs.
- Hans ist am ältesten.

arm – ärmer – ärmste – am ärmsten
- Wer wenig Geld hat, ist arm.
- Wer keine Freunde hat, ist ärmer.
- Wer weder Geld noch Freunde hat, ist am ärmsten.

bewegt – bewegter – bewegteste – am bewegtesten
- Der Opa ist der bewegteste von der Geschichte.
- Der Opa ist am bewegtesten von der Geschichte.

dumm – dümmer – dümmste – am dümmsten
- Marta erfindet die dümmere Ausrede.
- Ernesto erfindet die dümmste Ausrede.
- Ernestos Ausrede ist die dümmste.

dunkel – dunkler – dunkelste – am dunkelsten
- Das Kind fürchtet sich vor dem dunklen Keller.
- Im Winter sind die Abende dunkler als im Sommer.

edel – edler – edelste – am edelsten
- Der Nachbar züchtet edle Rosen.
- Inge züchtet edlere Rosen.

eitel – eitler – eitelste – am eitelsten
- Inge ist eine eitle Person.
- Hans ist eitler als Inge.

flexibel – flexibler – flexibelste – am flexibelsten
- Inge ist bei der Arbeit flexibler als Hans.

frisch – frischer – frischste/frischeste – am frischsten/frischesten
- Inge kauft nur frischste Fische.
- Inge kauft nur frischeste Fische.
- Die Fische beim Händler am Hafen sind am frischsten.
- Die Fische beim Händler am Hafen sind am frischesten.

fromm – frommer/frömmer – frommste/frömmste – am frommsten/frömmsten
- Hans ist nicht frömmer als andere.
- Hans ist nicht frommer als andere.
- Hans ist nicht am frömmsten.
- Hans ist nicht am frommsten.

genau – genauer – genauste/genaueste – am genausten/genauesten
- Marta löst die Aufgabe am genausten.
- Marta löst die Aufgabe am genauesten.

gesund – gesunder/gesünder – gesundeste/gesündeste – am gesündesten/gesundesten
- Am Meer ist die Luft gesünder.
- Am Meer ist die Luft gesunder.
- Die gesündeste Luft gibt es im Amazonasregenwald.
- Die gesundeste Luft gibt es im Amazonasregenwald.

grob – gröber – gröbste – am gröbsten
- Hans mahlt die Kaffeebohnen gröber.
- Für seinen Kaffee mahlt Hans das gröbste Kaffeemehl.
- Hans mahlt die Kaffeebohnen am gröbsten.

groß – größer – größte – am größten
- Das Nashorn ist größer als ein Löwe.
- Der Elefant ist am größten.

gut – besser – beste – am besten
- Der Kuchen von Hans ist gut.
- Der Kuchen von Inges Freundin ist besser.
- Der Kuchen von Inge ist der beste.
- Der Kuchen von Inge ist am besten.

hart – härter – härteste – am härtesten
- Stahl ist härter als Eisen.
- Osmium ist das härteste Metall.
- Osmium ist am härtesten.

heiß – heißer – heißeste – am heißesten
- Sevilla gehört im Sommer zu den heißesten Orten Spaniens.
- In Sevilla ist es im Sommer am heißesten.

hoch – höher – höchste – am höchsten
- Der Kölner Dom ist höher als der Berliner Dom.
- Das Ulmer Münster ist am höchsten.

jung – jünger – jüngste – am jüngsten
- Inge ist viel jünger als die anderen Gäste.
- Inge ist am jüngsten auf dem Fest.
- Inge ist der jüngste Gast auf dem Fest.

kalt – kälter – kälteste – am kältesten
- Im Norden ist es kälter als im Süden.
- Der Südpol ist der kälteste Ort auf der Welt.
- Am Südpol ist es am kältesten.

klug – klüger – klügste – am klügsten
- Einige Menschen sind klüger als andere.
- Andere denken, sie sind am klügsten.

komplex – komplexer – komplexeste – am komplexesten
- Marta muss die komplexeste Aufgabe lösen.
- Martas Aufgabe ist am komplexesten.

kurz – kürzer – kürzeste – am kürzesten
- Der Rhein ist kürzer als die Donau.
- Die Pader ist der kürzeste Fluss in Deutschland.

lang – länger – längste – am längsten
- Die Donau ist länger als der Rhein.
- Der Rhein ist der längste Fluss in Deutschland.

mild – milder – mildeste – am mildesten
- Inge kocht den mildesten Kaffee der Welt.
- Inges Kaffee ist der mildeste.

nah – näher – nächste – am nächsten
- Longyearbyen ist der nächste Ort zum Nordpol.
- Longyearbyen ist am nächsten zum Nordpol.

rasch – rascher – raschste/rascheste – am raschsten/raschesten
- Ernesto gibt die raschste Antwort.
- Ernesto gibt die rascheste Antwort.
- Ernesto löst die Aufgabe am raschsten.
- Ernesto löst die Aufgabe am raschesten.

ratlos – ratloser – ratloseste – am ratlosesten
- Bei der Gartenarbeit ist Hans der ratloseste.
- Bei der Gartenarbeit ist Hans am ratlosesten.

sauer – saurer – sauerste – am sauersten
- Inge presst eine saure Zitrone aus.
- Die Zitronen sind saurer als Limetten.

scharf – schärfer – schärfste – am schärfsten
- Inge isst gern schärfer.
- Inge isst schärfste Gerichte am liebsten.
- Die Chilischote ist am schärfsten.

schwach – schwächer – schwächste – am schwächsten
- Der schwächere Boxer verliert den Boxkampf.
- Der schwächste Boxer muss in die Qualifikation.

stark – stärker – stärkste – am stärksten
- Der stärkere Boxer gewinnt den Boxkampf.
- Der Weltmeister ist am stärksten.
- Der stärkste Boxer gewinnt die Weltmeisterschaft.

stolz – stolzer – stolzeste – am stolzesten
- Hans ist der stolzeste Gratulant.
- Hans ist am stolzesten auf Inge.

teuer – teurer – teuerste – am teuersten
- Hans und Inge buchen eine teure Kreuzfahrt.
- Die Kreuzfahrt ist teurer als gedacht.

treu – treuer – treuste/treueste – am treusten/treuesten
- Der Hund ist Hans' treuster Begleiter.
- Der Hund ist Hans' treuester Begleiter.
- Die Katze ist nicht am treusten.
- Die Katze ist nicht am treuesten.

ungewiss – ungewisser – ungewisseste – am ungewissesten
- Für den Verlierer ist die Zukunft am ungewissesten.

warm – wärmer – wärmste – am wärmsten
- Im Süden ist es wärmer als im Norden.
- Im Süden ist es am wärmsten.

zaghaft – zaghafter – zaghafteste – am zaghaftesten
- Der Fußballer fällt bei einer zaghaftesten Berührung.
- Der Fußballer fällt bei der zaghaftesten Berührung.

Einige Adjektive als Gegensatzpaare
{alt – jung, zahm – wild}

Adjektiv <> Adjektiv mit gegenteiliger Bedeutung

alt <> jung
- Der Verein veranstaltet ein Fest für alte Leute.
- Der Verein veranstaltet ein Fest für junge Leute.

alt <> neu
- Hans hat einen alten Rasenmäher.
- Hans kauft einen neuen Rasenmäher.

altmodisch <> modern
- Hans mag altmodische Tapeten.
- Inge mag moderne Tapeten.

angenehm <> unangenehm
- Das Gespräch mit dem Chef war angenehm.
- Das Gespräch mit dem Chef war unangenehm.

ängstlich <> mutig
- Der kleine Junge geht ängstlich in den Keller.
- Der kleine Junge geht mutig in den Keller.

antik <> modern
- Hans mag antike Möbelstücke.
- Inge mag moderne Möbelstücke.

ärgerlich <> erfreulich
- Der Schnellfall ist für den Autofahrer ärgerlich.
- Der Schnellfall ist für den Skifahrer erfreulich.

arm <> reich
- Inge ist ein Kind armer Leute.
- Hans ist ein Kind reicher Leute.

ausgeruht <> müde
- Der Schüler erscheint ausgeruht zur Prüfung.
- Der Schüler erscheint müde zur Prüfung.

bekannt <> unbekannt
- Das Prüfungsthema ist dem Schüler bekannt.
- Das Prüfungsthema ist dem Schüler unbekannt.

bergig <> flach
- In Süddeutschland ist das Gelände bergig.
- In Norddeutschland ist das Gelände flach.

besetzt <> frei
- Der Platz neben Hans ist besetzt.
- Der Platz neben Hans ist frei.

bequem <> unbequem
- Der neue Sessel ist bequem.
- Der neue Sessel ist unbequem.

billig <> teuer
- Der Rasenmäher ist Hans zu billig.
- Der Rasenmäher ist Hans zu teuer.

böse <> gut
- Die bösen Kinder bekommen keine Geschenke.
- Die guten Kinder bekommen viele Geschenke.

breit <> eng
- Die Autobahn ist eine breite Straße.
- Der Trampelpfad ist ein enger Weg.

breit <> schmal
- Die Autobahn ist eine breite Straße.
- Die Wanderroute ist ein schmaler Weg.

bunt <> grau
- Bei Sonne sieht die Stadt bunt aus.
- Bei Regen sieht die Stadt grau aus.

bunt <> schwarz-weiß
- Inge malt viele bunte Bilder.
- Hans macht viele schwarz-weiß Fotos.

dick <> dünn
- Inge malt einen dicken Strich.
- Hans malt eine dünne Linie.

dick <> schlank
- Hans ist eine dicke Person.
- Inge ist eine schlanke Person.

dumm <> intelligent
- Das Huhn ist ein dummes Tier.
- Der Rabe ist ein intelligentes Tier.

dumm <> klug
- Das Huhn stellt sich dumm an.
- Der Rabe stellt sich klug an.

dunkel <> hell
- Im Winter wird es schnell dunkel.
- Im Sommer bleibt es lange hell.

dünn <> dick
- Hans malt eine dünne Linie.
- Inge malt einen dicken Strich.

eckig <> rund
- Das Viereck ist eckig.
- Der Kreis ist rund.

einfach <> schwer
- Der kleine Stein ist einfach wegzuschieben.
- Der große Stein ist schwer wegzuschieben.

einfach <> schwierig
- Die erste Prüfungsaufgabe ist recht einfach.
- Die zweite Prüfungsaufgabe ist ziemlich schwierig.

eng <> breit
- Der Trampelpfad ist ein enger Weg.
- Die Autobahn ist eine breite Straße.

eng <> weit
- Der Hubschrauber fliegt über eine enge Schlucht.
- Der Hubschrauber fliegt über ein weites Tal.

entfernt <> nah
- Das Gewitter ist noch weit entfernt.
- Das Gewitter ist schon nah.

erfreulich <> ärgerlich
- Der Schnellfall ist für den Skifahrer erfreulich.
- Der Schnellfall ist für den Autofahrer ärgerlich.

falsch <> richtig
- Der Schüler antwortet falsch und fällt durch.
- Der Schüler antwortet richtig und besteht.

faul <> fleißig
- Ernesto ist ein fauler Schüler.
- Marta ist ein fleißiger Schüler.

feige <> mutig
- Der Musketier versteckt sich feige vor dem Gegner.
- Der Musketier stellt sich mutig seinem Gegner.

fern <> nah
- Das Gewitter ist noch fern.
- Das Gewitter ist schon nah.

fest <> locker
- Die Schraube ist fest angezogen.
- Die Schraube ist locker angezogen.

feucht <> trocken
- Die Wäsche aus der Waschmaschine ist feucht.
- Die Wäsche aus dem Trockner ist trocken.

flach <> bergig
- In Norddeutschland ist das Gelände flach.
- In Süddeutschland ist das Gelände bergig.

flach <> hügelig
- In Norddeutschland ist das Gelände flach.
- In Mitteldeutschland ist das Gelände hügelig.

fleißig <> faul
- Marta ist ein fleißiger Schüler.
- Ernesto ist ein fauler Schüler.

frei <> besetzt
- Der Platz neben Hans ist frei.
- Der Platz neben Hans ist besetzt.

frei <> gefangen
- Das Känguru im australischen Busch ist frei.
- Das Känguru im Zoo ist gefangen.

froh/fröhlich <> traurig
- Marta ist froh, weil sie den Test bestanden hat.
- Ernesto ist traurig, weil er durchgefallen ist.

geduldig <> ungeduldig
- Inge wartet geduldig auf den Frühling.
- Hans wartet ungeduldig auf das Ende des Winters.

gefangen <> frei
- Das Känguru im Zoo ist gefangen.
- Das Känguru im australischen Busch ist frei.

gerade <> krumm
- Hans zeichnet eine gerade Linie.
- Inge malt einen krummen Strich.

gesund <> krank
- Hans ist nach der Grippe wieder gesund.
- Hans hat eine Grippe und ist krank.

gesund <> ungesund
- Viel Obst und Gemüse essen ist gesund.
- Viele Süßigkeiten essen ist ungesund.

glatt <> rau
- Die Fototapete hat eine glatte Oberfläche.
- Die Fasertapete hat eine raue Oberfläche.

grau <> bunt
- Bei Regen sieht die Stadt grau aus.
- Bei Sonne sieht die Stadt bunt aus.

groß <> klein
- Der Elefant ist ein großes Tier.
- Die Ameise ist ein kleines Tier.

gut <> böse
- Die guten Kinder bekommen viele Geschenke.
- Die bösen Kinder bekommen keine Geschenke.

gut <> schlecht
- Die Eins ist eine gute Note.
- Die Fünf ist eine schlechte Note.

hart <> weich
- Hans sitzt auf dem harten Stein.
- Inge sitzt auf dem weichen Gras.

hässlich <> schön
- Die Kröte ist im Vergleich zum Schwan hässlich.
- Der Schwan ist im Vergleich zur Kröte schön.

heiß <> kalt
- Im Sommer ist das Wetter heiß.
- Im Winter ist das Wetter kalt.

hell <> dunkel
- Im Sommer bleibt es lange hell.
- Im Winter wird es schnell dunkel.

hoch <> tief
- Hans baut einen hohen Turm.
- Inge gräbt ein tiefes Loch.

hügelig <> flach
- In Mitteldeutschland ist das Gelände hügelig.
- In Norddeutschland ist das Gelände flach.

hungrig <> satt
- Hans kommt hungrig aus dem 4-Sterne-Restaurant.
- Hans kommt satt aus der Imbissbude.

intelligent <> dumm
- Der Rabe ist ein intelligentes Tier.
- Das Huhn ist ein dummes Tier.

interessant <> langweilig
- Hans findet den Dokumentarfilm interessant.
- Inge findet den Film langweilig.

jung <> alt
- Der Verein veranstaltet ein Fest für junge Leute.
- Der Verein veranstaltet ein Fest für alte Leute.

kalt <> heiß
- Im Winter ist das Wetter kalt.
- Im Sommer ist das Wetter heiß.

kalt <> warm
- Im Winter ist das Wetter kalt.
- Im Herbst ist das Wetter warm.

klar <> trüb
- Aus der Quelle sprudelt klares Wasser.
- Aus der verrosteten Leitung kommt trübes Wasser.

klein <> groß
- Die Ameise ist ein kleines Tier.
- Der Elefant ist ein großes Tier.

klug <> dumm
- Der Rabe stellt sich klug an.
- Das Huhn stellt sich dumm an.

krank <> gesund
- Hans hat eine Grippe und ist krank.
- Hans ist nach der Grippe wieder gesund.

krumm <> gerade
- Inge malt einen krummen Strich.
- Hans zeichnet eine gerade Linie.

kühl <> warm
- Im Frühling ist das Wetter morgens kühl.
- Im Frühling ist das Wetter mittags warm.

kurz <> lang
- Es ist ein kurzer Weg von Hamburg nach Bremen.
- Es ist ein langer Weg von Hamburg nach München.

lang <> kurz
- Es ist ein langer Weg von Hamburg nach München.
- Es ist ein kurzer Weg von Hamburg nach Bremen.

langsam <> schnell
- Die Schildkröte geht langsam über die Wiese.
- Der Hase rennt schnell über die Wiese.

langweilig <> interessant
- Inge findet den Film langweilig.
- Hans findet den Dokumentarfilm interessant.

laut <> leise
- Ein Dieselmotor ist laut.
- Ein Elektromotor ist leise.

laut <> still
- Auf dem Fest wird laute Musik gespielt.
- Bei der Andacht wird stille Musik gespielt.

lebendig <> tot
- Nach dem Lauf fühlt sich der Profi lebendig.
- Nach dem Lauf fühlt sich der Amateur wie tot.

leer <> voll
- Im Winter ist der Strand leer.
- Im Sommer ist der Strand voll.

leicht <> schwer
- Der kleine Stein ist recht leicht.
- Der große Stein ist sehr schwer.

leicht <> schwierig
- Die erste Prüfungsaufgabe ist recht leicht.
- Die zweite Prüfungsaufgabe ist ziemlich schwierig.

leise <> laut
- Ein Elektromotor ist leise.
- Ein Dieselmotor ist laut.

locker <> fest
- Die Schraube ist locker angezogen.
- Die Schraube ist fest angezogen.

lustig <> traurig
- Der Clown erzählt eine lustige Geschichte.
- Der Dichter schreibt ein trauriges Gedicht.

mild <> scharf
- Die Aubergine ist ein mildes Gemüse.
- Die Chili ist ein scharfes Gemüse.

modern <> altmodisch
- Inge mag moderne Tapeten.
- Hans mag altmodische Tapeten.

modern <> antik
- Inge mag moderne Möbelstücke.
- Hans mag antike Möbelstücke.

müde <> ausgeruht
- Der Schüler erscheint müde zur Prüfung.
- Der Schüler erscheint ausgeruht zur Prüfung.

mutig <> ängstlich
- Der kleine Junge geht mutig in den Keller.
- Der kleine Junge geht ängstlich in den Keller.

mutig <> feige
- Der Musketier stellt sich mutig seinem Gegner.
- Der Musketier versteckt sich feige vor dem Gegner.

nah <> entfernt
- Das Gewitter ist schon nah.
- Das Gewitter ist noch weit entfernt.

nah <> fern
- Das Gewitter ist schon nah.
- Das Gewitter ist noch fern.

nah <> weit
- Bei 500 Metern ist das Ziel nah.
- Bei 5000 Metern ist der Weg weit.

nass <> trocken
- Hans lässt seine Haare nass.
- Inge föhnt ihre Haare trocken.

negativ <> positiv
- Anionen sind negativ geladen.
- Ionen sind positiv geladen.

neu <> alt
- Hans kauft einen neuen Rasenmäher.
- Hans hat einen alten Rasenmäher.

offen <> verschlossen
- Tagsüber ist die Eingangstüre offen.
- Nachts ist die Eingangstüre verschlossen.

ordentlich <> unordentlich
- Inge räumt die Küche ordentlich auf.
- Hans hinterlässt die Küche unordentlich.

positiv <> negativ
- Ionen sind positiv geladen.
- Anionen sind negativ geladen.

preiswert <> teuer
- Inge sucht ein preiswertes Familienauto.
- Hans schaut sich teure Sportwagen an.

rau <> glatt
- Die Fasertapete hat eine raue Oberfläche.
- Die Fototapete hat eine glatte Oberfläche.

reich <> arm
- Hans ist ein Kind reicher Leute.
- Inge ist ein Kind armer Leute.

richtig <> falsch
- Der Schüler antwortet richtig und besteht.
- Der Schüler antwortet falsch und fällt durch.

riesig <> winzig
- Der Elefant ist im Vergleich zur Ameise riesig.
- Die Ameise ist im Vergleich zum Elefanten winzig.

rund <> eckig
- Der Kreis ist rund.
- Das Viereck ist eckig.

satt <> hungrig
- Hans kommt satt aus der Imbissbude.
- Hans kommt hungrig aus dem 4-Sterne-Restaurant.

sauber <> schmutzig
- Nach dem Waschen ist das Auto sauber.
- Nach der Fahrt durchs Feld ist das Auto schmutzig.

sauer <> süß
- Inge isst gern eine saure Zitrone.
- Hans isst gern eine süße Ananas.

scharf <> mild
- Die Chili ist ein scharfes Gemüse.
- Die Aubergine ist ein mildes Gemüse.

scharf <> stumpf
- Inge schneidet die Rosen mit dem scharfen Messer.
- Hans kann mit dem stumpfen Messer nicht schneiden.

scharf <> unscharf
- Hans kann ohne Brille nur unscharf sehen.
- Hans kann nur mit Brille scharf sehen.

schlank <> dick
- Inge ist eine schlanke Person.
- Hans ist eine dicke Person.

schlecht <> gut
- Die Fünf ist eine schlechte Note.
- Die Eins ist eine gute Note.

schmal <> breit
- Die Wanderroute ist ein schmaler Weg.
- Die Autobahn ist eine breite Straße.

schmutzig <> sauber
- Nach der Fahrt durchs Feld ist das Auto schmutzig.
- Nach dem Waschen ist das Auto sauber.

schnell <> langsam
- Der Hase rennt schnell über die Wiese.
- Die Schildkröte geht langsam über die Wiese.

schön <> hässlich
- Der Schwan ist im Vergleich zur Kröte schön.
- Die Kröte ist im Vergleich zum Schwan hässlich.

schwach <> stark
- Der Absteiger hat schwache Saison gespielt.
- Der Fußballmeister hat starke Saison gespielt.

schwarz <> weiß
- Nachts ist der Himmel schwarz.
- Der Mond leuchtet weiß am Himmel.

schwarz-weiß <> bunt
- Hans macht viele schwarz-weiß Fotos.
- Inge malt viele bunte Bilder.

schwer <> einfach
- Der große Stein ist schwer wegzuschieben.
- Der kleine Stein ist einfach wegzuschieben.

schwer <> leicht
- Der große Stein ist sehr schwer.
- Der kleine Stein ist recht leicht.

schwierig <> einfach
- Die zweite Prüfungsaufgabe ist ziemlich schwierig.
- Die erste Prüfungsaufgabe ist recht einfach.

schwierig <> leicht
- Die zweite Prüfungsaufgabe ist ziemlich schwierig.
- Die erste Prüfungsaufgabe ist recht leicht.

stark <> schwach
- Der Fußballmeister hat starke Saison gespielt.
- Der Absteiger hat schwache Saison gespielt.

still <> laut
- Bei der Andacht wird stille Musik gespielt.
- Auf dem Fest wird laute Musik gespielt.

stumpf <> scharf
- Hans kann mit dem stumpfen Messer nicht schneiden.
- Inge schneidet die Rosen mit dem scharfen Messer.

süß <> sauer
- Hans isst gern eine süße Ananas.
- Inge isst gern eine saure Zitrone.

teuer <> billig
- Der Rasenmäher ist Hans zu teuer.
- Der Rasenmäher ist Hans zu billig.

teuer <> preiswert
- Hans schaut sich teure Sportwagen an.
- Inge sucht ein preiswertes Familienauto.

tief <> hoch
- Inge gräbt ein tiefes Loch.
- Hans baut einen hohen Turm.

tot <> lebendig
- Nach dem Lauf fühlt sich der Amateur wie tot.
- Nach dem Lauf fühlt sich der Profi lebendig.

traurig <> froh/fröhlich
- Ernesto ist traurig, weil er durchgefallen ist.
- Marta ist froh, weil sie den Test bestanden hat.

traurig <> lustig
- Der Dichter schreibt ein trauriges Gedicht.
- Der Clown erzählt eine lustige Geschichte.

trocken <> feucht
- Die Wäsche aus dem Trockner ist trocken.
- Die Wäsche aus der Waschmaschine ist feucht.

trocken <> nass
- Inge föhnt ihre Haare trocken.
- Hans lässt seine Haare nass.

trüb <> klar
- Aus der verrosteten Leitung kommt trübes Wasser.
- Aus der Quelle sprudelt klares Wasser.

unangenehm <> angenehm
- Das Gespräch mit dem Chef war unangenehm.
- Das Gespräch mit dem Chef war angenehm.

unbekannt <> bekannt
- Das Prüfungsthema ist dem Schüler unbekannt.
- Das Prüfungsthema ist dem Schüler bekannt.

unbequem <> bequem
- Der neue Sessel ist unbequem.
- Der neue Sessel ist bequem.

ungeduldig <> geduldig
- Hans wartet ungeduldig auf das Ende des Winters.
- Inge wartet geduldig auf den Frühling.

ungesund <> gesund
- Viele Süßigkeiten essen ist ungesund.
- Viel Obst und Gemüse essen ist gesund.

unordentlich <> ordentlich
- Hans hinterlässt die Küche unordentlich.
- Inge räumt die Küche ordentlich auf.

unscharf <> scharf
- Hans kann ohne Brille nur unscharf sehen.
- Hans kann nur mit Brille scharf sehen.

unwichtig <> wichtig
- Der Brief enthält unwichtige Reklame.
- Der Brief enthält einen wichtigen Bescheid.

unzufrieden <> zufrieden
- Ernesto ist mit dem Testergebnis unzufrieden.
- Marta ist mit dem Testergebnis zufrieden.

verschlossen <> offen
- Nachts ist die Eingangstüre verschlossen.
- Tagsüber ist die Eingangstüre offen.

viel <> wenig
- Der Rentner viel Zeit für die Rosenzucht.
- Die Mutter hat wenig Zeit für ihr Hobby.

voll <> leer
- Im Sommer ist der Strand voll.
- Im Winter ist der Strand leer.

warm <> kalt
- Im Herbst ist das Wetter warm.
- Im Winter ist das Wetter kalt.

warm <> kühl
- Im Frühling ist das Wetter mittags warm.
- Im Frühling ist das Wetter morgens kühl.

weich <> hart
- Inge sitzt auf dem weichen Gras.
- Hans sitzt auf dem harten Stein.

weiß <> schwarz
- Der Mond leuchtet weiß am Himmel.
- Nachts ist der Himmel schwarz.

weit <> eng
- Der Hubschrauber fliegt über ein weites Tal.
- Der Hubschrauber fliegt über eine enge Schlucht.

weit <> nah
- Bei 5000 Metern ist der Weg weit.
- Bei 50 Metern ist das Ziel nah.

wenig <> viel
- Die Mutter hat wenig Zeit für ihr Hobby.
- Der Rentner viel Zeit für die Rosenzucht.

wichtig <> unwichtig
- Der Brief enthält einen wichtigen Bescheid.
- Der Brief enthält unwichtige Reklame.

wild <> zahm
- Der Leguan ist ein wildes Tier.
- Das Meerschweinchen ist ein zahmes Tier.

winzig <> riesig
- Die Ameise ist im Vergleich zum Elefanten winzig.
- Der Elefant ist im Vergleich zur Ameise riesig.

zahm <> wild
- Das Meerschweinchen ist ein zahmes Tier.
- Der Leguan ist ein wildes Tier.

zufrieden <> unzufrieden
- Marta ist mit dem Testergebnis zufrieden.
- Ernesto ist mit dem Testergebnis unzufrieden.

[!] Immer auf die Semantik und den Kontext achten!

heiß <> kalt, aber:	der heiße Favorit <> ~~der kalte Favorit~~
hoch <> tief, aber:	der hohe Norden <> ~~der tiefe Norden~~
müde <> aufgeruht, aber:	ein müder Auftritt <> ~~ein ausgeruhter Auftritt~~
offen <> geschlossen, aber:	der offene Wein <> ~~der geschlossene Wein~~

Einige Adjektive ohne Gegensatzpaar
{er ist allein und durstig}

allein <> xx   (zusammen?)
- Inge war vier Jahre allein.

durstig <> xx
- Hans ist durstig nach dem Spaziergang.

ewig <> xx
- Die ewige Warterei an der Kasse ärgert die Kunden.

schlimm <> xx
- Der Fußballer hat sich schlimm verletzt.

technisch <> xx
- Der technische Fortschritt lässt sich nicht aufhalten.

WORTFORMEN VON UND BESONDERHEITEN NACH PRONOMEN

Ein Pronomen

- stellt einen Bezug durch einen Verweis auf eine bestimmte Person, eine Sache oder einen Sachverhalte her,
- kann Sätze verbinden,
- die Beziehung auf bereits Erwähntes oder aber noch Folgendes verdeutlichen und
- eine Substantivgruppe in der dritten Person vertreten.

Dabei und dafür werden die meisten Pronomen als ein Artikelwort zu einem Substantiv, adjektivisch oder aber mit Bezug auf ein Substantiv eingesetzt.

Personalpronomen – das persönliche Fürwort

In der 1. Person – Singular und Plural – stehen die Personalpronomen für eine sprechende und in der 2. Person für eine angesprochene Person oder eine angesprochene Sache. Auf vorhandene und bekannte Dinge oder Sachverhalte wird mit der dritten Person Bezug genommen.

NOMinativ | AKKusativ | DATiv | GENitiv

	1. Person	2. Person	3. Person m/f/n
NOM Singular	ich	du	er | sie | es
NOM Plural	wir	ihr	sie
AKK Singular	mich	dich	ihn | sie | es
AKK Plural	uns	euch	sie
DAT Singular	mir	dir	ihm | ihr | ihm
DAT Plural	unser	euch	ihnen
GEN Singular	meiner	deiner	seiner | ihrer | seiner
GEN Plural	unser	euer	ihrer

Info: Steht in der 3. Person eine Sache, wird das Demonstrativpronomen *dessen* im Genitiv verwendet.
- Hans ist sich des Glücks bewusst.
- → Hans ist sich <u>dessen</u> bewusst.

höfliche oder formelle Anrede, 3. Person Plural
- Herr Meyer, Sie haben Ihren Schirm vergessen.

Reflexivpronomen – das rückbezügliche Fürwort

Reflexivpronomen sind Personalpronomen mit Rückbezug auf das Subjekt, das in einem Satz immer bei einem reflexiven Verb steht.

NOM	ich	du	er|sie|es	wir	ihr	sie
	↕	↕	↕	↕	↕	↕
AKK	mich	dich	sich	uns	euch	sich
DAT	mir	dir	sich	uns	euch	sich

Possessivpronomen – das besitzanzeigende Fürwort

Possessivpronomen geben ein Besitzverhältnis an. Das muss aber kein physischer Besitz, sondern kann auch ein Interesse, eine Zugehörigkeit oder etwas in einem übertragenen Sinn sein. Die Wortformen entstehen jeweils aus dem Genitiv der Personalpronomen, wobei jedem Personalpronomen ein Possessivpronomen entspricht.

	ich	du	er|sie|es	wir	ihr	sie
NOM	mein	dein	sein|ihr|sein	unser	euer	ihr

adjektivisch in Funktion eines Artikelwortes

	Maskulinum	**Femininum**	**Neutrum**	**Plural**
NOM	mein	meine	mein	meine
AKK	meinen	meine	mein	meine
DAT	meinem	meiner	meinem	meinen
GEN	meines	meiner	meines	meiner

Info: Die Flexionsformen richten sich nach Kasus, Genus und Numerus des Besitztums, die Formen von *mein*, *dein*, *sein* und *ihr* sind identisch. Bei den Pronomen *euer* und *unser* kann bei den Endungen -e und -er das Bildungs-e wegfallen.

- Hier kommt mein/dein Bus, dahinten kommt unser/euer Bus.

substantivische Verwendung mit Bezug auf ein vorher genanntes Substantiv

	Maskulinum	**Femininum**	**Neutrum**	**Plural**
NOM	meiner	meine	meines	meine
AKK	meinen	meine	meines	meine
DAT	meinem	meiner	meinem	meinen
GEN	meines	meiner	meines	meiner

Info: Die Formen richten sich nach Person, Genus und Numerus des Besitzers. Die Flexionsformen entsprechen den Endungen der definiten Artikel.

- Da kommt ein Bus. Das ist meiner/deiner. = Das ist der meine/deine.
- Da kommt ein Bus. Das ist unser/eurer. = Das ist der unsere/eure.

Demonstrativpronomen – das hinweisende Fürwort

Ein Demonstrativpronomen bezieht sich zurückweisend auf eine vorab erwähnte Person oder Sache oder auf eine getätigte Aussage und vorausweisend auf eine Person oder Sache, die nicht vorab erwähnt sein muss und durch einen Relativsatz bestimmt wird.

- der | die | das | die
- derjenige | diejenige | dasjenige | diejenigen
- derlei | dergleichen
- derselbe | dieselbe | dasselbe | dieselben
- dies- | jen- | solch-
- selbst | selber

zurückweisend

	Maskulinum	Femininum	Neutrum	Plural
NOM	der	die	das	die
AKK	den	die	das	die
DAT	dem	der	dem	denen
GEN	dessen	deren	dessen	deren/-er

- Inge pflückt einen Apfel. Der ist lecker.
- Inge pflückt einen Apfel. Das ist eine Überraschung.

vorausweisend

	Maskulinum	Femininum	Neutrum	Plural
NOM	dieser	diese	dieses	diese
AKK	diesen	diese	diesen	diese
DAT	diesem	dieser	diesem	diesen
GEN	dieses	dieser	dieses	dieser

- Diejenigen, die die Äpfel pflücken, müssen einen Kuchen backen.

Info: *Dieser* wird oft für Näherliegendes verwendet, *jener* für Fernes und *solcher* für eine Beschaffenheit.

Die Wortform *solcher* kann auch mit dem indefiniten Artikel als *solch ein* oder *ein solcher* stehen, für die neutrale Form *ein solches* wird auch *so etwas* verwendet. Die Form *solch* wird nicht dekliniert.

Bei Maskulina und Neutra lautet der Genitiv *dieses* und *jenes*.

Die Formen von *dieser, jeder* und *solcher* sind identisch. In Zusammensetzungen mit einem Artikel wie *derjenige* oder *derselbe* wird der Artikel stark und das Pronomen schwach dekliniert.

Die Wörter *selber* und *selbst* sind keine Pronomen, sondern Partikel, die nicht dekliniert werden.

Im Genitiv Plural lautet das vorausweisende Demonstrativpronomen *derer* und das zurückweisende *deren*.

Indefinitpronomen – das unbestimmte Fürwort

Ein Indefinitpronomen steht für unbekannte und nicht näher bestimmte Dinge. Es gibt mehrere Indefinitpronomen, die je nach Form und Funktion unterschiedlich verwendet werden. Die Pronomen *alle, einige, etliche, jeder, keiner, mancher, mehrere* und *welcher* können als Artikel und als substantivische Pronomen eingesetzt werden.

- all-
- ein- | jed- | kein- | welch-
- einig- | mehrer-
- etwas | nichts
- irgendein- | irgendwelch-
- jemand | niemand
- man | jedermann
- manch-

	Maskulinum	Femininum	Neutrum	Plural
NOM	jeder	jede	jedes	jede
AKK	jeden	jede	jedes	jede
DAT	jedem	jeder	jedem	jeden
GEN	jedes/en	jeder	jedes/en	jeder

- Albert Einstein ist einer der bekanntesten Physiker.
- Keiner der Kandidaten erhält die absolute Mehrheit.
- Hans soll irgendeinen Salat für die Party mitbringen.
- Manche Leute haben immer etwas zu meckern.
- Hans verlässt die Party, ohne etwas zu sagen.

Info: Im Genitiv Singular Maskulin und Neutrum können vor einem stark deklinierten Substantiv auch die Formen *allen, jeden* und *manchen* stehen.

Die Indefinitpronomen *etliche* und *mehrere* kommen nur im Neutrum Singular und im Plural vor. Die Pronomen *etwas* und *nichts* bilden keine Flexionsformen.

Das Pronomen *einige* folgt der schwachen Deklination mit *einigen* im Genitiv.

Mit dem Zusatz *irgend-* wird die Unbestimmtheit verstärkt. Das Pronomen *irgendeiner* wird als Artikel wie der indefinite Artikel *ein*, als Pronomen wie das Indefinitpronomen *einer* dekliniert.

Das Pronomen *irgendwer* wird wie das Interrogativpronomen *wer* dekliniert, wobei die Genitivform nicht verwendet wird.

Die Indefinitpronomen *etwas, jedermann, jemand, man, nichts* und *niemand* kommen nur als substantivische Pronomen vor, haben keine Pluralformen und teils auch keine vollausgebildete Deklination.

Bei *jemand* und *niemand* kann im Dativ und Akkusativ die Endung *-en* wegfallen, was aber nicht zu empfehlen ist, da damit auch die Kasuskennzeichnung am Pronomen fehlt.

Das Pronomen *man* ist eine gebräuchliche Form für allgemeingültige persönliche, generell unpersönliche oder verallgemeinernde Ausdrücke. Es hat nur eine Form im Nominativ, im Dativ wird die Ersatzform *einem* und im Akkusativ *einen* verwendet.

Interrogativpronomen – das Fragefürwort

Interrogativpronomen werden für das Bilden von Ergänzungsfragen zur Klärung unbekannter Sachverhalte verwendet. Im Fragesatz steht das Pronomen an der ersten Stelle, nach Personen wird mit *wer* gefragt, nach Sachen mit *was*.
- wer | was
- welcher | welche | welches
- was für ein

	Nominativ	Akkusativ	Dativ	Genitiv
Personen	wer	wen	wem	wessen
Sachen	was	was	[Ø]	wessen

- Wer hat einen Apfel gepflückt?
- Was hat Inge vom Baum gepflückt?

Info: Die Flexion entspricht den definiten Artikeln, allerdings gibt es keine Pluralformen und das Pronomen was bildet keine Dativform.

Die Flexionsformen von *welcher* sind identisch zu den Demonstrativpronomen *dieser, jeder* und *solcher*.

Mit den Pronomen *was für ein, was für welche* und *welche* kann allgemein gefragt, aber nicht zwischen Personen oder Sachen unterschieden werden. [!] Die Präposition *für* bestimmt hier nicht den Kasus des angeschlossenen Artikels.

Die unflektierte Form *welch* kann in Verbindung mit einem indefiniten Artikel oder einem Adjektiv verwendet werden.

[!] Andere Fragewörter wie *wann, warum, wie, wo, woher* oder *wohin* sind keine Interrogativpronomen, sondern Adverbien, die nach bestimmten Umständen fragen.

Relativpronomen – das bezügliche Fürwort

Relativpronomen leiten Relativsätze ein. Sie haben aber keine eigenen Formen, verwendet werden die Demonstrativpronomen *der, die* und *das* sowie die Interrogativpronomen *wer, was, welcher, welche* und *welches*.
Nach einem Substantiv im Neutrum kann nicht das Relativpronomen *was* stehen, sondern immer nur *das*.

- Inge ist die Frau, die den Apfel vom Baum pflückt.
- Inge kann nicht alle Äpfel pflücken, was sie aber nicht schlimm findet.

WORTFORMEN VON UND BESONDERHEITEN NACH PRÄPOSITIONEN

Eine Präposition – ein Verhältniswort – stellt ein inhaltliches Verhältnis zwischen zwei oder mehr Sachverhalten her oder aber von einem Sachverhalt zu dessen Umgebung.

Präpositionen sind selbst unveränderlich, fordern allerdings immer einen Kasus. Bis auf die neun Wechselpräpositionen, die mit einem Dativ oder einem Akkusativ stehen, ist das regelmäßig ein fester Kasus, wobei der Nominativ als Subjektkasus nicht gefordert werden kann.

Bei den wenigen Präpositionen, die mit zwei Kasus stehen – meist dem Dativ und dem Genitiv – gibt es keine falsche Zuordnung.

Präpositionalgruppe (auch Präpositionalgefüge oder -phrase)
Präposition + Artikel + Substantiv
- wegen   des Wetters
- für   das Kind
• Die Mutter kauft ein Eis <u>für das Kind</u>.

Präposition + Substantivgruppe
- bei   dem tiefen Schnee
- mit   seinen besten Freunden
• Vater genießt den Abend <u>mit seinen besten Freunden</u>.

Präposition + Pronomen
- bei   sich
- für   dich
• Der Nachbar freut sich <u>für dich</u>.

TIPP

Präpositionen immer gleich mit Folgekasus lernen!

Präpositionen nach Bedeutung
{er rennt gegen einen Baum}

mit Akkusativ _>A
mit Dativ _>D
mit Genitiv _>G

Lokal (Ort, Raum, Richtung).
Wo? Wohin? Woher?

ab _>D
- Der Bus fährt ab dem Busbahnhof.

abseits _>G
- Die Ferienwohnung liegt abseits des Weges.

an _>D/_>A
- Das Schild steht an dem Eingang.
- Der Verkäufer stellt das Schild an den Eingang.

auf _>D/_>A
- Die Jacke liegt auf dem Stuhl.
- Das Kind legt die Jacke auf den Stuhl.

aus _>D
- Das Kind kommt aus der Schule.

außerhalb _>G
- Der Spieler fällt außerhalb des Strafraums.

bei _>D
- Hans wartet bei dem Kino.

diesseits _>G
- Das Hotel befindet sich diesseits des Platzes.

durch ->A
- Der Hund rennt durch den Wald.

entlang _>G / (nachgestellt) _>A
- Hans geht entlang der Häuser.
- Hans geht den Weg entlang.

gegen _>A
- Die Leiter lehnt gegen einen Baum.

gegenüber _>D
- Das Hotel befindet sich gegenüber von dem Postamt.

hinter _>D/->A
- Hans und Inge stehen hinter dem Haus.
- Hans und Inge gehen hinter das Haus.

in _>D/_>A
- Hans und Inge leben in der Stadt.
- Hans und Inge fahren in die Stadt.

inmitten _>G
- Die Insel liegt inmitten des Sees.

innerhalb _>G
- Der Spieler fällt innerhalb des Strafraums.

jenseits _>G
- Das Hotel befindet sich jenseits des Platzes.

längs _>G
- Die Hinweisschilder stehen längs des Weges.

links _>G
- Das Hotel befindet sich links des Platzes.

nahe _>D
- Die Wohnung liegt nahe dem Bahnhof.

neben _>D/_>A
- Das Auto steht neben dem Haus.
- Inge parkt das Auto neben das Haus.

nördlich _>G
- Das Hotel befindet sich nördlich des Platzes.

oberhalb _>G
- Das Hotel befindet sich oberhalb des Platzes.

östlich _>G
- Das Hotel befindet sich östlich des Platzes.

rechts _>G
- Das Hotel befindet sich rechts des Platzes.

seitlich _>G
- Die Brombeeren wachsen seitlich des Weges.

südlich _>G
- Das Hotel befindet sich südlich des Platzes.

über _>D/_>A
- Die Jacke hängt über dem Stuhl.
- Das Kind hängt die Jacke über den Stuhl.

um _>A
- An der Ampel gehst du um die Ecke.

unter _>D/_>A
- Der Hund sitzt unter dem Tisch.
- Der Hund rennt unter den Tisch.

unterhalb _>G
- Das Hotel befindet sich oberhalb des Platzes.

vor _>D/_>A
- Hans steht vor dem Haus.
- Hans geht vor das Haus.

westlich _>G
- Das Hotel befindet sich westlich des Platzes.

zu _>D / (bis zu_>D)
- Hans geht zu dem Kino.
- (Der Zug fährt bis zum Hauptbahnhof.)

zwischen _>D/_>A
- Der Zug fährt zwischen den Städten.
- Die Mutter setzt sich zwischen ihre Kinder.

Temporal (Zeit).
Wann? Ab/bis/seit/von wann? Wie lange?

ab _>D/(_>A)
- Der Preis gilt ab nächstem Montag.
- Der Preis gilt ab nächsten Montag.

an _>D
- Wir treffen uns an dem kommenden Montag.

auf _>A
- Der Zug kommt pünktlich auf die Minute.

außerhalb _>G
- Die Preise gelten nur außerhalb der Hochsaison.

bis _>A
- Der Skilift fährt bis zehnten März.

bis zu _>D
- Der Zug hat bis zu einer Stunde Verspätung.

für _>A
- Die Frau arbeitet für einen Monat in Berlin.

gegen _>A
- Wir treffen uns gegen neun Uhr.

in _>D
- Das Kino wird in einem Jahr eröffnet.

innerhalb _>D
- Die Sonderpreise gelten innerhalb der Schulferien.

nach _>D
- Inge geht nach dem Fest noch einkaufen.

ohne _>A
- Der Zug kommt ohne jede Verspätung.

seit _>D
- Den Supermarkt gibt es seit einem Jahr.

über _>A
- Die Frau fährt über das Wochenende weg.

um _>A
- Die Schule beginnt um neun Uhr.

unter _>D
- Das Schiff kommt unter der Woche.

von _>D
- Der Kuchen ist von letztem Sonntag.

vor _>D
- Der Mieter ist vor einem Monat ausgezogen.

während _>G
- Hans liest während des Urlaubs viele Bücher.

zu _>D
- Zum Osterfest werden Ostereier versteckt.

zwischen _>D
- Das Schiff kommt zwischen dem 8. und 10. Juli.

Modal (Art und Weise) + Kausal (Grund, Folge, Zweck). Wie? Warum? Weshalb? Wofür? Wozu?

anhand _>G
- Anhand des Fingerabdrucks wird der Dieb überführt.

anlässlich _>G
- Anlässlich des Jubiläums veranstaltet ein Fest.

anstatt _>G
- Anstatt eines Kaffes trinkt Hans einen Tee.

auf _>A
- Der Fahrradfahrer achtet auf den Verkehr.

aus _>D
- Der Tisch ist aus einem massiven Holz.

einschließlich _>G
- Der Onlinepreis ist einschließlich des Versands.

entgegen _>D
- Entgegen seiner Gewohnheit trinkt Hans einen Tee.

für _>A
- Das Kind entscheidet sich für das rote Auto.

gegen _>G
- Der Dieb wird gegen seinen Willen festgehalten.

gemäß _>D
- Das ist der Endpreis gemäß dem Angebot.

infolge _>G
- Infolge einer Erkrankung fällt das Konzert aus.

mit _>D
- Inge fährt mit dem Fahrrad.

laut _>D/_>G
- Laut dem Wetterbericht hört der Regen bald auf.
- Laut des Wetterberichts hört der Regen bald auf.

ohne _>A
- Die Regel gilt ohne eine Ausnahme.

statt _>G
- Hans trinkt einen Tee statt eines Kaffees.

trotz _>G
- Das Spiel findet trotz des Schneegestöbers statt.

über _>A
- Der Nachbar redet über sein Hobby.

ungeachtet _>G
- Ungeachtet des Regens geht Hans wandern.

wegen _>D/_>G
- Das Spiel fällt wegen dem Schneegestöber aus.
- Das Spiel fällt wegen des Schneegestöbers aus.

zu _>D
- Hans geht zu dem Fluss.

Präpositionen nach Kasus
{erst rennt er in den Wald, dann in dem Wald}

Wechselpräpositionen mit Dativ oder Akkusativ

WOHIN? → mit Akkusativ _>A
WO? → mit Dativ _>D

an

_>A	Inge hängt den Kalender <u>an die</u> Wand.
_>D	Der Kalender hängt <u>an der</u> Wand.

auf

_>A	Die Hunde laufen <u>auf die</u> Wiese.
_>D	Die Hunde laufen <u>auf der</u> Wiese.

hinter

_>A	Hans stellt das Fahrrad <u>hinter den</u> Zaun.
_>D	Das Fahrrad steht <u>hinter dem</u> Zaun.

in

_>A	Hans und Inge gehen <u>in das</u> Maisfeld.
_>D	Hans und Inge gehen <u>in dem</u> Maisfeld.

neben

_>A	Inge stellt den Eimer <u>neben den</u> Schlauch.
_>D	Der Eimer steht <u>neben dem</u> Schlauch.

über

_>A	Der Hubschrauber fliegt <u>über den</u> See.
_>D	Der Hubschrauber fliegt <u>über dem</u> See.

unter

_>A	Hans taucht <u>unter den</u> Steg.
_>D	Hans taucht <u>unter dem</u> Steg.

vor

_>A	Die Kinder rennen <u>vor das</u> Haus.
_>D	Die Kinder rennen <u>vor dem</u> Haus.

zwischen

_>A	Ernesto legt das Heft <u>zwischen die</u> anderen Hefte.
_>D	Das Heft liegt <u>zwischen den</u> anderen Heften.

Einige Präpositionen mit Dativ und Genitiv

[!] Eine mögliche Vermischung des Genus ist in der Regel sprachhistorisch oder auch durch regionale Verwendungen bedingt.

anstatt	dank	laut
trotz	während	wegen

Einige Präpositionen mit Dativ

ab	ähnlich	angefangen bei
anstatt	aus	ausgehend von
außer	beginnend mit	bei
binnen	dank	entgegen
entsprechend	fern	gegenüber
gemäß	getreu	gleich
laut	mit	mitsamt
nach	nächst	nahe
nebst	ob	samt
seit	treu	trotz
übereinstimmend mit	ungleich	vis-a-vis
von	von ... an	(während)
(wegen)	zu	zufolge
zuliebe	zunächst	zuwider

Einige Präpositionen mit Akkusativ

à	ausgenommen	betreffend
bis	durch	einbegriffen
eingeschlossen	entgegen	entlang
für	gegen	gen
je	kontra	lang
mitgerechnet	nicht gerechnet	ohne
per	pro	sonder
um	versus	via
wider		

Einige Präpositionen mit Genitiv

abseits	abzüglich	anfangs
angesichts	anhand	anlässlich
anstatt	anstelle	antwortlich
aufgrund	aufseiten	ausgangs
ausschließlich	ausweislich	außerhalb
bar	behufs	beiderseits
betreffs	bezüglich	binnen
dank	diesseits	eingangs
eingedenk	einschließlich	exklusive
fern	fernab	gelegentlich
halber	hinsichtlich	infolge
inklusive	inmitten	innerhalb
jenseits	kraft	längsseits
laut	links	mangels
minus	mithilfe	mittels
namens	nördlich	oberhalb
östlich	plus	punkto
rechts	rücksichtlich	seitens
seitlich	seitwärts	statt
südlich	trotz	um … willen
unbeschadet	unerachtet	unfern
ungeachtet	unterhalb	unweit
vermittels	vermöge	vonseiten
vorbehaltlich	während	wegen
westlich	von … wegen	zeit
zuzüglich	zwecks	

Präposition + Artikel {er klettert aufs Dach}

Präposition + Artikel = verschmolzene Wortform
Fettdruck: regelmäßige Verwendung
Kursivschrift: seltene Verwendung

an + das = *ans*
- Hans klopft ans Fenster.

an + dem = **am**
- Inge steht am Fenster.

auf + das = *aufs*
- Der Sieger springt aufs Podest.

bei + dem = **beim**
- Hans tritt Inge beim Tanzen.

durch + das = *durchs*
- Die Schlange schlängelt sich durchs Gras.

für + das = *fürs*
- Hans gibt viel Geld fürs Auto aus.

hinter + das = *hinters*
- Die Katze rennt hinters Haus.

hinter + dem = *hinterm*
- Das Fahrrad steht hinterm Haus.

hinter + den = *hintern*
- Das Bild fällt hintern Sessel.

in + das = **ins**
- Hans und Inge gehen ins Kino.

in + dem = **im**
- Hans und Inge sitzen im Kino.

über + das = *übers*
- Hans stolpert übers Werkzeug.

über + dem = *überm*
- Der Hubschrauber kreist überm Haus.

über + den = *übern*
- Inge reicht die Rose übern Zaun.

um + das = *ums*
- Der Hund rennt ums Haus.

unter + das = *unters*
- Inge hängt den Kalender unters Bild.

unter + dem = *unterm*
- Die Katze liegt unterm Sofa.

unter + den = *untern*
- Hans und Inge stellen sich untern Schirm.

von + dem = **vom**
- Hans nascht vom Kirschkuchen.

vor + das = *vors*
- Die Katze rennt Hans vors Auto.

vor + dem = *vorm*
- Die Nachbarn treffen sich vorm Supermarkt.

zu + dem = **zum**
- Die Kinder rennen zum Opa.

zu + der = **zur**
- Hans und Inge tanzen zur Musik.

WORTFORMEN VON UND BESONDERHEITEN BEI VERBEN

Das Verb ist ein Tätigkeits- oder Zeitwort – ein Tuwort –, das im Satz eine Tätigkeit oder Aktivität des Subjekts ausdrückt, aber auch für

- einen Vorgang oder eine Veränderung am Subjekt,
- einen Zustand,
- eine bleibende und sich nicht verändernde Situation

sowie für

- die Aussageweise,
- die Handlungsform und
- die zeitliche Einordnung der Aussage

steht. In der **Grundform** oder Nennform ist ein Verb nicht nach Person oder Zahl festgelegt, es ist infinit oder nicht begrenzt. Deshalb wird die Grundform **Infinitiv** genannt.

- **INFINITIV**   kaufen   laufen

Damit ein Verb die Position des Prädikats in einem Satz einnehmen kann, muss aus dem infiniten ein **finites Verb** werden – ein nach den Kriterien der Konjugation begrenztes Verb.

- **FINITE WORTFORM**   du kaufst   du läufst
                        hast gekauft   bist gelaufen

Die **Partizipien** werden aus einem Verben gebildet und wie ein Adjektiv verwendet. Das **Partizip1** drückt eine Gleichzeitigkeit oder im Moment des Geschehens stattfindende Tätigkeit aus. Gebildet wird das Partizip1 durch das Anhängen der Endung -d an den Infinitiv.

- **PARTIZIP1**   kaufen → kaufend   laufen → laufend

Das Partizip2 steht Handlungen, die bereits stattgefunden haben sowie für passive Handlungen. Das Partizip2 wird mit der Vorsilbe ge- und von schwachen Verben mit der Endung -t gebildet, von starken Verben mit der Endung -en und meist mit Ablaut.

- **PARTIZIP2**   kaufen → gekauft   laufen → gelaufen

Die **Konjugation** bringt eine Aussage in einen zeitlichen, modalen und handlungsformalen Bezug. Wie die Wortformen eines Verbs gebildet werden, hängt

- von Person und Numerus des Subjekts,
- von der Zeit,
- den Handlungsformen Aktiv oder Passiv,
- einer der drei Aussageweisen sowie
- insbesondere davon ab, ob es sich um ein starkes oder ein schwaches Verb handelt.

Jedes Verb hat drei **Stammformen** ...
1. den **Infinitiv** als Grundform,
2. das **Präteritum** als Vergangenheitsform und
3. das **Partizip2** als Mittelwort.
... mit denen alle Zeit- und Handlungsformen gebildet werden.

Im **Infinitiv** hat ein Verb meist die Endung -*en*, nur bei Verben mit Stamm auf -*el* und -*er* fällt das e in der Endung weg.

- Wortstamm +en: lern**en**, sprech**en** ...
- Wortstamm +n: änder**n**, klingel**n** ...

Das Bilden der Verbformen im Präteritum und als Partizip2 hängt davon ab, ob ein Verb schwach oder stark ist:

Schwache Verben bildet das Präteritum mit dem Tempuszeichen **t** und der Endung e, ...

- Wortstamm +te: lernen – lern**te**
- Wortstamm +ete: arbeiten – arbei**tete**

... und das Partizip2 mit einem Präfix – meist ein *ge-** - und wieder dem Tempuszeichen **t**, diesmal als Suffix -*t* oder -*et*.

- +Präfix Wortstamm +t: lernen – ge**lernt**
- +Präfix Wortstamm +et: arbeiten – ge**arbeitet**

---

* [!] Vorsilben nicht trennbarer Verben werden nicht durch ge- ersetzt. Auch die Verben mit mehrsilbigem Stamm auf -*ieren* bilden kein ge- als Vorsilbe.

- besuchen – besuchte – ~~gebesucht~~ besucht
- probieren – probierte - ~~geprobiert~~ probiert

Starke Verben bilden das Präteritum mit einem Ablaut – einem systematischen Wechsel des Vokals im Wortstamm – und stets ohne eine Endung …

- Wortstamm +Vokalwechsel:
schr**ei**ben –	schr**ie**b[Ø]
z**ie**hen –	z**o**g[Ø]
f**i**nden –	f**a**nd[Ø]
spr**e**chen –	spr**a**ch[Ø]
l**e**sen –	l**a**s[Ø]
b**a**cken –	b**u**k[Ø]
schl**a**fen –	schl**ie**f[Ø]

… und das Partizip2 mit dem Suffix -*en*, wobei bei einigen Verben auch wieder ein Stammvokalwechsel auftritt.

- schr**ei**ben – schr**ie**b – **ge**schr**ie**b**en**
- z**ie**hen – z**o**g – **ge**z**o**g**en**
- f**i**nden – f**a**nd – **ge**fu**n**d**en**
- spr**e**chen – spr**a**ch – **ge**spr**o**ch**en**
- l**e**sen – l**a**s – **ge**l**e**s**en**
- b**a**cken – b**u**k – **ge**b**a**ck**en**
- schl**a**fen – schl**ie**f – **ge**schl**a**f**en**

Zudem ändern einige starke Verben ihren Stammvokal in der 2. und der 3. Person Singular im Präsens. Das ist die **Wechselflexion**.

- ohne Wechselflexion im Präsens: ziehen – ich ziehe, du ziehst, es zieht
- mit Wechselflexion im Präsens: helfen – ich helfe, du hilfst, es hilft

[!] Am Infinitiv ist ohne weiteres nicht erkennbar, ob das Verb schwach oder stark gebeugt wird und wenn stark, mit welchem Ablaut.

- kaufen   kaufte   [habe] gekauft
- laufen   lief   [bin] gelaufen
- raufen   raufte   [habe] gerauft
- saufen   soff   [habe] gesoffen

TIPP

Verben stets gleich mit den drei **Stammformen** und mit dem jeweiligen **Hilfsverb** lernen!

Modalverben
{er soll, durfte und könnte}

Infinitiv, Präteritum, Hilfsverb + Partizip2
[!] Konjugiertes Modalverb + Verb im Infinitiv im Präsens
[!] Konjugiertes Hilfsverb mit zwei Verben im Infinitiv im Perfekt

dürfen, durfte, habe gedurft

Erlaubnis => Bitte, Berechtigung, Möglichkeit, Verbot

ich darf – ich durfte – ich habe gedurft
du darfst – du durftest – du hast gedurft
er/sie/es darf – er/sie/es durfte – er/sie/es hat gedurft
wir dürfen – wir durften – wir haben gedurft
ihr dürft – ihr durftet – ihr habt gedurft
sie dürfen – sie durften – sie haben gedurft

- Der Nachbar darf nicht spionieren.
- Der Nachbar hat nicht spionieren dürfen.

	AKTIV	PASSIV
Präsens:	ich darf	darf werden
Perfekt:	ich habe dürfen	habe werden dürfen
Präteritum:	ich durfte	durfte werden
Plusquamperfekt:	ich hatte dürfen	hatte werden dürfen
Futur1:	ich werde dürfen	werde werden dürfen
Futur2:	ich werde haben dürfen	werde worden sein dürfen
Konjunktiv1 Gegenwart:	ich werde dürfen	werde werden dürfen
Konjunktiv1 Vergangenheit:	ich werde haben dürfen	werde worden sein dürfen
Konjunktiv2 Gegenwart	ich durfte	durfte werden
Konjunktiv2 Vergangenheit	ich hätte dürfen	hätte worden dürfen

können, konnte, gekonnt

Möglichkeit => Fähigkeit, Gelegenheit, Zustimmung

ich kann – ich konnte – ich habe gekonnt
du kannst – du konntest
er/sie/es kann – er/sie/es konnte
wir können – wir konnten
ihr könnt – ihr konntet
sie können – sie konnten

- Hans kann den Streit hören.
- Hans hat den Streit hören können.

mögen, mochte, gemocht

Neigung => Aufforderung, Einräumung, Wunsch

ich mag – ich mochte – ich habe gemocht
du magst – du mochtest
er/sie/es mag – er/sie/es mochte
wir mögen – wir mochten
ihr mögt – ihr mochtet
sie mögen – sie mochten

- Das Kind mag keinen Spinat essen.
- Das Kind hat keinen Spinat essen mögen.

müssen, musste, habe gemusst

Notwendigkeit => Aufforderung, Erklärung, Pflicht, Zwang

ich muss – ich musste – ich habe gemusst
du musst – du musstest – du hast gemusst
er/sie/es muss – er/sie/es musste – er/sie/es hat gemusst
wir müssen – wir mussten – wir haben gemusst
ihr müsst – ihr musstet – ihr habt gemusst
sie müssen – sie mussten – sie haben gemusst

- Das Kind muss helfen.
- Das Kind hat helfen müssen.

	AKTIV	PASSIV
Präsens:	ich muss	muss werden
Perfekt:	ich habe müssen	habe werden müssen
Präteritum:	ich musste	musste werden
Plusquamperfekt:	ich hatte müssen	hatte werden müssen
Futur1:	ich werde müssen	werde werden müssen
Futur2:	ich werde haben müssen	werde worden sein müssen
Konjunktiv1 Gegenwart:	ich werde müssen	werde werden müssen
Konjunktiv1 Vergangenheit:	ich werde haben müssen	werde worden sein müssen
Konjunktiv2 Gegenwart	ich müsste	müsste werden
Konjunktiv2 Vergangenheit	ich hätte müssen	hätte worden müssen

---

[!] Modalverben mit Objektbezug bilden keine Zeiten.

SUBJEKTBEZUG: Inge hat auf den Hund aufpassen sollen.

OBJEKTBEZUG: Inge soll den Unfall gesehen haben.

---

sollen, sollte, habe gesollt

Forderung => Auftrag, Belehrung, Eventualität, Zwang

ich soll – ich sollte – ich habe gesollt
du sollst – du solltest – du hast gesollt
er/sie/es soll – er/sie/es sollte – er/sie/es hat gesollt
wir sollen – wir sollten – wir haben gesollt
ihr sollt – ihr solltet – ihr habt gesollt
sie sollen – sie sollten – sie haben gesollt

- Ernesto soll sich beim Freund melden.
- Ernesto hat sich beim Freund melden sollen.

	AKTIV	PASSIV
Präsens:	ich soll	soll werden
Perfekt:	ich habe sollen	habe werden sollen
Präteritum:	ich sollte	sollte werden
Plusquamperfekt:	ich hatte sollen	hatte werden sollen
Futur1:	ich werde sollen	werde werden sollen
Futur2:	ich werde haben sollen	werde worden sein sollen
Konjunktiv1 Gegenwart:	ich werde sollen	werde werden sollen
Konjunktiv1 Vergangenheit:	ich werde haben sollen	werde worden sein sollen
Konjunktiv2 Gegenwart	ich sollte	sollte werden
Konjunktiv2 Vergangenheit	ich hätte sollen	hätte worden sollen

wollen, wollte, habe gewollt

Absicht => Bereitschaft, Entschluss, Forderung, Wille, Zukunft

ich will – ich wollte – ich habe gewollt
du willst – du wolltest
er/sie/es will – er/sie/es wollte
wir wollen – wir wollten
ihr wollt – ihr wolltet
sie wollen – sie wollten

- Das Kind will nicht mitspielen.
- Das Kind hat nicht mitspielen wollen.

Info: Die Modalverben *mögen* und *wollen* können auch ein Vollverb sein. In dem Fall stehen sie immer mit einem Objekt oder einem Nebensatz, ...
- Inge mag Äpfel. Hans will keine Probleme.
- Hans will, dass Inge einen Apfel isst.
... der mit der Konjunktion „dass" eingeleitet wird.

brauchen, brauchte, habe gebraucht
        In der Funktion eines Modalverbs mit der Bedeutung von »nicht müssen«

ich brauche (brauch) – ich brauchte – ich habe gebraucht
du brauchst – du brauchtest
er/sie/es braucht (brauch) – er/sie/es brauchte
wir brauchen – wir brauchten
ihr braucht – ihr brauchtet
sie brauchen – sie brauchten

- Über den Klimawandel brauchen wir nicht zu diskutieren.
- Über den Klimawandel brauchen wir nicht diskutieren.
- → Über den Klimawandel müssen wir nicht diskutieren.

[!] **Modifizierenden Verben** wie zum Beispiel *aussehen, belieben, drohen, gelten, haben, heißen, scheinen* oder *wirken* haben eine ähnliche Funktion wie Modalverben, werden aber mit der Infinitivverbindung „zu" angeschlossen, die Teil des Prädikats ist.

- Inge gedenkt den Apfel zu essen.
- Der Präsident beliebt zu scherzen.

Die Stammformen der starken Verben
{laufen lief ist gelaufen, saufen soff hat gesoffen}

Infinitiv, Präteritum, Hilfsverb + Partizip2 / Vokalwechsel
- Präteritum mit Ablaut (mit Konsonantenwechsel) [Parallelform]
- Partizip2 mit Hilfsverb
- Vokalwechsel in der 2. + 3. Person Singular Präsens

abwägen, wog ab, hat abgewogen / du wiegst ab, er wiegt ab
    Hans wiegt ein Kilo Mehl ab.
    Hans wog ein Kilo Mehl ab.
    Hans hat ein Kilo Mehl abgewogen.
backen, buk [backte], hat gebacken / du bäckst, er bäckt
    Inge bäckt (backt) einen Kuchen.
    Inge buk (backte) einen Kuchen.
    Inge hat einen Kuchen gebacken.
befehlen, befahl, hat befohlen / du befiehlst, er befiehlt
    Der König befiehlt eine Feier.
    Der König befahl eine Feier.
    Der König hat eine Feier befohlen.
beginnen, begann, hat begonnen
    Hans beginnt einen Sprachkurs.
    Hans begann einen Sprachkurs.
    Hans hat einen Sprachkurs begonnen.
beißen, biss, hat gebissen
    Der Hund beißt den Postboten.
    Der Hund biss den Postboten.
    Der Hund hat den Postboten gebissen.
bergen, barg, hat geborgen / du birgst, er birgt
    Die Feuerwehr birgt den Verletzten.
    Die Feuerwehr barg den Verletzten.
    Die Feuerwehr hat den Verletzten geborgen.
bersten, barst, ist geborsten / du birst, er birst
    Die Vase birst in kleine Stücke.
    Die Vase barst in kleine Stücke.
    Die Vase ist in kleine Stücke geborsten.
betrügen, betrog, hat betrogen
    Der Anlageberater betrügt seinen Kunden.
    Der Anlageberater betrog seinen Kunden.
    Der Anlageberater hat seinen Kunden betrogen.
bewegen, bewog, hat bewogen
    Der Anlageberater bewegt den Kunden zum Kauf.
    Der Anlageberater bewog den Kunden zum Kauf.
    Der Anlageberater hat den Kunden zum Kauf bewogen.

biegen, bog, hat gebogen
> Inge biegt einen Draht um die Rosen.
> Inge bog einen Draht um die Rosen.
> Inge hat einen Draht um die Rosen gebogen.

bieten, bot, hat geboten
> Hans bietet 100 Euro für ein Bild.
> Hans bot 100 Euro für ein Bild.
> Hans hat 100 Euro für ein Bild geboten.

binden, band, hat gebunden
> Inge bindet ihre Rosen an einen Stock.
> Inge band ihre Rosen an einen Stock.
> Inge hat ihre Rosen an einen Stock gebunden.

bitten, bat, hat gebeten
> Inge bittet Hans um einen Gefallen.
> Inge bat Hans um einen Gefallen.
> Inge hat Hans um einen Gefallen gebeten.

blasen, blies, hat geblasen / du bläst, er bläst
> Der Wind bläst kräftig aus Südwest.
> Der Wind blies kräftig aus Südwest.
> Der Wind hat kräftig aus Südwest geblasen.

bleiben, blieb, ist geblieben
> Inges Freundin bleibt über Nacht.
> Inges Freundin blieb über Nacht.
> Inges Freundin ist über Nacht geblieben.

bleichen, blich, ist geblichen
> Das Haar bleicht in der Sonne.
> Das Haar blich in der Sonne.
> Das Haar ist in der Sonne geblichen.

braten, briet, hat gebraten / du brätst, er brät
> Hans brät sich ein Schnitzel.
> Hans briet sich ein Schnitzel.
> Hans hat sich ein Schnitzel gebraten.

brechen, brach, hat gebrochen / du brichst, er bricht
> Hans bricht sich beim Klettern ein Bein.
> Hans brach sich beim Klettern ein Bein.
> Hans hat sich beim Klettern ein Bein gebrochen.

dreschen, drosch, hat gedroschen / du drischst, er drischt
> Der Bauer drischt das Stroh.
> Der Bauer drosch das Stroh.
> Der Bauer hat das Stroh gedroschen.

dringen, drang, ist gedrungen
> Das Wasser dringt durch den Damm.
> Das Wasser drang durch den Damm.
> Das Wasser ist durch den Damm gedrungen.

empfangen, empfing, hat empfangen / du empfängst, er empfängt
> Der König empfängt den Botschafter.
> Der König empfing den Botschafter.
> Der König hat den Botschafter empfangen.

empfehlen, empfahl, hat empfohlen / du empfiehlst, er empfiehlt
> Der Anlageberater empfiehlt den Aktienkauf.
> Der Anlageberater empfahl den Aktienkauf.
> Der Anlageberater hat den Aktienkauf empfohlen.

empfinden, empfand, hat empfunden
> Hans empfindet große Freude.
> Hans empfand große Freude.
> Hans hat große Freude empfunden.

erlöschen, erlosch, ist erloschen / du erlischst, er erlischt
> Das Licht erlischt um Mitternacht.
> Das Licht erlosch um Mitternacht.
> Das Licht ist um Mitternacht erloschen.

erschallen, erscholl, ist erschollen
> Aus der Kneipe erschallt lautes Gelächter.
> Aus der Kneipe erscholl lautes Gelächter.
> Aus der Kneipe ist lautes Gelächter erschollen.

erschrecken, erschrak, ist erschrocken / du erschrickst, er erschrickt
> Der Postbote erschrickt vor dem Hund.
> Der Postbote erschrak vor dem Hund.
> Der Postbote ist vor dem Hund erschrocken.

erwägen, erwog, hat erwogen
> Der Anlageberater erwägt das Risiko.
> Der Anlageberater erwog das Risiko.
> Der Anlageberater hat das Risiko erwogen.

essen, aß (ss>ß), hat gegessen / du isst, er isst
> Hans isst ein Schnitzel.
> Hans aß ein Schnitzel.
> Hans hat sich ein Schnitzel gegessen.

fahren, fuhr, ist gefahren / du fährst, er fährt
> Inge fährt in den Urlaub.
> Inge fuhr in den Urlaub.
> Inge ist in den Urlaub gefahren.

fallen, fiel, ist gefallen / du fällst, er fällt
    Im Sturm fällt das Schild auf die Straße.
    Im Sturm fiel das Schild auf die Straße.
    Im Sturm ist das Schild auf die Straße gefallen.
fangen, fing, hat gefangen / du fängst, er fängt
    Das Krokodil fängt seine Beute.
    Das Krokodil fing seine Beute.
    Das Krokodil hat seine Beute gefangen.
fechten, focht, hat gefochten / du fichtst, er ficht
    Der Musketier ficht für den König.
    Der Musketier focht für den König.
    Der Musketier hat für den König gefochten.
finden, fand, hat gefunden
    Der Postbote findet die Hausnummer nicht.
    Der Postbote fand die Hausnummer nicht.
    Der Postbote hat die Hausnummer nicht gefunden.
flechten, flocht, hat geflochten / du flichtst, er flicht
    Inge flicht sich einen Zopf.
    Inge flocht sich einen Zopf.
    Inge hat sich einen Zopf geflochten.
fliegen, flog, ist geflogen
    Inge fliegt nach Mallorca.
    Inge flog nach Mallorca.
    Inge ist nach Mallorca geflogen.
fliehen, floh, ist geflohen
    Der Postbote flieht vor dem Hund.
    Der Postbote floh vor dem Hund.
    Der Postbote ist vor dem Hund geflohen.
fließen, floss, ist geflossen
    Der Regen fließt in die Regenrinne.
    Der Regen floss in die Regenrinne.
    Der Regen ist in die Regenrinne geflossen.
fressen, fraß (ss>ß), hat gefressen / du frisst, er frisst
    Das Krokodil frisst seine Beute.
    Das Krokodil fraß seine Beute.
    Das Krokodil hat seine Beute gefressen.
frieren, fror, hat gefroren
    Der Postbote friert im Winter.
    Der Postbote fror im Winter.
    Der Postbote hat im Winter gefroren.

gären, gor, ist gegoren
>Die Traube gärt zu Wein.
>Die Traube gor zu Wein.
>Die Traube ist zu Wein gegoren.

gebären, gebar, hat geboren
>Die Nachbarin gebärt einen Sohn.
>Die Nachbarin gebar einen Sohn.
>Die Nachbarin hat einen Sohn geboren.

geben, gab, hat gegeben / du gibst, er gibt
>Hans gibt Inge die Schaufel.
>Hans gab Inge die Schaufel.
>Hans hat Inge die Schaufel gegeben.

gedeihen, gedieh, ist gediehen
>Die Rose gedeiht prächtig.
>Die Rose gedieh prächtig.
>Die Rose ist prächtig gediehen.

gehen, ging (Konsonantenwechsel h>ng), ist gegangen
>Inge geht in den Garten.
>Inge ging in den Garten.
>Inge ist in den Garten gegangen.

gelingen, gelang, ist gelungen
>Inge gelingt die Überraschungsparty.
>Inge gelang die Überraschungsparty.
>Inge ist die Überraschungsparty gelungen.

gelten, galt, hat gegolten / du giltst, er gilt
>Die Rose gilt als ein Symbol von Liebe.
>Die Rose galt als ein Symbol von Liebe.
>Die Rose hat als ein Symbol von Liebe gegolten.

genesen, genas, ist genesen
>Inges Freundin genest von einer Grippe.
>Inges Freundin genas von einer Grippe.
>Inges Freundin ist von einer Grippe genesen.

genießen, genoss, hat genossen
>Hans genießt seinen Kaffee.
>Hans genoss seinen Kaffee.
>Hans hat seinen Kaffee genossen.

geraten, geriet, ist geraten / du gerätst, er gerät
>Der Musketier gerät im Kampf in Bedrängnis.
>Der Musketier geriet im Kampf in Bedrängnis.
>Der Musketier ist im Kampf in Bedrängnis geraten.

geschehen, geschah, ist geschehen / es geschieht
    Eines Tages geschieht ein Wunder.
    Eines Tages geschah ein Wunder.
    Eines Tages ist ein Wunder geschehen.
gewinnen, gewann, hat gewonnen
    Hans gewinnt 100 Euro im Lotto.
    Hans gewann 100 Euro im Lotto.
    Hans hat 100 Euro im Lotto gewonnen.
gießen, goss, hat gegossen
    Inge gießt die Blumen im Garten.
    Inge goss die Blumen im Garten.
    Inge hat die Blumen im Garten gegossen.
gleichen, glich, hat geglichen
    Der Zwilling gleicht der Schwester.
    Der Zwilling glich der Schwester.
    Der Zwilling hat der Schwester geglichen.
gleiten, glitt, ist geglitten
    Hans gleitet das Glas aus der Hand.
    Hans glitt das Glas aus der Hand.
    Hans ist das Glas aus der Hand geglitten.
glimmen, glomm, hat geglommen
    Die Glut glimmt noch einige Zeit.
    Die Glut glomm noch einige Zeit.
    Die Glut hat noch einige Zeit geglommen.
graben, grub, hat gegraben / du gräbst, er gräbt
    Inge gräbt im Garten ein Loch.
    Inge grub im Garten ein Loch.
    Inge hat im Garten ein Loch gegraben.
greifen, griff, hat gegriffen
    Das Krokodil greift seine Beute.
    Das Krokodil griff seine Beute.
    Das Krokodil hat seine Beute gegriffen.
halten, hielt, hat gehalten / du hältst, er hält
    Hans hält das Glas in der Hand.
    Hans hielt das Glas in der Hand.
    Hans hat das Glas in der Hand gehalten.
hängen, hing, hat gehangen
    Das Bild hängt an der Wand.
    Das Bild hing an der Wand.
    Das Bild hat an der Wand gehangen.

hauen, hieb, hat gehauen
> Der Bruder haut seine Schwester.
> Der Bruder hieb seine Schwester.
> Der Bruder hat seine Schwester gehauen.

heben, hob, hat gehoben
> Das Krokodil hebt kurz seinen Kopf.
> Das Krokodil hob kurz seinen Kopf.
> Das Krokodil hat seinen Kopf kurz gehoben.

heißen, hieß, hat geheißen
> Der König heißt Karl.
> Der König hieß Karl.
> Der König hat Karl geheißen.

helfen, half, hat geholfen / du hilfst, er hilft
> Hans hilft Inge bei der Gartenarbeit.
> Hans half Inge bei der Gartenarbeit.
> Hans hat Inge bei der Gartenarbeit geholfen.

klimmen, klomm, ist geklommen
> Hans klimmt auf den Gipfel des Berges.
> Hans klomm auf den Gipfel des Berges.
> Hans ist auf den Gipfel des Berges geklommen.

klingen, klang, hat geklungen
> Inges Stimme klingt wunderschön.
> Inges Stimme klang wunderschön.
> Inges Stimme hat wunderschön geklungen.

kneifen, kniff, hat gekniffen
> Die Schwester kneift ihren Bruder.
> Die Schwester kniff ihren Bruder.
> Die Schwester hat ihren Bruder gekniffen.

kommen, kam, ist gekommen
> Inges Freundin kommt zu Besuch.
> Inges Freundin kam zu Besuch.
> Inges Freundin ist zu Besuch gekommen.

kriechen, kroch, ist gekrochen
> Die Schlange kriecht durch das Gebüsch.
> Die Schlange kroch durch das Gebüsch.
> Die Schlange ist durch das Gebüsch gekrochen.

küren, kor, hat gekoren
> Die Jury kürt den Sportler des Jahres.
> Die Jury kor den Sportler des Jahres.
> Die Jury hat den Sportler des Jahres gekoren.

laden, lud, hat geladen / du lädst, er lädt
    Der König lädt sein Volk zu einem Fest.
    Der König lud sein Volk zu einem Fest.
    Der König hat sein Volk zu einem Fest geladen.
lassen, ließ, hat gelassen / du lässt, er lässt
    Der Hund lässt den Postboten in Ruhe.
    Der Hund ließ den Postboten in Ruhe.
    Der Hund hat den Postboten in Ruhe gelassen.
laufen, lief, ist gelaufen / du läufst, er läuft
    Hans läuft zehn Kilometer.
    Hans lief zehn Kilometer.
    Hans ist zehn Kilometer gelaufen.
leiden, litt, hat gelitten
    Hans leidet an Zahnschmerzen.
    Hans litt an Zahnschmerzen.
    Hans hat an Zahnschmerzen gelitten.
leihen, lieh, hat geliehen
    Hans leiht sich Inges Fahrrad.
    Hans lieh sich Inges Fahrrad.
    Hans hat sich Inges Fahrrad geliehen.
lesen, las, hat gelesen / du liest, er liest
    Inge liest ein Buch.
    Inge las ein Buch.
    Inge hat ein Buch gelesen.
liegen, lag, hat gelegen
    Hans liegt auf der Liege.
    Hans lag auf der Liege.
    Hans hat auf der Liege gelegen.
lügen, log, hat gelogen
    Der Anlageberater lügt für einen Verkauf.
    Der Anlageberater log für einen Verkauf.
    Der Anlageberater hat für einen Verkauf gelogen.
meiden, mied, hat gemieden
    Der Postbote meidet den Hund.
    Der Postbote mied den Hund.
    Der Postbote hat den Hund gemieden.
melken, molk [melkte], hat gemolken / du milkst, er milkt
    Der Bauer milkt (melkt) die Kuh.
    Der Bauer molk (melkte) die Kuh.
    Der Bauer hat die Kuh gemolken.

messen, maß, hat gemessen / du misst, er misst
    Inge misst die Entfernung zum Gartenzaun.
    Inge maß die Entfernung zum Gartenzaun.
    Inge hat die Entfernung zum Gartenzaun gemessen.
misslingen, misslang, ist misslungen
    Der Plan des Anlageberaters misslingt.
    Der Plan des Anlageberaters misslang.
    Der Plan des Anlageberaters ist misslungen.
nehmen, nahm, hat genommen / du nimmst, er nimmt
    Hans nimmt ein Stück Kuchen.
    Hans nahm ein Stück Kuchen.
    Hans hat ein Stück Kuchen genommen.
pfeifen, pfiff, hat gepfiffen
    Hans pfeift eine Melodie.
    Hans pfiff eine Melodie.
    Hans hat eine Melodie gepfiffen.
preisen, pries, hat gepriesen
    Das Volk preist seinen König.
    Das Volk pries seinen König.
    Das Volk hat seinen König gepriesen.
quellen, quoll, ist gequollen / du quillst, er quillt
    Das Wasser quillt aus dem Boden.
    Das Wasser quoll aus dem Boden.
    Das Wasser ist aus dem Boden gequollen.
raten, riet, hat geraten / du rätst, er rät
    Hans rät die Lottozahlen.
    Hans riet die Lottozahlen.
    Hans hat die Lottozahlen geraten.
reiben, rieb, hat gerieben
    Hans reibt die Kartoffeln.
    Hans rieb die Kartoffeln.
    Hans hat die Kartoffeln gerieben.
reißen, riss, ist gerissen
    Inge reißt beim Nähen der Faden.
    Inge riss beim Nähen der Faden.
    Inge ist beim Nähen der Faden gerissen.
reißen, riss, hat gerissen
    Hans reißt das Papier in Stücke.
    Hans riss das Papier in Stücke.
    Hans hat das Papier in Stücke gerissen.

reiten, ritt, ist geritten
>   Inge reitet im Urlaub auf einem Kamel.
>   Inge ritt im Urlaub auf einem Kamel.
>   Inge ist im Urlaub auf einem Kamel geritten.

riechen, roch, hat gerochen
>   Die Rose riecht gut.
>   Die Rose roch gut.
>   Die Rose hat gut gerochen.

ringen, rang, hat gerungen
>   Der Musketier ringt mit dem Feind.
>   Der Musketier rang mit dem Feind.
>   Der Musketier hat mit dem Feind gerungen.

rinnen, rann, ist geronnen
>   Der Regen rinnt von der Dachrinne.
>   Der Regen rann von der Dachrinne.
>   Der Regen ist von der Dachrinne geronnen.

rufen, rief, hat gerufen
>   Inge ruft Hans.
>   Inge rief Hans.
>   Inge hat Hans gerufen.

saufen, soff, hat gesoffen / du säufst, er säuft
>   Das Kamel säuft 100 Liter Wasser.
>   Das Kamel soff 100 Liter Wasser.
>   Das Kamel hat 100 Liter Wasser gesoffen.

saugen, sog, hat gesogen
>   Der Elefant saugt das Wasser mit dem Rüssel.
>   Der Elefant sog das Wasser mit dem Rüssel.
>   Der Elefant hat das Wasser mit dem Rüssel gesogen.

schaffen, schuf, hat geschaffen
>   Inge schafft ein Gartenparadies.
>   Inge schuf ein Gartenparadies.
>   Inge hat ein Gartenparadies geschaffen.

schallen, scholl [schallte], hat geschallt [ist geschollen]
>   Der Donner schallt im Tal.
>   Der Donner scholl im Tal.
>   (Der Donner hat im Tal geschallt.)

scheiden, schied, hat geschieden
>   Der Richter scheidet die Eheleute.
>   Der Richter schied die Eheleute.
>   Der Richter hat die Eheleute geschieden.

scheinen, schien, hat geschienen
>Die Sonne scheint den ganzen Tag.
>Die Sonne schien den ganzen Tag.
>Die Sonne hat den ganzen Tag geschienen.

scheißen, schiss, hat geschissen
>Der Hund scheißt in den Vorgarten.
>Der Hund schiss in den Vorgarten.
>Der Hund hat in den Vorgarten geschissen.

schelten, schalt, hat gescholten
>Der Postbote schilt den Hund.
>Der Postbote schalt den Hund.
>Der Postbote hat den Hund gescholten.

scheren, schor, hat geschoren
>Der Schäfer schert die Schafe.
>Der Schäfer schor die Schafe.
>Der Schäfer hat die Schafe geschoren.

schieben, schob, hat geschoben
>Hans schiebt den Stuhl zur Seite.
>Hans schob den Stuhl zur Seite.
>Hans hat den Stuhl zur Seite geschoben.

schießen, schoss, hat geschossen
>Der Musketier schießt auf den Angreifer.
>Der Musketier schoss auf den Angreifer.
>Der Musketier hat auf den Angreifer geschossen.

schinden, schund [schindete], hat geschunden
>Der Befragte schindet Zeit.
>Der Befragte schund Zeit.
>Der Befragte hat Zeit geschunden.

schlafen, schlief, hat geschlafen / du schläfst, er schläft
>Hans schläft im Liegestuhl.
>Hans schlief im Liegestuhl.
>Hans hat im Liegestuhl geschlafen.

schlagen, schlug, hat geschlagen / du schlägst, er schlägt
>Der König schlägt den Retter zum Ritter.
>Der König schlug den Retter zum Ritter.
>Der König hat den Retter zum Ritter geschlagen.

schleichen, schlich, ist geschlichen
>Der Tiger schleicht an seine Beute.
>Der Tiger schlich an seine Beute.
>Der Tiger ist an seine Beute geschlichen.

schleifen, schliff, hat geschliffen
    Inge schleift das Messer.
    Inge schliff das Messer.
    Inge hat das Messer geschliffen.
schließen, schloss, hat geschlossen
    Hans schließt die Tür.
    Hans schloss die Tür.
    Hans hat die Tür geschlossen.
schlingen, schlang, hat geschlungen
    Inge schlingt eine Kordel um den Baum.
    Inge schlang eine Kordel um den Baum.
    Inge hat eine Kordel um den Baum geschlungen.
schmeißen, schmiss, hat geschmissen
    Hans schmeißt das Papier auf den Boden.
    Hans schmiss das Papier auf den Boden.
    Hans hat das Papier auf den Boden geschmissen.
schmelzen, schmolz, ist geschmolzen / du schmilzt, er schmilzt
    Das Eis schmilzt in der Sonne.
    Das Eis schmolz in der Sonne.
    Das Eis ist in der Sonne geschmolzen.
schneiden, schnitt, hat geschnitten
    Inge schneidet im Garten die Rosen.
    Inge schnitt im Garten die Rosen.
    Inge hat im Garten die Rosen geschnitten.
schrecken, schrak, ist geschrocken
    Hans schreckt aus dem Schlaf.
    Hans schrak aus dem Schlaf.
    Hans ist auf dem Schlaf geschrocken.
schreiben, schrieb, hat geschrieben
    Inge schreibt ihrer Freundin einen Brief.
    Inge schrieb ihrer Freundin einen Brief.
    Inge hat ihrer Freundin einen Brief geschrieben.
schreien, schrie, hat geschrien
    Das Kind schreit vor Schreck.
    Das Kind schrie vor Schreck.
    Das Kind hat vor Schreck geschrien.
schreiten, schritt, ist geschritten
    Der König schreitet durch den Saal.
    Der König schritt durch den Saal.
    Der König ist durch den Saal geschritten.

schweigen, schwieg, hat geschwiegen
>Hans schweigt den ganzen Tag.
>Hans schwieg den ganzen Tag.
>Hans hat den ganzen Tag geschwiegen.

schwellen, schwoll, ist geschwollen / du schwillst, er schwillt
>Der Fluss schwillt bei starkem Regen an.
>Der Fluss schwoll bei starkem Regen an.
>Der Fluss ist bei starkem Regen geschwollen.

schwimmen, schwamm, ist geschwommen
>Hans schwimmt zur Insel.
>Hans schwamm zur Insel.
>Hans ist zur Insel geschwommen.

schwinden, schwand, ist geschwunden
>Dem Läufer schwindet die Kraft.
>Dem Läufer schwand die Kraft.
>Dem Läufer ist die Kraft geschwunden.

schwingen, schwang, hat geschwungen
>Der Adler schwingt seine Flügel.
>Der Adler schwang seine Flügel.
>Der Adler hat seine Flügel geschwungen.

schwören, schwor, hat geschworen
>Der Musketier schwört einen Eid.
>Der Musketier schwor einen Eid.
>Der Musketier hat einen Eid geschworen.

sehen, sah, hat gesehen / du siehst, er sieht
>Hans sieht den Adler in der Ferne.
>Hans sah den Adler in der Ferne.
>Hans hat den Adler in der Ferne gesehen.

sieden, sott, ist gesotten
>Das Wasser siedet bei 100 Grad.
>Das Wasser sott bei 100 Grad.
>Das Wasser hat bei 100 Grad gesotten.

singen, sang, hat gesungen
>Inge singt gern Weihnachtslieder.
>Inge sang gern Weihnachtslieder.
>Inge hat gern Weihnachtslieder gesungen.

sinken, sank, ist gesunken
>Das Schiff sinkt im Bermudadreieck.
>Das Schiff sank im Bermudadreieck.
>Das Schiff ist im Bermudadreieck gesunken.

sinnen, sann, hat gesonnen
>Hans sinnt über sein Leben.
>Hans sann über sein Leben.
>Hans hat über sein Leben gesonnen.

sitzen, saß, hat gesessen
>Inge sitzt mit Hans im Garten.
>Inge saß mit Hans im Garten.
>Inge hat mit Hans im Garten gesessen.

speien, spie, hat gespien
>Das Lama speit gern.
>Das Lama spie gern.
>Das Lama hat gern gespien.

spinnen, spann, hat gesponnen
>Die Spinne spinnt ihr Netz am Fenster.
>Die Spinne spann ihr Netz am Fenster.
>Die Spinne hat ihr Netz am Fenster gesponnen.

sprechen, sprach, hat gesprochen / du sprichst, er spricht
>Inge spricht viel mit Hans.
>Inge sprach viel mit Hans.
>Inge hat viel mit Hans gesprochen.

sprießen, spross, ist gesprossen
>Die Knospe sprießt im Frühling.
>Die Knospe spross im Frühling.
>Die Knospe ist im Frühling gesprossen.

springen, sprang, ist gesprungen
>Der Affe springt von Baum zu Baum.
>Der Affe sprang von Baum zu Baum.
>Der Affe ist von Baum zu Baum gesprungen.

stechen, stach, hat gestochen / du stichst, er sticht
>Inge sticht sich beim Nähen in den Finger.
>Inge stach sich beim Nähen in den Finger.
>Inge hat sich beim Nähen in den Finger gestochen.

stehen, stand, hat gestanden
>Der Apfelbaum steht hinter dem Haus.
>Der Apfelbaum stand hinter dem Haus.
>Der Apfelbaum hat hinter dem Haus gestanden.

stehlen, stahl, hat gestohlen / du stiehlst, er stiehlt
>Der Dieb stiehlt ein Buch.
>Der Dieb stahl ein Buch.
>Der Dieb hat ein Buch gestohlen.

steigen, stieg, ist gestiegen
>Das Wasser steigt bei starkem Regen.
>Das Wasser stieg bei starkem Regen.
>Das Wasser ist bei starkem Regen gestiegen.

sterben, starb, ist gestorben / du stirbst, er stirbt
>Der alte König stirbt.
>Der alte König starb.
>Der alte König ist gestorben.

stinken, stank, hat gestunken
>Der Abfallhaufen stinkt.
>Der Abfallhaufen stank.
>Der Abfallhaufen hat gestunken.

stoßen, stieß, hat gestoßen / du stößt, er stößt
>Die Schwester stößt ihren Bruder.
>Die Schwester stieß ihren Bruder.
>Die Schwester hat ihren Bruder gestoßen.

streichen, strich, hat gestrichen
>Inge streicht den Gartenzaun.
>Inge strich den Gartenzaun.
>Inge hat den Gartenzaun gestrichen.

streiten, stritt, hat gestritten
>Inge streitet selten mit Hans.
>Inge stritt selten mit Hans.
>Inge hat selten mit Hans gestritten.

tragen, trug, hat getragen / du trägst, er trägt
>Hans trägt die Einkaufstaschen.
>Hans trug die Einkaufstaschen.
>Hans hat die Einkaufstaschen getragen.

treffen, traf, hat getroffen / du triffst, er trifft
>Hans trifft Inge beim Einkaufen.
>Hans traf Inge beim Einkaufen.
>Hans hat Inge beim Einkaufen getroffen.

treiben, trieb, hat getrieben
>Der Cowboy treibt die Herde.
>Der Cowboy trieb die Herde.
>Der Cowboy hat die Herde getrieben.

treten, trat, hat getreten / du trittst, er tritt
>Das Pferd tritt den Cowboy.
>Das Pferd trat den Cowboy.
>Das Pferd hat den Cowboy getreten.

triefen, troff [triefte], [ist getrieft]
    Der Schweiß trieft dem Läufer von der Stirn.
    Der Schweiß troff (triefte) von der Stirn.
    (Der Schweiß ist von der Stirn getrieft.)
trinken, trank, hat getrunken
    Hans trinkt mit Inge einen leckeren Wein.
    Hans trank mit Inge einen leckeren Wein.
    Hans hat mit Inge einen leckeren Wein getrunken.
trügen, trog, hat getrogen
    Das Gefühl trügt den Glücksspieler.
    Das Gefühl trog den Glücksspieler.
    Das Gefühl hat den Glücksspieler getrogen.
tun, tat (Konsonantenwechsel n>t), hat getan
    Inge tut viel im Garten.
    Inge tat viel im Garten.
    Inge hat viel im Garten getan.
verderben, verdarb, hat verdorben / du verdirbst, er verdirbt
    Hans verdirbt den Spaß.
    Hans verdarb den Spaß.
    Hans hat den Spaß verdorben.
verdrießen, verdross, hat verdrossen
    Das lange Warten verdrießt Hans.
    Das lange Warten verdross Hans.
    Das lange Warten hat Hans verdrossen.
vergessen, vergaß, hat vergessen / du vergisst, er vergisst
    Hans vergisst beim Lesen seinen Kaffee.
    Hans vergaß beim Lesen seinen Kaffee.
    Hans hat beim Lesen seinen Kaffee vergessen.
verlieren, verlor, hat verloren
    Der Postbote verliert die Geduld.
    Der Postbote verlor die Geduld.
    Der Postbote hat die Geduld verloren.
verschleißen, verschliss, ist verschlissen
    Der Rasenmäher verschleißt mit der Zeit.
    Der Rasenmäher verschliss mit der Zeit.
    Der Rasenmäher ist mit der Zeit verschlissen.
verzeihen, verzieh, hat verziehen
    Inge verzeiht Hans seine Ungeduld.
    Inge verzieh Hans seine Ungeduld.
    Inge hat Hans seine Ungeduld verziehen.

wachsen, wuchs, ist gewachsen / du wächst, er wächst
    Der Apfelbaum wächst jedes Jahr.
    Der Apfelbaum wuchs jedes Jahr.
    Der Apfelbaum ist jedes Jahr gewachsen.
waschen, wusch, hat gewaschen / du wäschst, er wäscht
    Hans wäscht jeden Samstag sein Auto.
    Hans wusch jeden Samstag sein Auto.
    Hans hat jeden Samstag sein Auto gewaschen.
weichen, wich, ist gewichen
    Der Angreifer weicht vor dem Musketier.
    Der Angreifer wich vor dem Musketier.
    Der Angreifer ist vor dem Musketier gewichen.
weisen, wies, hat gewiesen
    Der Berater weist dem König den Weg.
    Der Berater wies dem König den Weg.
    Der Berater hat dem König den Weg gewiesen.
werben, warb, hat geworben / du wirbst, er wirbt
    Die Firma wirbt mit günstigen Preisen.
    Die Firma warb mit günstigen Preisen.
    Die Firma hat mit günstigen Preisen geworben.
werden, wurde, ist geworden / du wirst, er wird
    Die Zeit wird knapp.
    Die Zeit wurde knapp.
    Die Zeit ist knapp geworden.
werfen, warf, hat geworfen / du wirfst, er wirft
    Inge wirft das alte Obst auf den Kompost.
    Inge warf das alte Obst auf den Kompost.
    Inge hat das alte Obst auf den Kompost geworfen.
wiegen, wog, hat gewogen
    Inges Kürbis wiegt fünfzehn Kilogramm.
    Inges Kürbis wog fünfzehn Kilogramm.
    Inges Kürbis hat fünfzehn Kilogramm gewogen.
winden, wand, hat gewunden
    Das Efeu windet sich um den Baum.
    Das Efeu wand sich um den Baum
    Das Efeu hat sich um den Baum gewunden.
wissen, wusste, hat gewusst / ich weiß, du weißt, er weiß
    Hans weiß die Antwort auf die Testfrage.
    Hans wusste die Antwort auf die Testfrage.
    Hans hat die Antwort auf die Testfrage gewusst.

wringen, wrang, hat gewrungen
    Inge wringt die Wäsche vor dem Aufhängen.
    Inge wrang die Wäsche vor dem Aufhängen.
    Inge hat die Wäsche vor dem Aufhängen gewrungen.
ziehen, zog, hat gezogen
    Hans zieht den Sandsack über den Boden.
    Hans zog den Sandsack über den Boden.
    Hans hat den Sandsack über den Boden gezogen.
zwingen, zwang, hat gezwungen
    Der Boxer zwingt den Gegner zur Aufgabe.
    Der Boxer zwang den Gegner zur Aufgabe.
    Der Boxer hat den Gegner zur Aufgabe gezwungen.

Schwache Verben mit Vokalwechsel
{er denkt er dachte}

Infinitiv, Präteritum und Partizip2 mit Vokalwechsel

brennen, brannte, hat gebrannt
- Das Lagerfeuer brennt bis zum frühen Morgen.
- Das Lagerfeuer brannte bis zum frühen Morgen.
- Das Lagerfeuer hat bis zum frühen Morgen gebrannt.

bringen, brachte, hat gebracht
- Der Postbote bringt die Post.
- Der Postbote brachte die Post.
- Der Postbote hat die Post gebracht.

denken, dachte, hat gedacht
- Hans denkt täglich an Inge.
- Hans dachte täglich an Inge.
- Hans hat täglich an Inge gedacht.

kennen, kannte, hat gekannt
- Der Postbote kennt viele Menschen.
- Der Postbote kannte viele Menschen.
- Der Postbote hat viele Menschen gekannt.

nennen, nannte, hat genannt
- Hans nennt Inge seinen Namen.
- Hans nannte Inge seinen Namen.
- Hans hat Inge seinen Namen genannt.

senden, sandte, hat gesandt
- Inge sendet ihrer Freundin einen Brief.
- Inge sandte ihrer Freundin einen Brief.
- Inge hat ihrer Freundin einen Brief gesandt.

rennen, rannte, ist gerannt
- Hans rennt jeden Morgen um den See.
- Hans rannte jeden Morgen um den See.
- Hans ist jeden Morgen um den See gerannt.

wenden, wandte, hat gewandt
- Inge wendet sich an den Nachbarn.
- Inge wandte sich an den Nachbarn.
- Inge hat sich an den Nachbarn gewandt.

Einige Verben mit schwachen und starken Formen {Oma buk und backte}

Infinitiv
Präteritum mit Erhalt/Vermischung von starker/schwacher Form
Partizip2 mit Erhalt/Vermischung von starker/schwacher Form

backen, buk/backte, gebacken
- Die Oma backt einen Schokoladenkuchen.
- Die Oma buk/backte einen Schokoladenkuchen.

melken, molk/melkte, hat gemolken
- Der Bauer milkt/melkt die Kuh.
- Der Bauer molk/melkte die Kuh.

salzen, salzte, hat gesalzt/gesalzen
- Die Köchin salzt die Suppe.
- Die Köchin hat die Suppe gesalzt/gesalzen.

schallen, schallte/scholl, hat geschallt / ist geschollen
- Der Donner schallt im Tal.
- Der Donner schallte/scholl im Tal.
- Der Donner hat im Tal geschallt / ist im Tal geschollen

schinden, schund/schindete, geschunden
- Der Stürmer schindet einen Elfmeter.
- Der Stürmer schund/schindete einen Elfmeter.

schrecken, schrak/schreckte, geschrocken
- Inge schrecken die hohen Kosten vor dem Kauf.
- Inge schraken/schreckten die hohen Kosten vor dem Kauf.

spalten, spaltete, hat gespaltet/gespalten
- Hans spaltet das Brennholz.
- Hans hat das Brennholz gespaltet/gespalten.

triefen, triefte/troff, hat getrieft
- Die Kleidung trieft vor Nässe.
- Die Kleidung triefte/troff vor Nässe.

winken, winkte, hat gewinkt/gewunken
- Das Kind winkt zum Abschied.
- Das Kind hat zum Abschied gewinkt/gewunken.

wissen, wusste, hat gewusst / ich weiß, du weißt, er weiß
- Hans weiß die Antwort auf die Testfrage.
- Hans wusste die Antwort auf die Testfrage.
- Hans hat die Antwort auf die Testfrage gewusst.

Die Vorsilben der Verben
{erst setzt sie sich hin, dann weg}

Verben ohne Vorsilbe »ge« im Partizip2

be-
- Das Rotkäppchen hat die Großmutter besucht. / ~~gebesucht~~

emp-
- Der König hat den Botschafter empfangen. / ~~geempfangen~~

ent-
- Die Bank hat den Kundenberater entlassen. / ~~geentlassen~~

er-
- Die Großmutter hat das Rotkäppchen erwartet. / ~~geerwartet~~

miss-
- Der Verkäufer hat den Kunden missverstanden. / ~~gemissverstanden~~

ver-
- Hans hat seinen Rasenmäher verkauft. / ~~geverkauft~~

zer-
- Der Hund hat die Schuhe zerbissen. / ~~gezerbissen~~

Verben mit der Endung -ieren
- Der Gast hat den Wein probiert. / ~~geprobiert~~
- Der Gast hat sich informiert. / ~~geinformiert~~

auch: fortbewegt | Die Schnecke bewegt sich langsam fort.
          dahinbewegt | Die Schnecke bewegt sich langsam dahin, wo es Salat gibt.

Verben mit trennbaren Vorsilben

Partizip2: Vorsilbe + ge + Verbstamm + Verbendung en/t

an-
- Hans ruft Inge an. ~~Hans anruft Inge.~~
- Hans hat Inge angerufen. ~~Hans hat Inge geanrufen.~~

ab-
- Inge holt das Paket ab. Inge hat das Paket abgeholt.

auf-
- Hans wickelt das Kabel auf. Hans hat das Kabel aufgewickelt.

aus-
- Inge packt das Geschenk aus. Inge hat das Geschenk ausgepackt.

bei-
- Das Publikum pflichtet dem Redner bei. | beigepflichtet

dar-
- Der Schauspieler stellt einen Helden dar. | dargestellt

ein-
- Der Läufer holt den Gegner ein. | eingeholt

empor-
- Der Bergsteiger klettert den Steilhang empor. | emporgeklettert

gegen-
- Der Kunde rechnet das Angebot des Bankberaters gegen. | gegengerechnet

her-
- Der Schreiner stellt einen Schaukelstuhl im Monat her. | hergestellt

herunter-
- Das Kind fällt vom Stuhl herunter. | heruntergefallen

hin-
- Das Kind fällt beim Herumrennen hin. | hingefallen

hinunter-
- Der Bergsteiger schaut vom Gipfel hinunter. | hinuntergeschaut

mit-
- Rotkäppchen bringt der Großmutter einen Kuchen mit. | mitgebracht

nach-
- Das Echo hallt im Tal nach. | nachgehallt

nieder-
- Der Präsident legt sein Amt nieder. | niedergelegt

vor-
- Der Präsident schlägt einen neuen Kandidaten vor. | vorgeschlagen

weg-
- Inge nimmt dem Kind die Schokolade weg. | weggenommen

zu-
- Hans ruft Inge etwas zu. | zugerufen

Verben mit untrennbaren Vorsilben

be-
- Inge besitzt einen großen Garten. ~~Inge sitzt einen großen Garten be.~~

emp-
- Der Verkäufer empfiehlt Hans einen Rasenmäher.

ent-
- Die Mutter entschuldigt das Kind in der Schule.

er-
- Nicolaus August Otto erfindet 1876 den Ottomotor.

ge-
- Hans gefallen Inges Rosen.

miss-
- Dem Nachbarn missfällt der Lärm der Kinder.

ver-
- Der Boxer verliert seinen Boxkampf.

zer-
- Hans zersägt einen Baumstamm.

Verben mit trennbaren und untrennbaren Vorsilben

durch-
- Das Gnu durchquert den Fluss.
- Das Gnu hat den Fluss durchquert.
- Hans trennt den Draht durch.
- Hans hat den Draht durchgetrennt.

über-
- Der Postbote überwindet seine Angst vor dem Hund.
- Der Postbote hat seine Angst vor dem Hund überwunden.
- Hans zieht sich eine Jacke über.
- Hans hat sich eine Jacke übergezogen.

um-
- Hans umarmt Inge zum Abschied.
- Hans hat Inge umarmt.
- Inge schaut sich nach Hans um.
- Inge hat sich nach Hans umgeschaut.

unter-
- Dem Boxer unterläuft ein Fehler.
- Dem Boxer ist ein Fehler unterlaufen.
- Hans kommt im Hotel unter.
- Hans ist im Hotel untergekommen.

wieder-
- Hans wiederholt den Test.
- Hans hat den Test wiederholt.
- Hans kommt später wieder.
- Hans ist später wiedergekommen.

wider-
- Inge widerspricht Hans.
- Inge hat Hans widersprochen.
- Der Mond spiegelt sich in der Pfütze wider.
- Der Mond hat sich in der Pfütze widergespiegelt.

Verbkonstruktionen mit zwei Verben
und zwei Infinitiven im Perfekt
{sie hat es kommen sehen}

Konjugiertes Verb und Verb im Infinitiv im Präsens
Konjugiertes Hilfsverb mit zwei Verben im Infinitiv im Perfekt

fühlen, fühlte, hat gefühlt
- Großmutter fühlt das Unwetter kommen.
- Großmutter hat das Unwetter kommen fühlen.

heißen (literarisch), hieß, hat geheißen
- Der König heißt den Musketier niederknien.
- Der König hat den Musketier kommen niederknien.

helfen, half, hat geholfen
- Die Mutter hilft dem Kind packen.
- Die Mutter hat dem Kind packen helfen.

hören, hörte, hat gehört
- Hans hört den Nachbarn streiten.
- Hans hat den Nachbarn streiten hören.

lassen, ließ, hat gelassen
- Ernesto lässt seinen Freund sitzen.
- Ernesto hat seinen Freund sitzen lassen.

sehen, sah, hat gesehen
- Die Mutter sieht das Kind im Garten spielen.
- Die Mutter hat das Kind im Garten spielen sehen.

spüren, spürte, hat gespürt
- Der Boxer spürt das Unheil nahen.
- Der Boxer hat das Unheil nahen spüren.

werden, wurde/ward, ist geworden
- Hans wird auf ein Fest eingeladen.
- Hans ist auf ein Fest eingeladen worden.

Info: In einem Nebensatz kann das Hilfsverb vor oder auch hinter der Verbgruppe stehen, ...
- Inge trifft die Sopranistin, die sie hat singen hören.
- Inge trifft die Sopranistin, die sie singen hören hat.

... ohne dass sich die Satzaussage ändert.

Einige Verben nur mit Nominativ oder Subjektersatz
{es blitzt und es brennt}

Verben nur mit Nominativ

Verwendung mit Subjekt und Objekt:	Das Kind zieht den Wagen.
Unpersönliche Verwendung:	Es zieht.
Verwendung mit Subjekt und Attribut:	Der Postbote klingelt an der Tür.
Unpersönliche Verwendung:	Es klingelt.

arbeiten, arbeitete, hat gearbeitet
- Hans arbeitet. ~~Es arbeitet.~~

atmen, atmete, hat geatmet
- Alle Menschen atmen.

brennen, brannte, hat gebrannt
- Das Feuer brennt. Es brennt.

brodeln, brodelte, hat gebrodelt
- Die Lava brodelt. Es brodelt.

brausen, brauste, hat gebraust
- Der Orkan braust.

brummen, brummte, hat gebrummt
- Der Trafo brummt. Es brummt.

blühen, blühte, hat geblüht
- Die Blumen blühen.

fauchen, fauchte, hat gefaucht
- Die Katze faucht.

gähnen, gähnte, hat gegähnt
- Inge gähnt.

gluckern, gluckerte, hat gegluckert
- Das Bächlein gluckert.

heulen, heulte, hat geheult
- Die Wölfe heulen.

keuchen, keuchte, hat gekeucht
- Der Läufer keucht.

klappern, klapperte, hat geklappert
- Die kaputten Fenster klappern.

klatschen, klatschte, hat geklatscht
- Das Publikum klatscht.

klingeln, klingelte, hat geklingelt
- Das Telefon klingelt. Es klingelt.

Klirren, klirrte, hat geklirrt
- Die Gläser klirren.

knallen, knallte, hat geknallt
- Die Bollerschüsse knallen. Es knallt.

knistern, knisterte, hat geknistert
- Das Lagerfeuer knistert. Es knistert.

knurren, knurrte, hat geknurrt
- Der Hund knurrt.

krachen, krachte, hat gekracht
- Die Donner krachen. Es kracht.

lallen, lallte, hat gelallt
- Die betrunkenen Männer lallen.

läuten
- Die Glocken läuten drei Mal am Tag. Es läutet.

lispeln
- Das Kind lispelt.

quietschen
- Die kaputten Türen quietschen.

rauschen
- Der Wasserfall rauscht. Es rauscht.

reifen
- Das Obst reift.

röcheln
- Der Boxer röchelt.

rülpsen
- Das Baby rülpst.

scheinen
- Die Sonne scheint.

schlafen
- Das Kind schläft.

schluchzen
- Die Mädchen schluchzen.

schnarchen
- Der Hund schnarcht.

sprudeln
- Das Wasser sprudelt.

strahlen
- Die Lampe strahlt.

summen
- Die Bienen summen. Es summt.

tagen
- Die Versammlung tagt.

trompeten
- Der Elefant trompetet.

tuckern
- Der Motor tuckert.

wachsen
- Die Blume wächst.

wiehern
- Die Pferde wiehern.

zischen
- Die Schlange zischt. Es zischt.

Verben mit Subjektersatz

blitzen (Bezug: der Blitz)
* Es blitzt.
dämmern (Bezug: das Abendwerden, das Morgenwerden)
* Es dämmert.
donnern (Bezug: der Donner)
* Es donnert.
dunkeln (Bezug: das Dunkelwerden)
* Es dunkelt.
hageln (Bezug: der Hagel)
* Es hagelt.
nieseln (Bezug: der Nieselregen)
* Es nieseln.
regnen (Bezug: der Regen)
* Es regnen.
schneien (Bezug: der Schnee)
* Es schneit.
stürmen (Bezug: der Sturm)
* Es stürmt.
winden (Bezug: der Wind)
* Es windet.

Verwendungen mit einem anerkannten Subjekt
* Die Gläser blitzen in der Sonne.
* Dem Lehrling dämmert die Lösung des Problems.
sind jederzeit möglich.

Einige Verben mit (möglichem) Dativ
{es passt (ihm) nicht}

ähneln
- Das Kind ähnelt seinem Vater.

antworten
- Der Lehrer antwortet dem Schüler später.

ausweichen
- Der Radfahrer weicht dem Auto aus.

befehlen
- Der König befiehlt dem Minister zu warten.

begegnen
- Hans begegnet einem alten Schulkameraden.

beistehen
- Inge steht dem Nachbarn bei.

beitreten
- Inge tritt dem Rosenzüchterverein bei.

danken
- Der König dankt dem Minister für die Unterstützung.

dient
- Der Test dient der Prüfungsvorbereitung.

drohen
- Der König droht dem Minister mit der Entlassung.

entgegenfahren
- Die Mutter fährt dem Kind entgegen.

entgegengehen
- Die Mutter geht dem Kind entgegen.

entgegenkommen
- Das Auto kommt dem Radfahrer entgegen.

einfallen
- Dem Schüler fällt die Lösung nicht ein.

fehlen
- Dem Schüler fehlt die Motivation.

folgen
- Der Polizist folgt dem Dieb.

fremdgehen
- Die Katze geht dem Kater fremd.

gefallen
- Inges Rosen gefallen dem Nachbarn.

gehorchen
- Das Kind gehorcht seinem Vater nicht.

gehören
- Das Auto gehört dem Nachbarn.

genügen
- Die Lösung genügt dem Lehrer nicht.

glauben
- Der Kunde glaubt dem Bankberater nicht.

gratulieren
- Hans gratuliert dem Nachbarn zum Geburtstag.

guttun
- Die Erholung tut dem Patienten gut.

helfen
- Hans hilft dem Nachbarn beim Rasenmähen.

hinterherlaufen
- Der Hund läuft dem Ball hinterher.

hinterherrennen
- Der Hund rennt dem Ball hinterher.

misslingen
- Der Test misslingt dem Schüler.

nachlaufen
- Der Hund läuft dem Ball nach.

nachrennen
- Die Katze rennt der Maus nach.

nähern
- Der Löwe nähert sich leise dem Gnu.

nützen/nutzen
- Die letzte Antwort nützt/nutzt dem Schüler nichts mehr.

passen
- Die Jacke passt dem Kind nicht.

raten
- Der Arzt rät dem Patienten zur Ruhe.

schaden
- Die große Hitze schadet dem Rasen.

schmecken
- Die Suppe schmeckt dem Kind nicht.

vertrauen
- Der Patient vertraut dem Arzt.

vergeben
- Der König vergibt dem untreuen Untertan.

verzeihen
- Der König verzeiht dem untreuen Untertan.

wehtun
- Der Arzt muss dem Patienten wehtun.

widersprechen
- Der Minister widerspricht dem König.

zuhören
- Die Schüler hören dem Lehrer zu.

zusehen
- Das Kind sieht dem Feuerwehrmann bei der Arbeit zu.

zustimmen
- Der Minister stimmt dem König zu.

Einige Verben, die einen Genitiv fordern
{seines Weges gehen}

Einige Verben mit Genitiv

anklagen, klagte an, angeklagt
- Der Staatsanwalt klagt den Ladendieb des Diebstahls an.

annehmen, nahm an, hat angenommen
- Hans nimmt sich des defekten Garagentors an.

bedienen, bediente, hat bedient
- Der Fuchs bedient sich eines Tricks.

bedürfen, bedurfte, hat bedurft
- Das Angebot bedarf des Nachdenkens.

belehren, belehrte, hat belehrt
- Der Künstler belehrt den Kritiker eines Besseren.

bemächtigen, bemächtigte, hat bemächtigt
- Der Dieb bemächtigt sich seiner Beute.

berauben, beraubte, hat beraubt
- Die Tiere im Zoo sind der Freiheit beraubt.

beschuldigen, beschuldigte, hat beschuldigt
- Der Staatsanwalt beschuldigt den Ladendieb des Diebstahls.

besinnen, besann, hat besonnen
- Der Schüler besinnt sich der gelernten Vokabeln.

bewusst sein, war bewusst, ist bewusst gewesen
- Der Boxer ist sich seiner Stärke bewusst.

bezichtigen, bezichtigte, hat bezichtigt
- Der Nachbar bezichtigt die Kinder des Apfelklauens.

brüsten, brüstete, hat brüstet
- Der Schützenkönig brüstet sich seines Sieges.

entäußern, entäußerte, hat entäußert
- Der Betrüger entäußert sich des Beweismaterials.

entbehren, entbehrte, hat entbehrt
- Die Vorwürfe des Anklägers entbehren jeglichen Beweises.

enthalten, enthielt, hat enthalten
- Der Präsident enthält sich bei der Neuwahl seiner Stimme.

entledigen, entledigte, hat entledigt
- Der Dieb entledigt sich der gestohlenen Sachen.

erbarmen, erbarmte, hat erbarmt
- Der Nachbar erbarmt sich des herrenlosen Hündchens.

erfreuen, erfreute, hat erfreut
- Inge erfreut sich des Lebens.

erinnern, erinnerte, hat erinnert
- Der alte König erinnert sich des Namens des Gastes nicht mehr.

ermangeln, ermangelte, hat ermangelt
- Der Vorschlag ermangelt jeglicher Vernunft.

erwehren, erwehrte, hat erwehrt
- Der Bankberater erwehrt sich des Betrugsvorwurfs.

gedenken, gedachte, hat gedacht
- Die Familie gedenkt des verstorbenen Opas.

gehen, ging, ist gegangen
- Hans geht seiner Wege.

harren, harrte, hat geharrt
- Der Nachbar harrt seines Schicksals.

rühmen, rühmte, hat gerühmt
- Der Schützenkönig rühmt sich seines Sieges.

schämen, schämte, hat geschämt
- Der Fußballspieler schämt sich seines schlechten Spiels.

spotten, spottete, hat gespottet
- Das Angebot spottet jeder Beschreibung.

sterben, starb, ist gestorben
- Der Musketier stirbt eines heldenhaften Todes.

verwiesen, verwies, hat verwiesen
- Der Schiedsrichter verweist den Spieler des Feldes.

walten, waltete, hat gewaltet
- Der Gerichtsvollzieher waltet seines Amtes.

würdigen, würdigte, hat gewürdigt
- Die Kinder würdigen den Nachbarn keines Blickes.

Einige Verben, die mehr als den Akkusativ fordern
{jemandem etwas schenken}

Verben des Gebens, Nehmens und Sagens
mit Akkusativ und Dativ

anvertrauen, vertraute an, anvertraut
- Hans vertraut dem Nachbarn ein Geheimnis an.

beantworten, beantwortete, hat beantwortet
- Der Schüler beantwortet dem Lehrer die Frage.

beweisen, bewies, hat bewiesen
- Der Angeklagte beweist dem Gericht seine Unschuld.

borgen, borgte hat geborgt
- Hans borgt dem Nachbarn seinen Rasenmäher.

bringen, brachte, hat gebracht
- Inge bringt ihrem Mann einen Kaffee.

empfehlen, empfahl, hat empfohlen
- Der Ober empfiehlt dem Gast ein Gericht.

erklären, erklärte, hat erklärt
- Der Lehrer erklärt dem Schüler die Grammatik.

erlauben, erlaubte, hat erlaubt
Die Mutter erlaubt ihrem Kind das Fernsehschauen.

erzählen, erzählte, hat erzählt
- Der Lehrer erzählt dem Schüler eine Geschichte.

geben, gab, hat gegeben
- Inge gibt ihrem Mann einen Kaffee.

glauben, glaubte, hat geglaubt
- Der Lehrer glaubt dem Schüler kein Wort.

kaufen, kaufte, hat gekauft
- Inge kauft ihrem Mann einen Kaffee.

leihen, lieh, hat geliehen
- Hans leiht dem Nachbarn seinen Rasenmäher.

liefern, lieferte, hat geliefert
- Das Geschäft liefert dem Kunden die bestellte Ware.

mitteilen, teilte mit, hat mitgeteilt
- Das Geschäft teilt dem Kunden den Liefertermin mit.

rauben, raubte, hat geraubt
- Die Räuber rauben dem Touristen das Geld.

reichen, reichte, hat gereicht
- Der Boxer reicht dem Gegner die Hand.

sagen, sagte, hat gesagt
- Der Kundenberater sagt dem Kunden nicht die Wahrheit.

schenken, schenkte, hat geschenkt
- Der Opa schenkt dem Enkelkind eine Taschenuhr.

schicken, schickte, hat geschickt
- Das Enkelkind schickt seinem Opa einen Brief.

schreiben, schrieb, hat geschrieben
- Das Enkelkind schreibt seinem Opa einen Brief.

senden, sandte, hat gesandt
- Der Kundenberater sendet dem Kunden eine E-Mail.

stehlen, stahl, hat gestohlen
- Die Diebe stehlen dem Nachbarn einen Rasenmäher.

überlassen, überließ, hat überlassen
- Der Opa überlässt dem Enkelkind seine Taschenuhr.

verbieten, verbot, hat verboten
- Die Mutter verbietet ihrem Kind das Fernsehschauen.

verschweigen, verschwieg, hat verschwiegen
- Der Kundenberater verschweigt dem Kunden das Risiko.

versprechen, versprach, hat versprochen
- Die Mutter verspricht dem Kind eine Belohnung.

wegnehmen, nahm weg, hat weggenommen
- Die Mutter nimmt dem Kind die Spielekonsole weg.

wünschen, wünschte, hat gewünscht
- Das Enkelkind wünscht dem Opa alles Gute zum Geburtstag.

zeigen, zeigte, hat gezeigt
- Hans zeigt dem Nachbarn seinen neuen Rasenmäher.

Einige Verben mit Akkusativ und Genitiv

anklagen, klagte an, hat angeklagt
- Der Staatsanwalt klagt den Bankberater des Betruges an.

belehren, belehrte, hat belehrt
- Die Realität belehrt den Bankberater eines Besseren.

berauben, beraubte, hat beraubt
- Der Lärm der Party beraubt den Nachbarn seines Schlafes.

beschuldigen, beschuldigte, hat beschuldigt
- Hans beschuldigt den Bankberater des Betrugs.

bezichtigen, bezichtigte, hat bezichtigt
- Hans bezichtigt den Bankberater des Betrugs.

entheben, enthob, hat enthoben
- Der König enthebt seinen Berater des Amtes.

überführen, überführte, hat überführt
- Hans überführt den Bankberater des Betrugs.

unterziehen, unterzog, hat unterzogen
- Der Lehrer unterzieht die Schüler eines Tests.

verdächtigen, verdächtigte, hat verdächtigt
- Hans verdächtigt den Bankberater des Betrugs.

verweisen, verwies, hat verwiesen
- Die Polizei verweist die gaffenden Menschen des Platzes.

würdigen, würdigte, hat gewürdigt
- Der Boxer würdigt seinen Gegner keines Blickes.

Verben mit Akkusativ und Akkusativ

abfragen
- Der Lehrer fragt den Schüler die Hausaufgaben ab.

abhören
- Der Lehrer hört den Schüler die Vokabeln ab.

angehen
- Der Unfall geht den Gaffer einen Dreck an.

betreffen
- Der Unfall betrifft den Gaffer einen Dreck.

fragen
- Der Schüler fragt den Lehrer eine Menge Dinge.

kosten
- Das Haus hat den Nachbarn eine Menge Geld gekostet.

lehren
- Der Lehrer lehrt den Schüler die deutsche Sprache.

nennen
- Der Lehrer nennt den Schüler einen Dummkopf.

schimpfen
- Der Lehrer schimpft den Schüler einen Dummkopf.

[!] Der zweite Akkusativ ist ein inhaltlicher, sprich ein adverbialer Akkusativ ...
- Der Lehrer lehrt den Schüler[ADVERBIALE] die deutsche Sprache[OBJEKT].
- Der Lehrer lehrt die deutsche Sprache.
- [*?] Der Lehrer lehrt dem Schüler die deutsche Sprache.
... und kein Objekt.

Das Prädikativum mit Kasus
{sich dessen sicher sein}

sein + Adjektiv + Akkusativ

alt sein
- Das Kind ist zehn Jahre alt.

breit sein
- Das Regal ist einen Meter breit.

dick sein
- Der Baum ist zwei Meter dick.

hoch sein
- Die Mauer ist einen Meter hoch.

lang sein
- Die Piste ist vier Kilometer lang.

schwer sein
- Der Wal ist mehrere Tonnen schwer.

auch: dünn, flach, groß, jung, klein, sein, leicht, schmal, tief sein ...

sein + Adjektiv + Dativ

ähnlich sein
- Die Schwester ist dem Bruder ähnlich.

angeboren sein
- Die Erkrankung ist dem Patienten angeboren.

behilflich sein
- Der Verkäufer ist dem Kunden behilflich.

bekannt sein
- Der Dieb ist der Polizei bekannt.

beschwerlich sein
- Der steile Weg ist dem alten Mann beschwerlich.

bewusst sein
- Dem Kunden ist der Preis bewusst.

böse sein
- Die Schwester ist dem Bruder böse.

dankbar sein
- Der Kunde ist dem Verkäufer dankbar.

fremd sein
- Bescheidenheit ist dem Angeber fremd.

gefährlich sein
- Das Krokodil ist der Gazelle gefährlich.

gleich(gültig) sein
- Der Lärm ist dem Nachbarn gleichgültig.

gewachsen sein
- Der Boxer ist dem Gegner nicht gewachsen.

klar sein
- Dem Handwerker ist das Problem klar.

lästig sein
- Die Fragen sind dem Verkäufer lästig.

möglich sein
- Der Kauf ist dem Kunden möglich.

nahe sein
- Der Boxer ist dem Erfolg nahe.

neu sein
- Die Information ist dem Präsidenten neu.

nützlich sein
- Die Information ist dem Kunden nützlich.

peinlich sein
- Der Gestank des Komposthaufens ist dem Nachbarn peinlich.

recht sein
- Der Preis ist dem Kunden recht.

schädlich sein
- Der Lärm ist dem Nachbarn schädlich.

schuldig sein
- Die Hilfe ist Hans dem Nachbarn schuldig.

sympathisch sein
- Inge ist dem Nachbarn sympathisch.

treu sein
- Der Mann ist seiner Frau treu.

überlegen sein
- Der Boxer ist dem Gegner überlegen.

unerträglich sein
- Der Lärm ist dem Nachbarn unerträglich.

unterlegen sein
- Der Boxer ist dem Gegner unterlegen.

verbunden sein
- Der Kunde ist dem Verkäufer verbunden.

verständlich sein
- Der Preis ist dem Kunden nicht verständlich.

wichtig sein
- Die Unterstützung ist dem Kunden wichtig.

willkommen sein
- Der Kunde ist dem Verkäufer willkommen.

zuwider sein
- Der Grillgeruch ist dem Nachbarn zuwider.

sein + Adjektiv + Genitiv

bedürftig sein
- Der Nachbar ist der Hilfe bedürftig.

bewusst sein
- Der Nachbar ist sich des Problems bewusst.

fähig sein
- Der Handwerker ist nicht fähig, das Problem zu lösen.

gewiss sein
- Der Nachbar ist der Unterstützung gewiss.

sicher sein
- Der Boxer ist sich des Sieges sicher.

überdrüssig sein
- Der Nachbar ist des Lärms überdrüssig.

verdächtig sein
- Der Dieb ist des Diebstahls verdächtig.

würdig sein
- Der Präsident ist seines Amtes nicht würdig.

Gegensätze

Adjektiv ⇆ un+Adjektiv
- klar ⇆ unklar
- sympathisch ⇆ unsympathisch

Adjektiv ⇆ nicht +Adjektiv
- gewachsen ⇆ nicht gewachsen
- peinlich ⇆ nicht peinlich

Gleichsetzungsnominativ

Nominativ (wer oder was?) + Nominativ (was?)

bleiben
- Der Präsident bleibt der Präsident.

fühlen
- Der Boxer fühlt sich als der Sieger.

gelten
- Der Boxer gilt als der Verlierer.

sein
- Mein Bruder ist der neue Minister.

heißen
- Die Katze heißt Miezekatze.

werden
- Meine Schwester wird die neue Präsidentin.

Das Funktionsverb und die feste Wortverbindung
{jetzt nur keinen Staub aufwirbeln}

Verb – Verwendung => Bedeutung

abgeben
- den Löffel abgeben => sterben
  Wer ungesund lebt, gibt schnell den Löffel ab.
- die Stimme abgeben => wählen
  Hans und Inge geben bei der Wahl ihre Stimme ab.

ablegen
- einen Eid ablegen => vereidigt werden
  Der Präsident legt vor dem Parlament einen Eid ab.
- eine Prüfung ablegen => geprüft werden
  Ernesto legt am Montag seine Prüfung ab.

angeben
- den Ton angeben => bestimmend sein
  Der Chef gibt den Ton an.

anstellen
- Beobachtung anstellen => etwas/jemanden beobachten
  Der Kommissar lässt Beobachtungen anstellen.
- Berechnungen anstellen => etwas berechnen
  Der Ingenieur stellt weitere Berechnungen an.
- Überlegungen anstellen => etwas überlegen
  Der Dichter stellt neue Überlegungen an.
- Untersuchungen anstellen => etwas untersuchen
  Der Arzt lässt weitere Untersuchungen anstellen.

antreten
- ein Amt antreten => eine Tätigkeit anfangen
  Der Präsident tritt das Amt an.
- antreten – den Rückzug antreten => sich zurückziehen
  Die Gegner treten den Rückzug an.

antrinken
- sich Mut antrinken => durch Alkohol ermutigen
  Der Sänger trinkt sich mit einem Bier Mut an.

aufnehmen
- eine Arbeit aufnehmen => eine Tätigkeit anfangen
  Inge nimmt nächsten Monat ihre neue Arbeit auf.
- einen Kredit aufnehmen => sich Geld leihen
  Hans muss einen Kredit aufnehmen.
- die Produktion aufnehmen => anfangen zu produzieren
  Die neue Firma nimmt die Produktion auf.

aufreißen
- das Maul aufreißen => angeben
  Der Boxer reißt vor dem Kampf das Maul auf.

aufwirbeln
- Staub aufwirbeln => Öffentlichkeit erregen
  Die Affäre des Prinzen wirbelt Staub auf.

ausbrechen
- in Tränen ausbrechen => anfangen zu weinen
  Der Boxer bricht nach der Niederlage in Tränen aus.

ausruhen
- sich auf den Lorbeeren ausruhen => nach Leistung faulenzen
  Der Sieger ruht sich auf den Lorbeeren aus.

ausüben
- unter Druck ausüben => bedrängen
  Der Mitarbeiter übt seinen Job unter Druck aus.
- Einfluss ausüben => etwas/jemanden beeinflussen
  Inge übt auf Hans einen guten Einfluss aus.
- Herrschaft ausüben => herrschen über
  Der König wird seine Herrschaft gut ausüben.
- eine Wirkung ausüben => bewirken/wirken
  Die Substanz muss ihre Wirkung noch ausüben.

befinden
- in Abhängigkeit befinden => abhängig sein
  Der Club befindet sich in Abhängigkeit der Spender.
- in Bau befinden => gebaut werden
  Die Kathedrale befindet sich im Bau.
- in Entwicklung befinden => sich entwickeln
  Das Projekt befindet sich in der Entwicklung.
- in Gefahr befinden => gefährdet sein
  Das Gnu befindet sich am Fluss in Gefahr.
- im Irrtum befinden => sich irren
  Hans befindet sich im Irrtum.
- im Streik befinden => streiken
  Die Arbeiter befinden sich im Streik.
- im Streit befinden => streiten
  Hans befindet sich mit Inge im Streit.
- in Übereinstimmung befinden => übereinstimmen
  Die Wandteile befinden sich in Übereinstimmung.

begehen
- eine Dummheit begehen => etwas Dummes tun
  Hans lässt sich verleiten und begeht eine Dummheit.

- ein Verbrechen begehen => etwas Illegales tun
  Der Dieb wird ein Verbrechen begehen.

bekennen

- Farbe bekennen => seine Position offenlegen
  Der Politiker muss Farbe bekennen.

bekommen

- Anregung bekommen => angeregt werden
  Hans bekommt von Inge eine Anregung.
- Antwort bekommen => beantwortet werden
  Die Mutter bekommt vom Kind keine Antwort.
- Anweisung bekommen => angewiesen werden
  Der Mitarbeiter bekommt vom Chef eine Anweisung.
- Auftrag bekommen => beauftragt werden
  Der Musketier bekommt vom König einen Auftrag.
- Benachrichtigung bekommen => benachrichtigt werden
  Hans bekommt von Inge eine Benachrichtigung.
- Erlaubnis bekommen => erlaubt werden
  Der Arbeiter bekommt die Erlaubnis zu gehen.
- Hilfe bekommen => geholfen werden
  Inge bekommt Hilfe von Hans.
- grünes Licht bekommen => etwas machen dürfen
  Hans bekommt für sein Projekt grünes Licht.
- Nachricht bekommen => benachrichtigt werden
  Hans bekommt von Inge eine Nachricht.
- Unterstützung bekommen => unterstützt werden
  Inge bekommt Unterstützung von Hans.

besitzen

- die Fähigkeit besitzen => fähig sein
  Hans besitzt die Fähigkeit, gut zuzuhören.

bitten

- zur Kasse bitten => Geld eintreiben
  Der Vorsitzende bittet die Mitglieder zur Kasse.

blasen

- Trübsal blasen => traurig sein
  Der Boxer bläst nach der Niederlage Trübsal.

bringen

- zum Abschluss bringen => abschließen/beenden
  Hans bringt das Projekt zum Abschluss.
- zur Anzeige bringen => etwas anzeigen
  Der Ladendetektiv bringt den Diebstahl zur Anzeige.

- zur Anwendung bringen => etwas anwenden
  Der Ingenieur bringt das Programm zu Anwendung.
- zur Aufführung bringen => etwas aufführen
  Der Künstler bringt sein Werk zur Aufführung.
- zum Ausdruck bringen => ausdrücken
  Die Musik bringt die Stimmung zum Ausdruck.
- zur Ausführung bringen => ausführen, machen, tun
  Der Ingenieur bringt das Projekt zur Ausführung.
- zur Auslieferung bringen => ausliefern
  Die Firma bringt die Ware zur Auslieferung.
- zur Deckung bringen => ausgleichen/begleichen
  Der Investor bringt die Außenstände zur Deckung.
- zur Durchführung bringen => durchführen
  Der Ingenieur bringt das Projekt zur Durchführung.
- zum Einsturz bringen => einstürzen lassen
  Ein Planungsfehler bringt die Brücke zum Einsturz.
- zu Ende bringen => beenden
  Hans bringt sein Projekt zu Ende.
- zur Entscheidung bringen => entscheiden
  Der Vorstand bringt das Projekt zur Entscheidung.
- in Erfahrung bringen => herausfinden/herausbekommen
  Der Kommissar bringt die Wahrheit in Erfahrung.
- in Gang bringen => anfangen/beginnen/starten
  Der Monteur bringt den Motor in Gang.
- in Gefahr bringen => gefährden
  Das Gnu bringt sich in Gefahr.
- zur Geltung bringen => hervorheben / geltend machen
  Inge bringt ihre Rosen zur Geltung.
- zum Halten bringen => anhalten/stoppen
  Der Lokführer bringt den Zug zum Halten.
- zur Herstellung bringen => herstellen
  Der Ingenieur bringt das Produkt zur Herstellung.
- zur Kenntnis bringen => informieren über
  Der Bote bringt die Nachricht zur Kenntnis.
- zum Lachen bringen => fröhlich stimmen / lustig sein
  Der Clown bringt die Leute zum Lachen.
- ums Leben bringen => jemanden umbringen/töten
  Das Krokodil bringt das Gnu ums Leben.
- eine Nachricht bringen => benachrichtigen
  Der Kurier bringt eine Nachricht.

- in Ordnung bringen => ordnen
  Hans bringt das Chaos in Ordnung.
- zur Produktion bringen => herstellen
  Der Entwickler bringt das Produkt zur Produktion.
- auf den Punkt bringen => zusammenfassen
  Der Entwickler bringt die Fakten auf den Punkt.
- zum Schweigen bringen => jemanden verstummen lassen
  Hans bringt seine Widersacher zum Schweigen.
- zur Sprache bringen => etwas ansprechen
  Hans bringt das Thema zur Sprache.
- zum Verkauf bringen => verkaufen
  Der Entwickler bringt das Produkt zum Verkauf.
- in Verlegenheit bringen => verlegen machen
  Der Nachbar bringt Hans in Verlegenheit.
- zur Versteigerung bringen => versteigern
  Der Verwalter bringt das Haus zur Versteigerung.
- in Verwirrung bringen => verwirren
  Der Chef bringt den Mitarbeiter in Verwirrung.
- zur Verzweiflung bringen => jemanden entnerven
  Der Chef bringt den Mitarbeiter zur Verzweiflung.

durchführen

- eine Maßnahme durchführen => agieren/handeln
  Der Vorstand lässt eine Maßnahme durchführen.
- eine Untersuchung durchführen => etwas untersuchen
  Der Kommissar lässt eine Untersuchung durchführen.
- eine Verbesserung durchführen => etwas verbessern
  Der Arbeiter soll eine Verbesserung durchführen.

einlegen

- Beschwerde einlegen => sich beschweren
  Der Kunde legt Beschwerde gegen die Rechnung ein.
- Einspruch einlegen => sich beschweren / Prüfung beantragen
  Der Anwalt legt Einspruch gegen die Aussage ein.
- Widerspruch einlegen => Überprüfung beantragen
  Hans legt Widerspruch gegen den Bescheid ein.

einrennen

- offene Tür einrennen => zustimmen
  Hans rennt mit seinem Projekt offene Türen ein.

erfahren

- Förderung erfahren => gefördert werden
  Der Student erfährt eine Förderung.

- Verbesserung erfahren => verbessert werden
  Das Programm erfährt eine Verbesserung.
- Vereinfachung erfahren => vereinfacht werden
  Das Projekt erfährt eine Vereinfachung.
- Zustimmung erfahren => zugestimmt werden
  Inges Idee erfährt große Zustimmung.

ergreifen
- die Flucht ergreifen => fliehen/flüchten
  Das Gnu ergreift die Flucht vor dem Krokodil.
- die Initiative ergreifen => entschlossen anfangen
  Hans ergreift die Initiative für sein Projekt.

erhalten
- Förderung erhalten => gefördert werden
  Der Student erhält eine Förderung.
- eine Nachricht erhalten => benachrichtigt werden
  Hans erhält eine Nachricht von Inge.

erheben
- Anklage erheben => jemanden anklagen
  Der Staatsanwalt erhebt Anklage gegen den Berater.
- Anspruch erheben => etwas beanspruchen
  Der König erhebt Anspruch auf den Thron.
- Beschwerde erheben => sich beschweren
  Hans erhebt Beschwerde gegen die Behörde.
- eine Forderung erheben => fordern/verlangen
  Die Firma erhebt eine Forderung gegen den Kunden.
- Protest erheben => protestieren / sich beschweren
  Das Volk erhebt Protest gegen das Steuergesetz.
- einen Vorwurf erheben => vorwerfen
  Der Kunde erhebt einen Vorwurf gegen den Berater.

ernten
- Früchte des Erfolgs ernten => Lohn erhalten
  Inge erntet die Früchte ihres Erfolgs.
- Lob ernten => gelobt werden
  Inge erntet großes Lob für ihre Rosen.

ersticken
- im Keim ersticken => etwas von vornherein unterbinden
  Der Investor erstickt das Projekt im Keim.

erregen
- Anstoß erregen => Gefühle verletzen
  Die Rede des Politikers erregt Anstoß.

erteilen

- eine Abfuhr erteilen => jemanden zurückweisen
  Der Investor erteilt der Firma eine Abfuhr.
- eine Absage erteilen => etwas absagen
  Die Firma erteilt dem Bewerber eine Absage.
- eine Antwort erteilen => antworten
  Der Chef erteilt den Mitarbeitern eine Antwort.
- einen Auftrag erteilen => beauftragen
  Hans erteilt dem Monteur einen Auftrag.
- die Erlaubnis erteilen => erlauben
  Der König erteilt die Erlaubnis für das Fest.
- eine Lektion erteilen => jemanden zurechtweisen
  Der Boxer erteilt seinem Gegner eine Lektion.
- einen Rat erteilen => beraten/raten
  Hans erteilt Inge einen Rat.
- Unterricht erteilen => unterrichten
  Der Lehrer erteilt dem Schüler Unterricht.

fallen

- zur Last fallen => jemanden belasten
  Inge möchte niemandem zur Last fallen.
- in Ungnade fallen => Achtung verlieren
  Der Musketier fällt beim König in Ungnade.

fassen

- einen Entschluss fassen => beschließen/entschließen
  Hans fasst einen Entschluss für die Zukunft.

finden

- Anerkennung finden => anerkannt werden
  Hans' Projekt findet Anerkennung beim Investor.
- Anklang finden => positiv aufgenommen werden
  Inges Rosen finden großen Anklang.
- Anwendung finden => angewendet werden
  Das Programm soll bald zur Anwendung finden.
- Aufnahme finden => aufgenommen werden
  Der Tramper findet auf dem Bauernhof Aufnahme.
- Beachtung finden => beachtet werden
  Die Rede des Königs findet Beachtung.
- ein breites Echo finden => vielfach beachtet werden
  Die Hochzeit des Königs findet ein breites Echo.
- Beifall finden => positiv aufgenommen werden
  Hans' Idee findet Beifall beim Vorstand.

- Berücksichtigung finden => berücksichtigt werden
  Das Projekt findet keine Berücksichtigung.
- Erklärung finden => erklärt werden
  Hans muss eine gute Erklärung finden.
- Gehör finden => gehört/verstanden werden
  Hans möchte bei der Geschäftsleitung Gehör finden.
- Gnade finden => akzeptiert/verschont werden
  Der verurteilte Dieb hofft Gnade zu finden.
- Interesse finden an => sich interessieren für
  Hans findet Interesse an Inge.
- Interesse finden => beachtet werden
  Das Projekt findet mehr und mehr Interesse.
- Trost finden => getröstet werden
  Inge findet Trost bei Hans.
- Unterstützung finden => unterstützt werden
  Inge findet Unterstützung bei Hans.
- Verständnis finden => verstanden werden
  Der Mitarbeiter findet kein Verständnis beim Chef.
- Verwendung finden => verwendet werden
  Hans findet keine Verwendung für ein Geschenk.
- Zustimmung finden => zugestimmt werden
  Das Projekt findet Zustimmung beim Vorstand.

führen

- zum Abschluss führen => abschließen/beenden
  Hans führt das Projekt zum Abschluss.
- einen Beweis führen => etwas beweisen
  Der Staatsanwalt führt den Beweis.
- zu Ende führen => beenden
  Hans führt das Projekt zu Ende.
- ein Gespräch führen => mit jemandem sprechen
  Der Chef führt ein Gespräch mit Hans.
- in die Irre führen => jemanden täuschen
  Der Politiker führt die Wähler in die Irre.
- Protokoll führen => protokollieren
  Der Mitarbeiter führt Protokoll bei der Sitzung.

geben

- Anregung geben => anregen/inspirieren
  Hans gibt Inge einige Anregungen.
- Antwort geben => antworten
  Hans gibt dem Chef Antwort.

- in Auftrag geben => beauftragen / erledigen lassen
  Inge gibt ihre neuen Visitenkarten in Auftrag.
- einen Auftrag geben => beauftragen
  Der Chef gibt dem Mitarbeiter einen Auftrag.
- die Einwilligung geben => einwilligen
  Hans gibt die Einwilligung zum Projekt.
- die Erlaubnis geben => erlauben
  Inge gibt die Erlaubnis für ein Gartenfest.
- einen Kuss geben => küssen
  Hans gibt Inge einen Kuss.
- sich Mühe geben => sich bemühen
  Inge gibt sich beim Rosenzüchten viel Mühe.
- einen Rat geben => beraten/raten
  Hans gibt Inge einen Rat.
- Unterricht geben => unterrichten
  Der Tangolehrer gibt Unterricht im Tango.
- Versprechen geben => versprechen
  Hans gibt Inge ein Versprechen.
- den Vorzug geben => vorziehen
  Hans gibt Kaffee den Vorzug vor Tee.
- eine Zusicherung geben => etwas versichern/zusichern
  Der Investor gibt Hans seine Zusicherung.

gehen

- in Erfüllung gehen => erfüllt werden
  Inges Traum einer Kreuzfahrt geht in Erfüllung.
- in Produktion gehen => hergestellt werden
  Das neue Produkt geht in Produktion.
- auf Reisen gehen => verreisen
  Hans und Inge gehen auf Reisen.
- gegen den Strich gehen => ärgern/missfallen
  Die Pläne des Vorstands gegen Hans gegen den Strich.

gelangen

- zur Anschauung gelangen => eine Meinung bilden
  Der König muss noch zur Anschauung gelangen.
- Ansehen gelangen => anerkannt/berühmt werden
  Hans erlangt Ansehen mit seinem Projekt.
- zur Ansicht gelangen => eine Meinung bilden
  Der Investor gelangt zur gleichen Ansicht.
- zur Auffassung gelangen => eine Meinung bilden
  Der Vorstand gelangt zur gleichen Auffassung.

- zur Durchführung gelangen => durchgeführt werden
  Das Projekt gelangt zur Durchführung.
- zur Einsicht gelangen => etwas einsehen (Erkenntnis)
  Der Zweifler gelangt zur Einsicht.
- zur Entscheidung gelangen => etwas entscheiden
  Der Investor gelangt zur positiven Entscheidung.
- zur Überzeugung gelangen => eine Meinung bilden
  Der Vorstand gelangt zur Überzeugung.

genießen

- Respekt genießen => respektiert werden
  Hans genießt großen Respekt.
- Unterstützung genießen => unterstützt werden
  Inge genießt große Unterstützung.

geraten

- in Armut geraten => arm werden/verarmen
  Der Aktionär verliert Geld und gerät in Armut.
- in Aufregung geraten => sich aufregen
  Die Gnus am Fluss geraten in Aufregung.
- in Bedrängnis geraten => in schwierige Lage kommen
  Ein Gnu wagt sich vor und gerät in Bedrängnis.
- in Bewegung geraten => bewegt werden
  Die Menge gerät in Bewegung.
- in Erstaunen geraten => erstaunt/verblüfft werden
  Das Publikum gerät beim Konzert in Erstaunen.
- in Verdacht geraten => verdächtigt werden
  Der Anlageberater gerät in Verdacht.
- in Vergessenheit geraten => vergessen werden
  Das gescheiterte Projekt gerät in Vergessenheit.
- in Verlegenheit geraten => verlegen werden
  Der Anlageberater gerät in Verlegenheit.
- in Verruf geraten => negativen Ruf bekommen
  Der Anlageberater gerät in Verruf.
- in Wut geraten => wütend werden
  Der Kunde verliert viel Geld und gerät in Wut.

haben

- die Absicht haben => beabsichtigen
  Inge hat die Absicht, eine Reise zu machen.
- im Auge haben => beobachten/planen
  Das Gnu hat das Krokodil im Auge.
- Beistand haben => beigestanden/geholfen werden
  Der Mitarbeiter hat nach der Kündigung Beistand.

- Einblick haben => hineinblicken
  Der Inverstor hat Einblick in das Projekt.
- die Fähigkeit haben => fähig sein
  Hans hat die Fähigkeit, das Projekt zu beenden.
- zur Folge haben => folgen aus
  Das Projekt wird Großes zur Folge haben.
- Hoffnung haben => hoffen auf
  Am Anfang muss man Hoffnung haben.
- Köpfchen haben => clever sein
  Für das Projekt muss man Köpfchen haben.
- Mut haben => mutig sein
  Das Gnu muss Mut haben, um am Fluss zu trinken.
- Pech haben => unglücklich sein
  Im Spielkasino kann man Pech haben.
- zur Verfügung haben => verfügbar sein
  Hans hat mehrere Mitarbeiter zur Verfügung.
- eine Wirkung haben => bewirken/wirken
  Das Mittel soll eine besondere Wirkung haben.

halten
- in Bereitschaft halten => bereit sein
  Der König lässt die Wache in Bereitschaft halten.
- in Erinnerung halten => nicht vergessen
  Das Denkmal hält den Künstler in Erinnerung.
- in Gang halten => laufen lassen
  Hans soll das Projekt in Gang halten.
- in Ordnung halten => ordentlich/sauber lassen
  Hans soll in der Garage Ordnung halten.
- eine Rede halten => vor Leuten reden
  Der König wird eine Rede halten.
- Versprechen halten => tun was versprochen ist
  Hans wird sein Versprechen halten.
- Wort halten => tun was versprochen ist
  Hans wird sein Wort halten.

hegen
- Verdacht hegen => etwas/jemand verdächtigen
  Der Kommissar hegt einen Verdacht.

herrschen
- (es) herrscht Mangel => (es) fehlt
  Es herrscht Mangel an guten Ideen.

kaufen
- die Katze im Sack kaufen => etwas unkontrolliert kaufen
Hans muss die Katze im Sack kaufen.

kommen
- zum Abschluss kommen => etwas abschließen
Die Verhandlungen kommen zum Abschluss.
- zur Anwendung kommen => angewendet werden
Das Programm kommt zur Anwendung.
- zum Ausdruck kommen => ausgedrückt werden
Der Dank soll im Geschenk zum Ausdruck kommen.
- zur Aufführung kommen => aufgeführt werden
Das Theaterstück kommt zur Aufführung.
- zur Ausführung kommen => ausgeführt werden
Das Programm kommt zur Ausführung.
- in Betracht kommen => berücksichtigt werden
Die Kreuzfahrtreise kommt in Betracht.
- in Bewegung kommen => bewegt werden
Das Projekt kommt in Bewegung.
- zur Durchführung kommen => durchgeführt werden
Das Programm kommt zur Durchführung.
- zu Ende kommen => beenden
Der Redner kommt zum Ende.
- zur Entscheidung kommen => etwas entscheiden
Die Preisverleihung kommt zur Entscheidung.
- in Fahrt kommen => aktiv werden / loslegen
Das Projekt kommt in Fahrt.
- in Frage kommen => relevant sein
Hans kommt als Projektleiter in Frage.
- in Gang kommen => anfangen/beginnen/starten
Das Projekt kommt in Gang.
- in Schwung kommen => laufen/schwingen lassen
Das Fest kommt in Schwung.
- zur Überzeugung kommen => eine Meinung bilden
Der Inverstor kommt zur Überzeugung.
- an den Tag kommen => auftauchen/entdeckt werden
Die Affäre des Prinzen kommt an den Tag.
- ans Tageslicht kommen => auftauchen/entdeckt werden
Die Affäre des Prinzen kommt ans Tageslicht.
- zur Verhandlung kommen => verhandelt werden
Das Projekt kommt beim Meeting zur Verhandlung.

- in Verlegenheit kommen => verlegen werden
  Der Anlageberater kommt in Verlegenheit.
- zur Versteigerung kommen => versteigert werden
  Das Haus kommt zur Versteigerung.
- zum Vorschein kommen => auftauchen/entdeckt werden
- Die Sonne kommt zum Vorschein.

legen
- sich ins Zeug legen => engagieren
  Inge legt sich für ihre Rosen ins Zeug.

leisten
- einen Beitrag leisten => beitragen
  Inge leistet einen Beitrag zum Fest.
- einen Eid leisten => beeiden
  Der Zeuge soll einen Eid leisten.
- Ersatz leisten => ersetzen
  Der Betrüger muss Ersatz leisten.
- Folge leisten => folgen/hören/gehorchen
  Der Mitarbeiter soll Folge leisten.
- Gehorsam leisten => folgen/hören/gehorchen
  Der Soldat soll Gehorsam leisten.
- Gesellschaft leisten => bei jemandem bleiben
  Hans leistet Inge Gesellschaft.
- Hilfe leisten => helfen
  Der Bergretter leistet dem Verunglückten Hilfe.
- Verzicht leisten => verzichten
  Die Mitarbeiter müssen Verzicht leisten.

liegen
- unter Beschuss liegen => beschossen werden
  Die Festung liegt unter Beschuss.
- im Clinch liegen => streiten
  Hans liegt mit Inge im Clinch.
- im Sterben liegen => sterben (kurz vor dem Tod)
  Der alte Elefant liegt im Sterben.
- im Streit liegen => streiten
  Hans liegt mit dem Nachbarn im Streit.
- auf der Tasche liegen => vom Geld anderer leben
  Das Kind liegt den Eltern auf der Tasche.

machen
- eine Andeutung machen => andeuten
  Der Chef macht eine Andeutung zum Projekt.

- den Anfang machen => anfangen/beginnen
  Hans macht bei der Besprechung den Anfang.
- eine Angabe machen => etwas angeben
  Der Angeklagte möchte eine Angabe machen.
- einen Ausflug machen => wegfahren
  Hans und Inge machen einen Ausflug.
- Ausführungen machen => erklären
  Der Zeuge macht Ausführungen.
- Beobachtung machen => beobachten / etwas sehen
  Die Wache macht eine Beobachtung.
- Eindruck machen => beeindrucken
  Inges Rosen machen Eindruck.
- einen Fehler machen => etwas Falsches tun
  Der Ingenieur macht einen Fehler.
- ein Foto machen => fotografieren
  Hans macht ein Foto von Inge.
- Hoffnungen machen => hoffen auf
  Inge macht sich Hoffnung auf eine Kreuzfahrt.
- Mitteilung machen => mitteilen
  Der Angestellt macht eine Mitteilung an den Chef.
- Sorgen machen => sich sorgen
  Inge macht sich Sorgen wegen der Blattläuse.
- aus dem Staub machen => weglaufen
  Der Verlierer macht sich aus dem Staub.
- auf die Suche machen => anfangen zu suchen
  Hans macht sich auf die Suche nach seiner Brille.
- reinen Tisch machen => etwas richtigstellen/zugeben
  Hans macht beim Nachbarn reinen Tisch.
- einen Unterschied machen => unterscheiden zwischen
  Hans macht einen Unterschied bei den Projekten.
- Urlaub machen => nicht arbeiten / wegfahren
  Hans und Inge machen Urlaub in Spanien.
- Versprechungen machen => versprechen
  Hans macht Inge ein Versprechen.
- einen Versuch machen => versuchen
  Der Entwickler macht einen Versuch.
- einen Vorschlag machen => vorschlagen
  Inge macht einen Vorschlag im Verein.
- einen Vorwurf machen => vorwerfen
  Der Mitarbeiter macht dem Chef einen Vorwurf.

meistern
- eine Situation meisten => Schwierigkeiten überwinden
  Der Boxer meistert nach dem Treffer die Situation.

melden
- zu Wort melden => sich melden, um etwas zu sagen
  Hans meldet sich beim Treffen zu Wort.

mitbringen
- Hunger mitbringen => Lust auf ein Essen haben
  Die Gäste sollen Hunger zur Party mitbringen.

nehmen
- Abschied nehmen => von einem Amt zurücktreten
  Der Vorsitzende nimmt seinen Abschied.
- Abstand nehmen => etwas Geplantes nicht tun
  Der Investor nimmt Abstand vom Projekt.
- in Acht nehmen => aufpassen / vorsichtig sein
  Das Gnu nimmt sich vor dem Krokodil in Acht.
- in Angriff nehmen => anfangen/beginnen/starten
  Hans nimmt das Projekt in Angriff.
- in Anspruch nehmen => beanspruchen/nutzen
  Das Projekt nimmt viele Ressourcen in Anspruch.
- Anstoß nehmen => empören
  Der Mitarbeiter nimmt Anstoß am Chef.
- Anteil nehmen => mitfühlen
  Inge nimmt Anteil am Pech der Freundin.
- in Besitz nehmen => beanspruchen/erobern
  Der König nimmt die Insel in Besitz.
- in Betrieb nehmen => anfangen/beginnen/starten
  Der Ingenieur nimmt den Computer in Betrieb.
- Bezug nehmen => beziehen
  Hans nimmt beim Meeting Bezug auf das Projekt.
- Einblick nehmen => hineinblicken
  Der Investor nimmt Einblick in das Projekt.
- Einsicht nehmen => etwas einsehen (Dokument)
  Der Investor nimmt Einsicht in die Unterlagen.
- in Empfang nehmen => empfangen
  Der Hotelier nimmt Hans und Inge in Empfang.
- in Entwicklung nehmen => entwickeln
  Das Unternehmen nimmt das Projekt in Entwicklung.
- in Gebrauch nehmen => gebrauchen
  Hans nimmt den neuen Rasenmäher in Gebrauch.

- in Haft nehmen => verhaften
  Der Polizist nimmt den Anlageberater in Haft.
- den Hut nehmen => von einem Amt zurücktreten
  Der Vorsitzende muss seinen Hut nehmen.
- in Kauf nehmen => hinnehmen / billigend akzeptieren
  Der Projektleiter nimmt Rückschläge in Kauf.
- zur Kenntnis nehmen => einsehen/wahrnehmen
  Der Vorstand nimmt das neue Projekt zur Kenntnis.
- Platz nehmen => setzen
  Hans und Inge nehmen im Restaurant Platz.
- Rücksicht nehmen => beachten/berücksichtigen
  Inge nimmt Rücksicht auf Hans' Arbeitszeiten.
- in Schutz nehmen => beschützen
  Hans nimmt Inge in Schutz.
- Stellung nehmen => eigene Position darlegen
  Hans nimmt vor dem Vorstand Stellung.
- in Verwahrung nehmen => verwahren
  Inge nimmt Hans' Büchersammlung in Verwahrung.

regieren
- mit harter Hand regieren => streng anführen
  Der König regiert sein Land mit harter Hand.

rufen
- ins Leben rufen => gründen/starten
  Hans und Inge rufen einen Verein ins Leben.

schenken
- Aufmerksamkeit schenken => etwas beachten, konzentrieren
  Hans soll dem Projekt mehr Aufmerksamkeit schenken.
- Beachtung schenken => etwas/jemanden beachten
  Der Investor schenkt Hans' Projekt Beachtung.
- Glauben schenken => etwas/jemanden glauben
  Der Richter schenkt den Ausführungen Glauben.
- Gunst schenken => etwas/jemanden zugeneigt sein
  Die Wähler schenkt dem Politiker ihre Gunst.
- Vertrauen schenken => jemandem vertrauen
  Inge schenkt Hans vollstes Vertrauen.

schieben
- Kohldampf schieben => hungrig sein
  Hans lässt das Frühstück aus und schiebt Kohldampf.
- Wache schieben => aufpassen
  Der Jugendleiter schiebt im Zeltlager Wache.

schlagen
- Alarm schlagen => aufmerksam machen
  Die Wache sieht den Angreifer und schlägt Alarm.
- Krach schlagen => sich beschweren
  Hans verliert die Geduld und schlägt Krach.

schließen
- Freundschaft schließen => befreundet werden
  Hans schließt mit dem Investor Freundschaft.
- einen Kompromiss schließen => sich einigen
  Hans schließt mit dem Investor einen Kompromiss.

schmieden
- ein Komplott schmieden => intrigieren
  Der Prinz schmiedet einen Komplott gegen den König.
- einen Plan schmieden => planen/vorhaben
  Die Kinder schmieden einen Plan für das Spiel.

schöpfen
- Luft schöpfen => tief einatmen
  Nach dem Lauf muss der Läufer Luft schöpfen.
- Verdacht schöpfen => jemanden verdächtigen
  Der Kommissar schöpft einen Verdacht.

schreiten
- zur Tat schreiten => handeln
  Hans schreitet für sein Projekt zur Tat.

schütteln
- die Hand schütteln => bedanken/begrüßen/verabschieden
  Hans schüttelt dem Investor zur Begrüßung die Hand.

schweben
- in Gefahr schweben => gefährdet sein
  Das Gnu schwebt am Fluss in Gefahr.

sein
- außer Atem sein => nach Luft ringen / erschöpft sein
  Der Läufer ist nach dem Lauf außer Atem.
- gang und gäbe sein => gewohnt/vertraut sein
  Mit dem Fahrrad zu fahren ist in Münster gang und gäbe.
- in Bau sein => gebaut werden
  Die Kathedrale ist im Bau.
- in Begriff sein => anfangen etwas zu tun / vorhaben
  Hans ist im Begriff, seinen Job zu kündigen.
- im Einsatz sein => aktiv sein
  Der Polizist ist Karneval im Einsatz.

- im Gange sein => gerade geschehend/passierend
  Die Demonstration ist im Gange.
- in Gebrauch sein => gebraucht werden
  Die Kaffeemaschine ist in Gebrauch.
- in Gefahr sein => gefährdet sein
  Das Gnu ist am Fluss in Gefahr.
- im Irrtum sein => sich irren
  Der Chef ist im Irrtum.
- im Klaren sein => sich etwas bewusst sein
  Das Gnu ist sich über die Gefahr nicht im Klaren.
- auf dem Laufenden sein => informiert sein
  Hans ist beim Projekt immer auf dem Laufenden.
- der Meinung sein => meinen
  Der Mitarbeiter ist Hans' Meinung.
- in Mode sein => aktuell/modern sein
  Der Hut ist in Mode.
- im Recht sein => richtig liegen
  Der Nachbar ist im Recht.
- in Sicht sein => erwarten
  Die Insel ist in Sicht.
- zur Stelle sein => da sein
  Im Notfall ist der Polizist zur Stelle.

setzen

- in Betrieb setzen => anfangen/beginnen/starten
  Der Ingenieur setzt die Anlage in Betrieb.
- in Bewegung setzen => bewegen/starten
  Der Lokführer setzt den Zug in Bewegung.
- in Brand setzen => anzünden
  Hans setzt das Feuerholz in Brand.
- unter Druck setzen => bedrängen / Einfluss ausüben
  Der Chef setzt den Mitarbeiter unter Druck.
- in Gang setzen => anfangen/beginnen/losgehen
  Der Ingenieur setzt die Anlage in Gang.
- in Haft setzen => inhaftieren
  Der Staatsanwalt setzt den Anlageberater in Haft.
- auf eine Karte setzen => riskieren
  Inge setzt alles auf eine Karte.
- in Kenntnis setzen => informieren
  Der Mitarbeiter setzt den Chef in Kenntnis.
- außer Kraft setzen => Gültigkeit aufheben
  Der Richter setzt das Verbot außer Kraft.

- in Kraft setzen => Gültigkeit anordnen
  Der Verein setzt das Verbot in Kraft.
- auf eine Karte setzen => alles riskieren
  Der Glücksspieler setzt alles auf eine Karte.
- aufs Spiel setzen => riskieren
  Der Glücksspieler setzt sein Vermögen aufs Spiel.
- in Szene setzen => aufführen
  Der Boxer setzt mit einer Show in Szene.
- vor die Tür setzen => jemanden hinauswerfen
  Der Verein setzt den Boxer vor die Tür.
- in Verbindung setzen => kontaktieren
  Der Investor setzt sich mit Hans in Verbindung.
- zur Wehr setzen => sich wehren
  Das Gnu setzt sich gegen das Krokodil zur Wehr.
- ein Zeichen setzen => deutlich machen
  Der Boxer setzt mit dem Kinnhaken ein Zeichen.

spannen
- auf die Folter spannen => gespannt/warten lassen
  Hans spannt Inge mit Andeutungen auf die Folter.

spenden
- Trost spenden => jemanden trösten
  Der Boxer spendet dem Verlierer Trost.

sprechen
- Recht sprechen => ein Urteil verkünden
  Der Richter soll Recht sprechen.

spucken –
- große Töne spucken => angeben
  Der Boxer spuckt vor dem Kampf große Töne.

stecken
- in Schwierigkeiten stecken => in schwieriger Lage sein
  Der Boxer steckt nach dem Treffer in Schwierigkeiten.
- in die Tasche stecken => jemanden übertreffen
  Hans' Projekt steckt alle anderen in die Tasche.

stehen
- auf der Abschussliste stehen => bedroht sein
  Der Boxer steht im Verein auf der Abschussliste.
- unter Anklage stehen => angeklagt sein
  Der Anlageberater steht unter Anklage.
- zur Auswahl stehen => auswählen können
  Es stehen verschiedene Kreuzfahrten zur Auswahl.

- unter Beobachtung stehen => beobachtet werden
  Der Mitarbeiter steht unter Beobachtung.
- in Blüte stehen => blühen
  Die Rosen stehen in Blüte.
- zur Debatte stehen => besprochen/debattiert werden
  Das Projekt steht zur Debatte.
- zur Diskussion stehen => diskutiert werden
  Inges Idee steht im Verein zur Diskussion.
- unter Druck stehen => gestresst sein
  Der Mitarbeiter steht unter Druck.
- unter Einfluss stehen => beeinflusst werden
  Der Vorstand steht unter Einfluss des Investors.
- in Einklang stehen => übereinstimmen
  Hans steht im Einklang mit Inge.
- zur Erörterung stehen => besprochen/erörtert werden
  Das Projekt steht im Ausschuss zur Erörterung.
- außer Frage stehen => nicht verhandelbar / zweifelsfrei
  Der Erfolg steht außer Frage.
- im Gegensatz stehen => entgegenstehen
  Das Ergebnis steht im Gegensatz zur Berechnung.
- in Konkurrenz stehen => konkurrieren
  Der rote Club steht in Konkurrenz zum blauen.
- in Kontakt stehen => in Kontakt sein
  Der Vorsitzende steht mit Hans in Kontakt.
- Schlange stehen => sich in einer Reihe anstellen
  Die Fans stehen vor dem Stadion Schlange.
- unter dem Schutz stehen => beschützt sein
  Die Schafe stehen unter dem Schutz des Schäfers.
- zur Seite stehen => unterstützen
  Hans steht Inge bei ihrer Idee zur Seite.
- an der Spitze stehen => führen/regieren
  Der König steht an der Spitze der Hierarchie.
- unter Strafe stehen => verboten sein
  Das Stehlen steht unter Strafe.
- in Verbindung stehen => in Kontakt sein
  Der Investor steht mit dem Vorstand in Verbindung.
- unter Verdacht stehen => verdächtigt werden
  Der Anlageberater steht unter Verdacht.
- zur Verfügung stehen => bereit sein/stehen
  Hans steht Inge zur Verfügung.

- in Verhandlungen stehen => mit jemandem verhandeln
  Hans steht mit dem Investor in Verhandlungen.
- zur Wahl stehen => gewählt werden können
  Inge steht im Verein zur Wahl in den Vorstand.
- in Wettbewerb stehen => konkurrieren
  Die Unternehmen stehen im Wettbewerb.
- in Widerspruch stehen => gegensätzlich sein
  Die Aussagen stehen im Widerspruch.
- in Zusammenhang stehen => zusammenstehen mit
  Der Erfolg und die Prämie stehen im Zusammenhang.
- außer Zweifel stehen => (nicht) bezweifelt werden
  Die Resultate stehen außer Zweifel.

stellen

- eine Anforderung stellen => fordern/verlangen
  Der Prüfer stellt Anforderungen an den Ingenieur.
- einen Antrag stellen => beantragen/fordern
  Der Ingenieur stellt einen Antrag beim Chef.
- eine Aufgabe stellen => etwas zu tun geben
  Der Chef stellt dem Ingenieur eine Aufgabe.
- in Aussicht stellen => als möglich ankündigen
  Der Investor stellt eine Investition in Aussicht.
- eine Auswahl stellen => auswählen lassen
  Der Verkäufer stellt Hans eine Auswahl.
- zur Auswahl stellen => auswählen können
  Hans lässt sich Muster zur Auswahl stellen.
- unter Beweis stellen => etwas beweisen
  Der Ingenieur stellt das Ergebnis unter Beweis.
- zur Debatte stellen => etwas besprechen/debattieren
  Hans stellt das Projekt zur Debatte.
- zur Diskussion stellen => etwas diskutieren
  Inge stellt ihre Idee zur Diskussion.
- eine Forderung stellen => fordern/verlangen
  Hans stellt beim Investor eine Forderung.
- eine Frage stellen => fragen
  Der Investor stellt Hans eine Frage.
- in Frage stellen => anzweifeln/bezweifeln
  Der Investor stellt den Erfolg in Frage.
- eine Rechnung stellen => berechnen
  Inge stellt dem Nachbarn eine Rechnung.
- in Rechnung stellen => berechnen/fordern
  Inge stellt den beschädigten Zaun in Rechnung.

- zur Rede stellen => ansprechen/konfrontieren
  Der Kunde stellt den Anlageberater zur Rede.
- unter Schutz stellen => beschützen
  Die Polizei stellt den Anlageberater unter Schutz.
- unter Strafe stellen => für verboten erklären
  Die Gesetzgebung stellt das Stehlen unter Strafe.
- zur Verfügung stellen => etwas bereitstellen
  Hans stellt Inge seine Arbeitskraft zur Verfügung.

stoßen
- auf Ablehnung stoßen => abgelehnt werden
  Das Projekt stößt beim Investor auf Ablehnung.

suchen
- das Weite suchen => sich entfernen / weglaufen
  Das Gnu sucht lieber das Weite.

treffen
- eine Abmachung treffen => etwas vereinbaren
  Hans trifft mit dem Investor eine Abmachung.
- eine Anordnung treffen => etwas anordnen
  Der König trifft eine Anordnung.
- eine Auswahl treffen => etwas auswählen
  Inge trifft eine Auswahl für das Fest.
- eine Entscheidung treffen => etwas entscheiden
  Der Investor trifft eine Entscheidung.
- eine Unterscheidung treffen => etwas unterscheiden
  Der Prüfer trifft eine Unterscheidung.
- eine Verabredung treffen => etwas verabreden
  Hans trifft eine Verabredung mit dem Inverstor.
- Vorbereitungen treffen => etwas vorbereiten
  Hans trifft Vorbereitungen für das Projekt.
- Vorsorge treffen => für etwas vorsorgen
  Der Bergretter trifft Vorsorge für den Notfall.
- eine Wahl treffen => wählen/auswählen
  Hans muss aus den Rasenmähern eine Wahl treffen.

treiben
- Sport treiben => sich sportlich betätigen
  Der Arzt sagt, Hans soll mehr Sport treiben.

treten
- in Aktion treten => aktiv werden
  Die Mitarbeiter treten gegen den Chef in Aktion.
- in Kraft treten => gültig werden
  Das Verbot tritt nächsten Montag in Kraft.

- in Streik treten => anfangen zu streiken
  Die Arbeiter treten am Montag in den Streik.
- in Verbindung treten => kontaktieren
  Der Investor tritt mit Hans in Verbindung.
- in Verhandlungen treten => anfangen zu verhandeln
  Der Vorstand tritt mit Hans in Verhandlungen.

üben

- Demut üben => zurückhaltend sein
  Der Sieger tritt groß auf anstatt Demut zu üben.
- Kritik üben => kritisieren
  Die Arbeiter üben Kritik an den Plänen des Chefs.

umsetzen

- in die Tat umsetzen => etwas realisieren
  Inge setzt ihre Idee in die Tat um.

überspannen

- den Bogen überspannen => übertreiben
  Der Arbeiter überspannt den Bogen und muss gehen.

unternehmen

- Anstrengungen unternehmen => sich anstrengen
  Hans unternimmt große Anstrengungen für seine Idee.
- einen Versuch unternehmen => versuchen
  Der Ingenieur unternimmt einen letzten Versuch.

verbüßen

- eine Strafe verbüßen => bestraft werden
  Der Berater muss seine Strafe in Haft verbüßen.

versetzen

- in Aufregung versetzen => jemanden aufregen
  Das Krokodil versetzt das Gnu in Aufregung.
- in Bewegung versetzen => bewegen/starten
  Der Ingenieur versetzt das Projekt in Bewegung.
- in Erstaunen versetzen => jemanden erstaunen
  Das Kunstwerk versetzt die Besucher in Erstaunen.
- in die Lage versetzen => sich vorstellen /empfinden
  Hans versetzt sich in die Lage von Inge.
- in Panik versetzen => Angst verbreiten
  Das Krokodil versetzt die Gnus in Panik.
- in Verwirrung versetzen => verwirren
  Der Chef versetzt den Mitarbeiter in Verwirrung.

vornehmen

- eine Korrektur vornehmen => etwas korrigieren
  Der Programmierer nimmt eine Korrektur vor.

- eine Kürzung vornehmen => etwas kürzen
  Der Inverstor nimmt eine Kürzung der Mittel vor.
- eine Nachbesserung vornehmen => etwas verbessern
  Der Projektleiter nimmt eine Nachbesserung vor.
- eine Verbesserung vornehmen => etwas verbessern
  Der Projektleiter nimmt eine Verbesserung vor.

vortragen
- eine Bitte vortragen => etwas bitten
  Hans trägt bei beim Vorstand eine Bitte vor.
- einen Wunsch vortragen => etwas wünschen
  Inge trägt bei Hans einen Wunsch vor.

werfen
- die Flinte ins Korn werfen => aufgeben
  Hans wirft die Flinte ins Korn und geht nachhause.

zerbrechen
- sich den Kopf zerbrechen => lange nachdenken
  Inge zerbricht sich den Kopf über eine neue Rose.

ziehen
- in Betracht ziehen => erwägen/überlegen
  Hans zieht eine Kreuzfahrt mit Inge in Erwägung.
- in Erwägung ziehen => erwägen/überlegen
  Der Vorstand zieht das Projekt in Erwägung.
- Konsequenz ziehen => Entscheidung/Folge tragen
  Der Mitarbeiter zieht die Konsequenz und kündigt.
- zurate ziehen => Hilfe beanspruchen / um Rat fragen
  Inge zieht Hans zurate (zu Rate).
- zur Rechenschaft ziehen => verantwortlich machen
  Der Kunde zieht den Berater zur Rechenschaft.
- über den Tisch ziehen => betrügen
  Der Anlageberater zieht den Kunden über den Tisch.
- zur Verantwortung ziehen => verantwortlich machen
  Der Chef zieht den Mitarbeiter zur Verantwortung.
- ins Vertrauen ziehen => etwas offenbaren
  Inge zieht Hans ins Vertrauen.
- in Zweifel ziehen => etwas anzweifeln/bezweifeln
  Der Ingenieur zieht das Ergebnis in Zweifel.

Einige reflexive Verben
{Hans informiert sich und Inge informiert dich}

reflexiv => (sich)
unecht reflexiv => nur mit Präposition

(sich) abtrocken
- Du trocknest dich ab.
- Du trocknest mich ab.

(sich) ändern
- Inge hat sich verändert.
- Inge hat Hans verändert.

(sich) anmelden
- Hans meldet sich zum Sprachkurs an.
- Hans meldet Inge zum Sprachkurs an.

(sich) anziehen
- Die Mutter zieht sich an.
- Die Mutter zieht das Kind an.

(sich) ärgern
- Inge ärgert sich.
- Inge ärgert Hans.

sich aufmachen
- Morgen machen wir uns auf in den Urlaub.

(sich) aufregen
- Hans regt sich auf.
- Hans regt den Nachbarn auf.

sich aufregen (über)
- Hans regt sich über den Nachbarn auf.

sich auskennen
- Inge kennt sich im Garten aus.

sich ausruhen
- Inge ruht sich auf dem Sofa aus.

sich bedanken
- Hans bedankt sich bei Inge für das Geschenk.

sich beeilen
- Inge beeilt sich mit der Gartenarbeit.

sich beeilen
- Inge beeilt sich mit der Gartenarbeit.

sich befinden
Inge befindet sich auf einer Kreuzfahrtreise.

sich beherrschen
- Die Gäste können sich am Buffet nicht beherrschen.

(sich) bemühen
- Hans bemüht sich mit der Aufgabe.
- Hans bemüht Inge mit der Aufgabe.

(sich) beruhigen
- Kannst du dich bitte beruhigen?
- Kannst du den Hund bitte beruhigen?

(sich) beschäftigen
- Kannst du dich bitte beschäftigen?
- Kannst du das Kind bitte beschäftigen?

sich beschweren
- Hans beschwert sich beim Nachbarn.

(sich) beteiligen
- Hans beteiligt sich an den Vorbereitungen.
- Hans beteiligt Inge an den Vorbereitungen.

sich bewerben
- Inge bewirbt sich bei der Sprachschule als Lehrer.

sich beziehen
- Der Kunde bezieht sich auf das Verkaufsgespräch.

sich bücken
- Ich bücke mich nach dem heruntergefallenen Buch.

sich einbilden
- Der Berater bildet sich ein, alles zu wissen.

sich einigen
- Hans einigt sich mit dem Verkäufer.

sich entscheiden
- Hans entscheidet sich für den Rasenmäher.

sich entschließen (zu)
- Hans entschließt sich zum Kauf des Rasenmähers.

(sich) entschuldigen
- Inge entschuldigt sich beim Nachbarn.
- Inge entschuldigt Hans beim Nachbarn.

sich ereignen
- Auf der Autobahn ereignet sich ein Unfall.

sich erholen
- Inge erholt sich auf einer Kreuzfahrtreise.

(sich) erinnern an
- Hans erinnert sich an einen Termin.
- Hans erinnert Inge an einen Termin.

sich erkälten
- Inge hat sich bei der Gartenarbeit erkältet.

sich erkundigen
- Hans erkundigt sich nach dem Preis des Autos.

sich freuen
- Hans freut sich über den Kauf.

sich fürchten
- Das Kind fürchtet sich vor dem Geisterhaus.

(sich) hinlegen
- Die Mutter legt sich hin.
- Die Mutter legt das Kind hin.

(sich) informieren
- Hans Informiert sich über die Kreuzfahrt.
- Hans Informiert Inge über die Kreuzfahrt.

sich interessieren
- Hans interessiert sich für den Rasenmäher.

sich irren
- Der Verkäufer irrt sich im Preis.

sich konzentrieren
- Du konzentrierst dich bitte auf die Prüfung.

sich kümmern
- Inge kümmert sich um die Rosen.

(sich) langweilen
- Der Nachbar langweilt sich auf der Party.
- Der Nachbar langweilt Hans auf der Party.

sich schämen
- Der Koch schämt sich für das misslungene Essen.

(sich) schminken
- Inge schminkt sich für die Party.
- Inge schminkt Hans für die Party.

sich sehnen
- Hans und Inge sehnen sich nach einem Urlaub.

(sich) treffen
- Wir treffen uns im Restaurant.
- Wir treffen dich im Restaurant.

(sich) treffen (mit)
- Ich treffe mich mit einem Freund.
- Ich treffe dich mit einem Freund.

sich umsehen
- Ihr könnt euch im Haus gern umsehen.

(sich) unterhalten
- Der Nachbar unterhält sich auf der Party.
- Der Nachbar unterhält Hans auf der Party.

sich verbeugen
- Die Untertanen verbeugen sich vor dem König.

sich verirren
- Der Tourist verirrt sich in der Stadt.

sich verlassen
- Inge verlässt sich auf Hans.

(sich) verletzen
- Inge verletzt sich mit der Gartenschere.
- Inge verletzt Hans mit der Gartenschere.

sich verlieben
- Hans verliebt sich in Inge.

(sich) vorbereiten
- Hans bereitet sich auf die Kreuzfahrt vor.
- Hans bereitet Inge auf die Kreuzfahrt vor.

sich vorstellen [mit Dativ!] (zu) *Infinitivkonstruktion!*
- Ich stelle mir vor, im Urlaub zu sein.

(sich) waschen
- Hans wäscht sich.
- Hans wäscht das Auto.

sich weigern (zu) *Infinitivkonstruktion!*
- Hans weigert sich, im Garten zu arbeiten.

sich wundern
- Der Nachbar wundert sich über die schönen Rosen.

Die Verb-Präposition-Verbindung
{arbeiten an, arbeiten bei, arbeiten für}

mit Akkusativ =>A, mit Dativ =>D
mit Genitiv =>G, mit Nominativ =>N
s. => reflexiv, (s.) => unecht reflexiv

BESTIMMUNG: Die Schüler warten [WO?] auf dem Schulhof.
VERBINDUNG: Die Schüler warten auf [WEN oder WAS?] den Lehrer.

---

abbeißen
- von _>D   Hans beißt ein Stück von der Wurst ab.

abberufen
- von _>D   Der König beruft den Berater von seinem Posten ab.

abbrechen
- von _>D   Hans bricht ein Stück von dem Brot ab.

abbringen
- von _>D   Das schlechte Wetter bringt Hans vom Joggen ab.

abbuchen
- von _>D   Das Geschäft bucht das Geld direkt vom Konto ab.

abfahren
- von _>D   Der Zug fährt von Gleis 1 ab.

(s.) abfinden
- mit _>D   Hans findet sich mit seinem Testergebnis ab.

abführen
- an _>A   Hans und Inge führen die Gebühren an die Stadt ab.

abgeben
- an _>A   Inge gibt alte Kleider an einen Verein ab.
- für _>A   Inge gibt alte Kleider für gute Zwecke ab.

s. abgeben
- mit _>D   Hans gibt sich mit der Steuer ab.

abhalten
- von _>D   Das schlechte Wetter hält Hans vom Spaziergang ab.

abhängen
- von _>D   Wie lange wir brauchen, hängt vom Verkehr ab.

s. abheben
- von _>D   Das Gemälde hebt sich von den anderen Bildern ab.

abholen
- von _>D   Hans holt Inge vom Flughafen ab.

abkommen
- von _>D   Der Redner kommt vom Thema ab.

ablenken
- von _>D   Der Lärm lenkt Hans vom Lesen ab.

ablesen
- von _>D   Der Redner liest den Vortrag von einem Blatt ab.

abmelden
- bei _>D   Hans meldet sich bei der Sprachschule ab.
- von _>D   Hans meldet sich von dem Sprachkurs ab.

abmessen
- mit _>D   Inge misst die Wassermenge mit dem Messbecher ab.

s. abmühen
- mit _>D   Hans müht sich mit dem Rasenmähen ab.

abraten
- von _>D   Inge rät Hans vom Kauf eines Rasenmähers ab.

abrechnen
- mit =>D   Inge rechnet ihre Stunden mit der Sprachschule ab.

abreißen
- von _> D   Hans reißt die Tapete von der Wand ab.

abschließen
- mit _>D   Inge schließt einen Vertrag mit der Schule ab.

abschreiben
- bei _>D   Der Schüler schreibt bei seinem Nachbarn ab.
- von _>D   Der Schüler schreibt von seinem Nachbarn ab.

abschweifen
- von _>D   Der Redner schweift vom Thema ab.

absehen
- von _>D   Der Polizist sieht von einer Geldstrafe ab.

absenden
- an =>A   Inge sendet das Paket an ihre Freundin ab.

s. abspalten
- von _>D   Die Firma spaltet sich von der Holding ab.

abspringen
- mit _>D   Der Stuntman springt mit einem Fallschirm ab.

abspringen
- von _>D   Der Investor springt von dem Projekt ab.

abstammen
- von _>D   Der Mensch stammt nicht von dem Affen ab.

absteigen
- aus _>D   Die Mannschaft steigt aus der 2. Liga ab.
- in _>A   Die Mannschaft steigt in die 2. Liga ab.
- von _>D   Die Mannschaft steigt von der 2. Liga ab.

abstimmen
- über _>A   Die Mitglieder stimmen über den Vorschlag ab.

abtreten
- an _>A   Der König tritt sein Amt an seinen Nachfolger ab.
- von _>D   Der Präsident tritt von seinem Amt ab.

abweichen
- von _>D   Der Redner weicht von seinem Thema ab.

abwenden
- von _>D   Das Volk wendet sich vom König ab.

abziehen
- von _>D   Die Firma zieht die Fehlstunde vom Lohn ab.

achten
- auf _>A   Die Kinder achten auf den Straßenverkehr.

achtgeben
- auf _>A   Der Postbote muss auf den Hund achtgeben.

addieren
- mit _>D   Hans addiert die Gebühren mit den Ausgaben.

adressieren
- an _>A   Inge adressiert den Brief an die Freundin.

s. amüsieren
- über _>A   Hans und Inge amüsieren sich über den Vortrag.

anbieten
- zu _>D   Inge bietet ihre Rosen zum Verkauf an.

anbinden
- an =>A   Inge bindet die Rosen an Stöcke an.

ändern
- an =>D   Die Auffassung ändert alles an der Lage.

anfangen
- mit =>D   Hans fängt mit dem Rasenmähen an.

anfragen
- bei =>D   Hans fragt beim Vorstand nach einem Mitarbeiter an.

angeben
- mit =>D   Der Schützenkönig gibt mit seinem Sieg an.

angrenzen
- an =>A   Frankreich grenzt an Spanien an.

s. ängstigen
- vor =>D   Der Postbote ängstigt sich vor dem Hund.

anklagen
- wegen =>G   Der Anlageberater ist angeklagt wegen Betrugs.

anklopfen
- an =>A   Der Postbote klopft an der Tür an.

anknüpfen
- an =>A Der Redner knüpft seinen Vortrag an ein Thema an.

ankommen
- auf =>A Beim Lernen kommt es auf den Fleiß an.

s. anlegen
- mit =>D Die Katze legt sich mit dem Hund an.

(s.) anmelden
- bei =>D Hans meldet sich bei der Schule an.
- für =>A Hans meldet sich für einen Kurs an.

annähen
- an =>A Inge näht einen Flicken an die Hose an.

annehmen
- von =>D Hans nimmt die Entschuldigung des Nachbarn an.

s. anpassen
- an =>A Die Touristen passen sich an die Sitten an.

anreden
- mit =>D Der Lehrer redet die Schüler mit dem Vornamen an.

anregen
- zu =>D Der Lehrer regt die Schüler zum Lernen an.

anrufen
- bei =>D Inge ruft bei ihrer Freundin an.

s. anschmiegen
- an =>A Hans schmiegt sich gern an Inge an.

ansehen
- als =>A Der Nachbar sieht Hans als seinen Freund an.

anstecken
- mit =>D Hans steckt Inge mit einer Erkältung an.

anstehen
- für =>A Hans steht für eine Ummeldung an.
- in =>D Hans steht in der Schlange an.

anstellen
- als =>A Die Sprachschule stellt Inge als Lehrer an.

anstiften
- zu =>D Der Bruder stiftet die Schwester an.

anstoßen
- auf =>A Hans und Inge stoßen auf ihr Wohl an.

antreffen
- bei =>D Hans trifft Inge bei ihrer Freundin an.

antreiben
- zu =>D Der Lehrer treibt die Schüler zu mehr Fleiß an.

antreten
- gegen =>A   Der Musketier tritt gegen einen Gegner an.
- zu =>D   Der Musketier tritt zu einem Duell an.

antworten
- auf =>A   Hans antwortet auf Inges Frage.

anwenden
- auf =>A   Hans wendet einen Rat auf sein Projekt an.

anzeigen
- bei =>D   Der Kunde zeigt den Berater bei der Polizei an.

appellieren
- an =>A   Hans appelliert an den Nachbarn, ruhiger zu sein.

arbeiten
- als =>N   Inge arbeitet als Lehrer.
- an =>D   Hans arbeitet an einem Projekt.
- bei =>D   Hans arbeitet bei einem Institut
- für =>A   Hans arbeitet für ein großes Unternehmen.

s. ärgern
- über =>A   Hans ärgert sich über den Lärm.

auffahren
- auf =>A   Hans fährt zu dicht auf den Vordermann auf.

auffordern
- zu =>D   Hans fordert den Nachbarn zu mehr Ruhe auf.

aufgeben
- bei =>D   Inge gibt das Paket bei der Post auf.

aufgehen
- in =>D   Die Sonne geht im Osten auf.

aufheben
- für =>A   Hans hebt eine Flasche Wein für das Fest auf.
- von =>D   Hans hebt eine Flasche vom Boden auf.

aufhören
- mit =>D   Nach einer Stunde hört Hans mit dem Lernen auf.

aufklären
- über =>A   Der Lehrer klärt den Schüler über die Prüfung auf.

aufkommen
- für =>A   Der Nachbar kommt für den Schaden auf.

aufnehmen
- mit =>D   Der Boxer nimmt es mit einem starken Gegner auf.

aufpassen
- auf =>A   Hans passt auf den Hund des Nachbarn auf.

s. aufregen
- über =>A   Hans regt sich über den Lärm auf.

aufrufen
- zu =>D   Die Arbeiter rufen zu einem Streik auf.

aufsehen
- zu =>D   Das Volk sieht zu seinem König auf.

aufspringen
- auf =>A   Der Reiter springt auf das Pferd auf.

aufstehen
- von =>D   Hans steht von dem Liegestuhl auf.

s. aufstützen
- auf =>A   Der Postbote stützt sich auf den Zaun auf.

aufwachen
- aus =>D   Hans wacht aus einem schönen Traum auf.

aufwenden
- für =>A   Inge wendet viel Zeit für ihre Rosen auf.

ausbrechen
- aus =>D   Der Löwe bricht aus dem Käfig aus.
- in =>A   Der Löwe bricht in die Freiheit aus.

s. auseinandersetzen
- mit =>D   Hans setzt sich mit der Steuer auseinander.

ausfüllen
- mit =>D   Hans füllt das Theaterstück mit Leben aus.

ausgeben
- für =>A   Inge gibt viel Geld für das Geschenk von Hans aus.

s. ausgeben
- als =>N   Der Prinz gibt sich als König aus.

ausgehen
- mit =>D   Inge geht mit ihrem Bruder aus.

ausgehen
- von =>D   Der Veranstalter geht von vielen Besuchern aus.

aushalten
- bei =>D   Hans hält es bei dem Fest nicht aus.
- mit =>D   Hans hält es mit dem Nachbarn nicht aus.

s. auskennen
- in =>D   Hans kennt sich in dem Ort aus.
- mit =>D   Hans kennt sich mit den Sehenswürdigkeiten aus.

auskommen
- mit =>D   Hans kommt gut mit Inge aus.

s. ausruhen
- auf =>D   Inge ruht sich auf dem Sofa aus.
- von =>D   Inge ruht sich von der Arbeit aus.

(s.) ausrüsten
- mit =>D   Inge rüstet sich mit Werkzeug für die Arbeit aus.

ausscheiden
- aus =>D   Inge scheidet aus dem Rosenverein aus.

ausschließen
- aus =>D   Hans schließt den Nachbarn aus dem Gartenverein aus.
- von =>D   Hans schließt den Nachbarn von dem Fest aus.

aussehen
- nach =>D   Im Garten sieht es nach dem Sturm nach Arbeit aus.

s. äußern
- über =>A   Inge äußert sich nicht über den neuen Rasenmäher.

s. aussöhnen
- mit =>D   Hans söhnt sich mit dem Nachbarn aus.

s. aussprechen
- für =>A   Die Mitglieder sprechen sich für Inge aus.
- mit =>D   Hans spricht sich mit dem Nachbarn aus.

aussteigen
- aus =>D   Hans steigt in Berlin aus dem Zug aus.

austeilen
- an =>A   Der Verein teilt Kleider an Bedürftige aus.
- unter =>D   Der Verein teilt Kleider unter Bedürftigen aus.

austreten
- aus =>D   Inge tritt aus dem Rosenverein aus.

ausüben
- auf =>A   Die Arbeiter üben Druck auf die Firmenleitung aus.

auswandern
- in =>A   Hans und Inge wandern in fünf Jahren aus.
- nach =>D   Hans und Inge wandern nach Afrika aus.

auswechseln
- gegen =>A   Hans wechselt die Glühbirne gegen eine neue aus.

ausweisen
- aus =>D   Der König weist den Gast aus seinem Land aus.

s. ausweisen
- als =>N   Der Zivilfahnder weist sich als Polizist aus.
- durch =>A   Der Polizist weist sich durch seine Uniform aus.
- mit =>A   Der Zivilfahnder weist sich mit einem Ausweis aus.

s. auswirken
- auf =>A   Die Verschmutzung wirkt sich auf das Klima aus.

auszeichnen
- mit =>D   Der Musketier wird mit einem Orden ausgezeichnet.

basieren
- auf =>D   Die Berechnung basiert auf einer Prognose.

bauen
- auf =>A   Inge baut auf die Hilfe von Hans.

beauftragen
- mit =>D   Der Chef beauftragt Hans mit Kaffeekochen.

s. bedanken
- bei =>D   Hans bedankt sich bei Inge.
- für =>A   Hans bedankt sich für das Geschenk.

bedecken
- mit =>D   Der Garten ist bedeckt mit Schnee.

s. beeilen
- mit =>D   Inge beeilt sich mit der Gartenarbeit.

s. befassen
- mit =>D   Inge befasst sich mit der Gartenarbeit.

s. befinden
- in =>D   Inge befindet sich in ihrem Garten.

befördern
- zu =>D   Der Chef befördert Hans zum Abteilungsleiter.

(s.) befreien
- aus =>D   Das Gnu befreit sich aus dem Maul des Krokodils.

s. befreien
- von =>D   Inge befreit sich von einer alten Last.

befristen
- auf =>A   Das Preisangebot ist befristet auf eine Woche.

(s.) begeistern
- für =>A   Inge begeistert sich für ihre Rosen.

beginnen
- als =>N   Inge beginnt ihren Job als Lehrer.

beginnen
- mit =>D   Der Lehrer beginnt pünktlich mit dem Test.

beglückwünschen
- zu =>D   Hans beglückwünscht Inge zu ihrem neuen Job.

s. begnügen
- mit =>D   Hans begnügt sich mit einem halben Stück Kuchen.

begründen
- mit =>D   Die Firma begründet die Preise mit hohen Kosten.

beharren
- auf =>D   Der Nachbar beharrt auf seinem Recht.

s. behaupten
- gegen =>A   Hans behauptet sich gegen den Nachbarn.

s. behelfen
- mit =>D   Inge behilft sich mit einem alten Trick.

beißen
- in =>A   Hans beißt mit Genuss in den Kuchen.

beitragen
- zu =>D   Inges Hilfe trägt zum Gelingen des Fests bei.

bekannt machen
- mit =>D   Inge macht Hans mit dem neuen Nachbarn bekannt.

s. bekennen
- zu =>D   Inge bekennt sich zu ihrer Leidenschaft für Rosen.

s. beklagen
- bei =>D   Hans beklagt sich beim Nachbarn.
- über =>A   Hans beklagt sich über den Lärm.

beladen
- mit =>D   Hans belädt sein Auto mit Rosen.

belasten
- mit =>D   Hans und Inge belasten ihr Auto mit einem Kredit.

belästigen
- mit =>D   Der Nachbar belästigt Hans mit lauter Musik.

s. belaufen
- auf =>A   Die Kosten belaufen sich auf eine riesige Summe.

belegen
- mit =>D   Hans belegt das Brot mit einem leckeren Käse.

beliefern
- mit =>D   Inge beliefert ihre Kunden mit ihren Rosen.

belohnen
- für =>A   Der König belohnt den Musketier für seinen Mut.
- mit =>D   Der König belohnt den Musketier mit Gold.

s. bemühen
- um =>A   Inge bemüht sich um einen neuen Job.

beneiden
- um =>A   Die Nachbarn beneiden Inge um ihre Rosen.

benutzen
- als =>A   Hans benutzt die Axt als einen Hammer.

benutzen
- zu =>D   Inge benutzt eine Kordel zum Festbinden der Rosen.

s. beraten
- mit =>D   Inge berät sich mit einem Fachmann.

beratschlagen
- über =>A   Die Politiker beratschlagen über die Vorlage.

berichten
- aus =>D   Der Reporter berichtet aus der Stadt.
- über =>A   Der Reporter berichtet über das Ergebnis.
- von =>D   Der Reporter berichtet von der Konferenz.

berufen
- zu =>D   Der König beruft den Musketier zu seinem Berater.

s. berufen
- auf =>A   Der Nachbar beruft sich auf sein Recht.

beruhen
- auf =>D   Die Meinung beruht auf einem Irrtum.

(s.) beschäftigen
- mit =>D   Inge beschäftigt sich mit ihrer Gartenarbeit.

beschmieren
- mit =>D   Die Kinder beschmieren die Wand mit Farbe.

(s.) beschränken
- auf =>A   Der Redner beschränkt sich auf ein Thema.

beschützen
- vor =>D   Der Hund beschützt das Haus vor Einbrechern.

s. beschweren
- bei =>D   Hans beschwert sich beim Nachbarn.
- über =>A   Hans beschwert sich über den Lärm.

(s.) besprechen
- mit =>D   Inge bespricht sich mit Hans.

bespritzen
- mit =>D   Inge bespritzt die Rosen mit einem Schutzmittel.

bestehen
- auf =>D   Inge besteht auf einen Tannenbaum zu Weihnachten.

bestehen
- aus =>D   Der Weihnachtsbaum besteht aus Plastik.

bestehen
- in =>D   Hans' Hilfe besteht im Rasenmähen.

bestellen
- bei =>D   Inge bestellt beim Bäcker 30 Brötchen.

bestimmen
- über =>A   Die Mitglieder bestimmen über das Vereinsprogramm.

bestrafen
- für =>A   Der Anlageberater wird für seinen Betrug bestraft.

s. beteiligen
- an =>D   Hans beteiligt sich an einem Gespräch.

beten
- für =>A   Die Trojaner beten für erhofften Beistand.
- zu =>D   Die Trojaner beten zu ihren Göttern.

betrachten
- als =>A   Der Nachbar betrachtet Hans als einen Freund.

betrügen
- mit =>D   Der Berater betrügt den Kunden mit Absicht.
- um =>A   Der Berater betrügt den Kunden um sein Geld.

betteln
- um =>A   Der Verurteilte bettelt um eine milde Strafe.

beurteilen
- nach =>D   Der Chef beurteilt den Arbeiter nach der Leistung.

(s.) bewaffnen
- mit =>D   Der Musketier bewaffnet sich mit einem Degen.

s. bewerben
- als =>N   Inge bewirbt sich als Lehrer.
- bei =>D   Inge bewirbt sich bei der Schule.
- um =>A   Inge bewirbt sich um die freie Stelle.

bewerfen
- mit =>D   Hans bewirft Inge mit einem Schneeball.

bezahlen
- für =>A   Inge bezahlt für die Kreuzfahrt.
- mit =>D   Hans bezahlt mit der Kreditkarte.

bezeichnen
- als =>A   Der Nachbar bezeichnet Hans als einen Freund.

beziehen
- mit =>D   Inge bezieht das Bett mit einem neuen Laken.

s. beziehen
- auf =>A   Die Antwort bezieht sich auf die Frage.

biegen
- um =>A   Inge biegt die Zweige um den Stamm.

bieten
- für =>A   Der Nachbar bietet 50 Euro für den Rasenmäher.

bitten
- um =>A   Der Bibliothekar bittet um Ruhe.

blättern
- in =>D   Hans blättert in einem Lexikon.

bleiben
- bei =>D   Hans bleibt beim Kaffee.

brauchen
- für =>A   Hans braucht Inges Hilfe für das Kuchenbacken.

(es) bringen
- auf =>A   Der Redner bringt die Probleme auf den Punkt.

bringen
- um =>A   Der Lärm bringt Hans um den Schlaf.

(s.) brüsten
- mit =>D   Der Schützenkönig brüstet sich mit seinem Titel.

bürgen
- für =>A   Hans bürgt für seinen Freund.

büßen
- für =>A   Der Betrüger büßt für seinen Betrug.

danken
- für =>A   Hans dankt Inge für das Geschenk.

davonkommen
- mit =>D   Der Betrüger kommt mit einer Geldstrafe davon.

debattieren
- über =>A   Die Politiker debattieren über eine Vorlage.

denken
- an =>A   Hans und Inge denken an ihren nächsten Urlaub.

dienen
- als =>N   Der Musketier dient dem König als Berater.
- zu =>D   Der Musketier dient dem König zum Schutz.

diskutieren
- mit =>D   Hans diskutiert mit dem Nachbarn.
- über =>A   Hans diskutiert über die Ruheordnung.

s. distanzieren
- von =>D   Das Volk distanziert sich von seinem König.

dotieren
- mit =>D   Der Preis ist mit einem Geschenk dotiert.

drängen
- zu =>D   Das Volk drängt den König zum Rücktritt.

(s.) drehen
- um =>A   Hans dreht sich zu Inge um.

drohen
- mit =>D   Der Nachbar droht mit einer Anzeige.

s. drücken
- vor =>D   Hans drückt sich vor der Gartenarbeit.

duften
- nach =>D   Die Küche duftet nach frisch gebackenem Kuchen.

durchfallen
- in =>D   Der Schüler fällt in der Prüfung durch.

s. durchringen
- zu =>D   Hans ringt sich zum Helfen durch.

s. eignen
- für =>A   Hans eignet sich wenig für die Gartenarbeit.

(s.) einarbeiten
- in =>A   Hans arbeitet sich in das Thema ein.

einbauen
- in =>A   Hans baut einen Kamin in die Gartenlaube ein.

einbeziehen
- in =>A   Inge bezieht Hans in ihre Planung ein.

(s.) einfügen
- in =>A   Das letzte Teil fügt sich in das Puzzle ein.

einführen
- in =>A   Der Tanzlehrer führt die Schüler in den Tanz ein.

eingeben
- in =>A   Hans gibt das Passwort in seinen Computer ein.

eingreifen
- in =>A   Der Musketier greift in den Kampf ein.

s. einigen
- auf =>A   Hans einigt sich auf die Ruhezeiten.
- mit =>D   Hans einigt sich mit dem Nachbarn.

einladen
- in =>A   Hans lädt Inge in ein Restaurant ein.
- zu =>D   Hans lädt Inge zu einem Essen ein.

s. einlassen
- auf =>A   Hans lässt sich auf das Angebot des Händlers ein.

einlegen
- gegen =>A   Hans legt Einspruch gegen den Steuerbescheid ein.

einmarschieren
- in =>A   Die Schützen marschieren in das Schützenzelt ein.

s. einmischen
- in =>A   Der Nachbar mischt sich in das Gespräch ein.

einordnen
- in =>A   Hans ordnet das Buch in das Regal ein.

(s.) einreiben
- mit =>D   Inge reibt sich mit einer Sonnencreme ein.

(s.) einschreiben
- in =>A   Hans schreibt sich in den Sprachkurs ein.

s. einsetzen
- für =>A   Die Vereinsmitglieder setzen sich für Inge ein.

einsperren
- in =>A   Der Nachbar sperrt den Hund im Wohnzimmer ein.

einspringen
- für =>A   Inge springt für einen erkrankten Kollegen ein.

einstehen
- für =>A   Hans steht für seinen Irrtum ein.

s. einstellen
- auf =>A   Inge stellt sich auf einen langen Winter ein.

einstufen
- in =>A   Der Lehrer stuft Hans in den Anfängerkurs ein.

eintauschen
- gegen =>A   Hans tauscht den Rasenmäher gegen einen neuen ein.

einteilen
- in =>A   Inge teilt den Garten in vier Abschnitte ein.
- zu =>D   Inge teilt Hans zum Rasenmähen ein.

(s.) eintragen
- in =>A   Hans trägt sich in Liste ein.

eintreten
- für =>A   Hans und Inge treten für den Umweltschutz ein.

einweihen
- in =>A   Inge weiht den Nachbarn in die Überraschung ein.

einweisen
- in =>A   Inge weist Hans in die Gartenarbeit ein.

einwickeln
- in =>A   Inge wickelt die Rosen in Papier ein.

einwilligen
- in =>A   Inge willigt in den Kauf des Rasenmähers ein.

einzahlen
- auf =>A   Hans zahlt das Urlaubsgeld auf sein Sparkonto ein.

einziehen
- in =>A   Hans und Inge ziehen in ihr Einfamilienhaus ein.

s. ekeln
- vor =>D   Inge ekelt sich vor Regenwürmern.

(s.) empören
- über =>A   Hans empört sich über den Nachbarn.

enden
- mit =>D   Das Straßenfest endet mit einem Feuerwerk.

(s.) entfernen
- von =>D   Der Musketier entfernt sich vom Kampf.

entlassen
- in =>A   Die Retter entlassen einen Vogel in die Freiheit.

entnehmen
- aus =>D   Hans entnimmt zehn Euro aus dem Sparschwein.

entscheiden
- über =>A   Die Politiker entscheiden über die Vorlage.

s. entscheiden
- für =>A   Hans entscheidet sich für das Große.
- gegen =>A   Hans entscheidet sich gegen das Kleine.

s. entschließen
- zu =>D   Hans entschließt sich zu einem Sprachstudium.

s. entschuldigen
- bei =>D   Der Nachbar entschuldigt sich bei Hans.
- für =>A   Der Nachbar entschuldigt sich für den Lärm.

entstehen
- aus =>D   Das Gewitter entsteht aus dem Nichts.

entweichen
- aus =>D   Die Luft entweicht aus dem kaputten Reifen.

s. entwickeln
- zu =>D   Das Fohlen entwickelt sich zu einem großen Pferd.

erben
- von =>D   Der Prinz erbt den Thron vom König.

erfahren
- von =>D   Hans erfährt von seinem Testergebnis.

s. ergeben
- aus =>D   Das Resultat ergibt sich aus den Teilergebnissen.

s. erheben
- gegen =>A   Das Volk erhebt sich gegen den König.

s. erholen
- von =>D   Hans erholt sich vom Joggen.

(s.) erinnern
- an =>A   Inge erinnert Hans an einen Termin.

erkennen
- an =>D   Die Polizei erkennt den Täter an einer Narbe.

erkranken
- an =>D   Inges Freundin erkrankt an einem Virus.

s. erkundigen
- bei =>D   Hans erkundigt sich bei Inge.
- nach =>D   Hans erkundigt sich nach dem Abendessen.

ermahnen
- zu =>D   Der Bibliothekar ermahnt zu mehr Ruhe.

ermäßigen
- um =>A   Der Händler ermäßigt den Preis um ein Viertel.

s. ernähren
- von =>D   Die Geier ernähren sich vom Kadaver.

ernennen
- zu =>D   Der König ernennt den Musketier zu seinem Berater.

erschrecken
- über =>A   Der Hund erschreckt sich über das Feuerwerk.
- vor =>D   Der Postbote erschreckt sich vor dem Hund.

ersetzen
- durch =>A   Der Lehrer ersetzt eine Aufgabe durch eine andere.

erstarren
- vor =>D   Das Kind erstarrt vor Schreck.

s. erstrecken
- über =>A   Das Gebiet erstreckt sich über viele Kilometer.

ersuchen
- um =>A   Der Gast ersucht um eine Audienz beim König.

erwachen
- aus =>D   Im Frühjahr erwacht der Bär aus seinem Schlaf.

erwarten
- von =>D   Der Lehrer erwartet von seinem Schüler gute Noten.

erweitern
- um =>A   Inge erweitert das Rosenbeet um die Hälfte.

erzählen
- über =>A   Inge erzählt über das leckere Essen.
- von =>D   Inge erzählt von der Schiffsreise.

erzeugen
- aus =>D   Die Gasturbine erzeugt aus dem Erdgas Strom.

essen
- aus =>D   Hans isst die Nudeln aus dem Topf.

experimentieren
- mit =>D   Inge experimentiert mit einer neuen Rosenart.

fahnden
- nach =>D   Die Polizei fahndet nach dem Betrüger.

fehlen
- an =>D   Dem fehlt es am notwendigen Wissen.

feilschen
- um =>A   Hans feilscht um einen besseren Preis.

(s.) fernhalten
- von =>D   Der Postbote hält sich fern vom Hund des Nachbarn.

festbinden
- an =>D   Inge bindet die Rose an dem Stock fest.

festhalten
- an =>D   Die Firmenleitung hält an dem Jahresplan fest.

feuern
- auf =>A   Der Musketier feuert auf die Angreifer.

flehen
- um =>A   Die Angreifer flehen um Gnade.

fliehen
- aus =>D   Die Gefangenen fliehen aus dem Gefängnis.
- vor =>D   Das Gnu flieht vor dem Krokodil.

fließen
- durch =>A   Der Rhein fließt durch den Bodensee.
- in =>A   Der Rhein fließt in die Nordsee.

fluchen
- über =>A   Der Postbote flucht über den Hund.

flüchten
- vor =>D   Der Postbote flüchtet vor dem Hund.

folgern
- aus =>D   Hans folgert das Endergebnis aus einer Schätzung.

fordern
- für =>A   Der Manager fordert mehr Geld für die Mitarbeiter.
- von =>D   Der Manager fordert Geld von der Geschäftsführung.
- zu =>D   Der Musketier fordert den Gegner zu einem Duell.

forschen
- nach =>D   Die Wissenschaftler forschen nach dem Ursprung.

fortfahren
- mit =>D   Der Redner fährt mit dem Vortrag fort.

fragen
- nach =>D   Hans fragt Inge nach dem Autoschlüssel.

fragen
- um =>A   Inge fragt Hans um einen Rat.

freisprechen
- von =>D   Der Richter spricht den Berater vom Vorwurf frei.

s. freuen
- auf =>A   Hans freut sich auf die Feier.
- über =>A   Hans freut sich über Inges Geschenk.

führen
- zu =>D   Der Streit führt zu keinem Ergebnis.

fürchten
- um =>A   Hans fürchtet um sein Prüfungsergebnis.

s. fürchten
- vor =>D   Der Postbote fürchtet sich vor dem Hund.

fußen
- auf =>D   Das Endergebnis fußt auf einer Schätzung.

füttern
- mit =>D   Hans füttert die Fische mit Fischfutter.

garantieren
- für =>A   Inge garantiert für schönste Rosen.

gebieten
- über =>A   Der König gebietet über seine Untertanen.

gehen
- um =>A   Hans geht es um Ruhe.

gehören
- zu =>D   Die Kanaren gehören zu Spanien.

geizen
- mit =>D   Hans geizt nicht mit dem Trinkgeld.

gelangen
- zu =>D   Hans gelangt zu einer Entscheidung.

gelten
- als =>N   Die Sierra Nevada gilt als ein Skifahrerparadies.

gelten
- für =>A   Der Preis gilt für alle Kunden.

genesen
- von =>D   Inges Freundin ist von einer Erkältung genesen.

genügen
- für =>A   Drei Kuchen genügen für die Kaffeetafel.

geraten
- an =>A   Der Kuchen haftet an der Kuchenform.
- in =>A   Hans und Inge geraten in ein Unwetter.

(s.) gewöhnen
- an =>A   Hans gewöhnt sich an den Geschmack des Weins.

glauben
- an =>A   Hans glaubt an ein gutes Testergebnis.

gleiten
- über =>A   Inge gleitet elegant über die Eisfläche.

graben
- nach =>D   Hans gräbt im Garten nach Wasser.

gratulieren
- zu =>D   Inge gratuliert Hans zu seinem Geburtstag.

grauen
- vor =>D   Dem Schüler graut es vor der Prüfung.

grausen
- vor =>D   Dem Schüler graust es vor der Prüfung.

greifen
- nach =>D   Hans greift nach dem Stück Kuchen.

grenzen
- an =>A   Frankreich grenzt an Spanien.

s. gruseln
- vor =>D   Das Kind gruselt sich vor dem Keller.

grüßen
- von =>D   Inge grüßt Hans von ihrer Freundin.

haften
- an =>D   Der Kuchen haftet an der Kuchenform.
- für =>A   Der Nachbar haftet für den Hund.

(s.) halten
- an =>A   Die Schüler halten sich bei Fragen an den Lehrer.
- für =>A   Hans hält einen neuen Rasenmäher für notwendig.

halten
- von =>D   Inge hält nichts von einem neuen Rasenmäher.

handeln
- mit =>D   Inge handelt mit ihren Rosen.
- von =>D   Der Film handelt von Indianern.

(s.) handeln
- um =>A   Bei dem Film handelt es sich um einen Western.

hängen
- an =>D   Der Apfel hängt am Baum.

heißen
- nach =>D   Das Kind heißt nach dem Helden.

helfen
- bei =>D   Hans hilft Inge bei der Gartenarbeit.

herabfallen
- von =>D   Der Apfel fällt vom Baum herab.

(s.) heranwagen
- an =>A   Der Postbote wagt sich an den Hund heran.

herausfordern
- zu =>D   Inge fordert Hans zu einem Duell heraus.

(s.) heraushalten
- aus =>D   Hans hält sich aus dem Streit heraus.

hereinfallen
- auf =>A   Der Kunde fällt auf den Anlageberater herein.

s. hermachen
- über =>A   Die Gäste machen sich über das Buffet her.

herrschen
- über =>A   Der König herrscht über sein Königreich.

herstellen
- aus =>D   Der Künstler stellt Plastiken aus Marmor her.

herumkommen
- um =>A   Hans kommt um die Gartenarbeit herum.

herumreden
- um =>A   Der Anlageberater redet um die Wahrheit herum.

herumstochern
- in =>D   Inge stochert im Essen herum.

herunterfallen
- von =>D   Das Glas fällt vom Tisch herunter.

herunterspringen
- von =>D   Die Katze springt von der Mauer herunter.

hinabsteigen
- in =>A   Die Forscher steigen in die Höhle hinab.

hindern
- an =>D   Eine Grippe hindert Hans am Skifahren.
- bei =>D   Der Regen hindert Inge bei der Gartenarbeit.

hindeuten
- auf =>A   Hans deutet seinen Kunden auf die Probleme hin.

hineinfallen
- in =>A   Der Eimer fällt in den Brunnen.

hineinlassen
- in =>A   Inge lässt den Postboten in das Haus hinein.

(s.) hineinversetzen
- in =>A   Der Lehrer kann sich in die Lage hineinversetzen.

hinwegsehen
- über =>A   Inge sieht über die Unlust von Hans hinweg.

hinweisen
- auf =>A   Der Lehrer weist auf die Prüfungsordnung hin.

hinzukommen
- zu =>D   Der Nachbar kommt zu Hans und Inge hinzu.

hinzuziehen
- zu =>D   Inge zieht zur Beratung einen Fachmann hinzu.

hoffen
- auf =>A   Hans hofft auf schnelle Besserung.

hören
- auf =>A   Die Schüler hören auf den Lehrer.
- von =>D   Inge hört viel von ihrer Freundin.

s. hüten
- vor =>D   Der Postbote hütet sich vor dem Hund.

(s.) infizieren
- mit =>D   Der Tourist infiziert sich mit einem Virus.

(s.) informieren
- bei =>D   Hans informiert sich beim Fachhändler.
- über =>A   Hans informiert sich über einen Rasenmäher.

inspirieren
- zu =>D   Inge inspiriert Hans zu einem neuen Projekt.

interessiert sein
- an =>D   Inge ist an der Rosenzucht interessiert.

s. interessieren
- für =>A   Inge interessiert sich für die Rosenzucht.

s. irren
- bei =>D   Hans irrt sich bei einer Aufgabe.
- in =>D   Hans irrt sich beim Ergebnis.

jammern
- über =>A   Der Glücksspieler jammert über das verlorene Geld.

jubeln
- über =>A   Der Musketier jubelt über seinen Sieg.

kämpfen
- für =>A   Der Musketier kämpft für den König.
- gegen =>A   Der Musketier kämpft gegen den Angreifer.
- mit =>D   Der Musketier kämpft mit dem Degen.
- um =>A   Der Musketier kämpft um den Sieg.

kandidieren
- für =>A   Inge kandidiert für den Vorsitz im Rosenverein.

kennen
- als =>A   Inge kennt Hans als hilfsbereiten Menschen.

kennzeichnen
- als =>A   Der Zöllner markiert das Paket als geprüfte Ware.
- mit =>D   Der Zöllner markiert das Paket mit einem Stift.

klagen
- auf =>A   Hans klagt auf mehr Ruhe.
- gegen =>A   Hans klagt gegen den Nachbarn.
- über =>A   Hans klagt über den Lärm.

klappen
- mit =>D   Mit etwas Glück klappt es mit der Prüfung.

klarkommen
- mit =>D   Hans kommt mit dem Nachbarn klar.

s. klar werde
- über =>A   Hans wird sich über den Aufwand beim Lernen klar.

klettern
- an =>D   Die Waschbären klettern an der Wand entlang.
- auf =>A   Die Waschbären klettern auf das Dach.

klingeln
- an =>D   Der Postbote klingelt an der Tür.

klopfen
- an =>A   Der Postbote klopft an der Tür.

kommen
- auf =>A   Der Schüler kommt nicht auf die Lösung.
- zu =>D   Hans kommt zu keinem Ergebnis.

konfrontieren
- mit =>D   Hans konfrontiert den Nachbarn mit dem Vorwurf.

konkurrieren
- mit =>D   Die neue Firma konkurriert mit dem Marktführer.

s. konzentrieren
- auf =>A   Hans konzentriert sich auf seine Prüfung.

krönen
- zu =>D   Die Schützen krönen den Sieger zum Schützenkönig.

s. krümmen
- vor =>D   Der gefoulte Fußballer krümmt sich vor Schmerz.

s. kümmern
- um =>A   Inge kümmert sich um ihre Rosen.

lächeln
- über =>A   Inge lächelt über Hans' Arbeitseifer.

lachen
- mit =>A   Hans lacht mit seinen Freunden.
- über =>A   Hans lacht über eine Geschichte.

landen
- auf =>D   Das Flugzeug landet auf dem Flugplatz.
- in =>D   Der Ball landet in dem Teich.

langweilen
- mit =>D   Der Nachbar langweilt Hans mit seiner Geschichte.

s. langweilen
- bei =>D   Hans und Inge langweilen sich beim Nachbarn.

lassen
- von =>D   Das Krokodil lässt nicht von seiner Beute.

lasten
- auf =>D   Die Verantwortung lastet auf dem König.

lästern
- über =>A   Das Volk lästert über den König.

lauern
- auf =>A   Das Krokodil lauert auf seine Beute.

leben
- für =>A   Inge lebt für ihre Rosen.
- von =>D   Inge lebt vom Verkauf ihrer Rosen.

leiden
- an =>D   Hans leidet an Schlafmangel.
- unter =>D   Hans leidet unter dem Lärm.

s. leihen
- von =>D   Inge leiht sich vom Nachbarn eine Gartenschere.

leiten
- durch =>A   Der Moderator leitet durch die Sendung.

lenken
- auf =>A   Der Verkäufer lenkt das Interesse auf ein Modell.

lernen
- aus =>D   Hans lernt aus seinen Fehlern.
- von =>D   Der Schüler lernt von seinem Lehrer.

lesen
- in =>D   Inge liest in einem Buch.
- über =>A   Inge liest viel über die Rosenzucht.

liefern
- an =>A   Inge liefert neue Rosen an ihre Kunden.

liegen
- an =>D   Hans' Schlafmangel liegt am Lärm des Nachbarn.
- auf =>D   Das Ergebnis liegt auf der Hand.

(s.) lösen
- von =>D   Beim Waschen löst sich der Dreck vom Auto.

loskommen
- von =>D   Das Gnu kommt von dem Krokodil los.

(s.) losreißen
- von =>D   Das Gnu reißt sich von dem Krokodil los.

mahlen
- zu =>D   Die Mühle mahlt die Bohnen zu feinem Kaffeemehl.

mahnen
- zu =>D   Der Lehrer mahnt die Schüler zum längeren Lernen.

meinen
- zu =>D   Inge fragt Hans, was er zu den Rosen meint.

(s.) melden
- bei =>D   Inge meldet sich bei ihrer Freundin.

mithelfen
- bei =>D   Hans hilft bei der Gartenarbeit mit.

nachdenken
- über =>A   Hans denkt über einen neuen Rasenmäher nach.

nachschlagen
- in =>D   Hans schlägt die Begriffe in einem Lexikon nach.

nagen
- an =>D   Der Bieber nagt an einem Baumstamm.

neigen
- zu =>D   Der Nachbar neigt zum Hören lauter Musik.

nennen
- nach =>D   Der Untertan nennt das Kind nach dem König.

nippen
- an =>D   Inge nippt am Champagner.

nörgeln
- an =>D   Hans nörgelt an dem Kellner.
- über =>A   Hans nörgelt über das Essen.

ordnen
- nach =>D   Hans ordnet seine Bücher nach den Autoren.

(s.) orientieren
- an =>D   Der Segler orientiert sich an den Sternen.

packen
- an =>D   Das Krokodil packt das Gnu am Bein.

passen
- zu =>D   Die schwarze Krawatte passt gut zum roten Hemd.

(s.) plagen
- mit =>D   Inges Freundin plagt sich mit einer Erkältung.

plaudern
- mit =>D   Inge plaudert mit dem Nachbarn.

pochen
- auf =>A   Der Nachbar pocht auf sein Recht.

prahlen
- mit =>D   Der Schützenkönig prahlt mit seinem Amt.

prallen
- gegen =>A   Das Auto prallt gegen einen Baum.

produzieren
- aus =>D   Die Firma produziert Fahrräder aus Holz.

profitieren
- von =>D   Der Kunde profitiert von einem Preisverfall.

protestieren
- gegen =>A   Hans protestiert gegen den Lärm.

prüfen
- auf =>A   Inge prüft die Rosen auf einen Befall.

s. prügeln
- mit =>D   Die Schwester prügelt sich mit dem Bruder.
- um =>A   Die Schwester prügelt sich um ein Buch.

quälen
- mit =>D   Der Nachbar quält Hans mit seinem Lärm.

s. qualifizieren
- für =>A   Das Team qualifiziert sich für die Meisterschaft.

s. rächen
- an =>D   Die Schwester rächt sich am Bruder.
- für =>A   Die Schwester rächt sich für den Streich.

(s.) rasieren
- mit =>D   Hans rasiert sich mit dem neuen Rasierer.

raten
- zu =>D   Der Fachmann rät Inge zu einem anderen Dünger.

raufen
- mit =>D   Die Schwester rauft mit dem Bruder um ein Buch.

reagieren
- auf =>A   Der Nachbar reagiert nicht auf die Beschwerde.

rebellieren
- gegen =>A   Das Volk rebelliert gegen den König.

rechnen
- mit =>D   Inge rechnet mit viel Schnee im Winter.

reden
- mit =>D   Hans redet mit Inge.
- über =>A   Hans redet über den Urlaub.
- von =>D   Hans redet von der Kreuzfahrt.

reduzieren
- auf =>A   Hans reduziert seine Arbeit auf ein Minimum.

regieren
- über =>A   Der König regiert über seine Untertanen.

s. reimen
- auf =>A   Ein Wort reimt sich auf ein anderes Wort.

reinigen
- mit =>D   Hans reinigt das Auto mit sauberem Wasser.
- von =>D   Hans reinigt das Auto von dem Dreck.

reizen
- zu =>D   Der Nachbar reizt Hans zu einem Wutausbruch.

reservieren
- für =>A   Der Tisch ist reserviert für Hans und Inge.

resultieren
- aus =>D   Das gute Ergebnis resultiert aus harter Arbeit.

retten
- aus =>D   Der Postbote rettet sich aus dem Vorgarten.
- vor =>D   Der Postbote rettet sich vor dem Hund.

s. revanchieren
- für =>A   Hans revanchiert sich für das gelungene Fest.

richten
- auf =>A   Inge richtet den Wassersprenger auf die Rosen.

s. richten
- nach =>D   Hans richtet sich bei der Gartenarbeit nach Inge.

riechen
- nach =>D   Die Küche riecht nach dem gebratenen Fisch.

ringen
- mit =>D   Die Schwester ringt mit dem Bruder.
- nach =>D   Der Marathonläufer ringt nach Luft.
- um =>A   Die Schwestern ringen um ein Buch.

rufen
- nach =>D   Inge ruft nach Hans.
- um =>A   Inge ruft um Hilfe.

rütteln
- an =>D   Hans rüttelt an der verschlossenen Tür.

sagen
- über =>A   Hans sagt nur Gutes über den neuen Rasenmäher.
- zu =>D   Hans sagt nichts zum Weihnachtsbaum aus Plastik.

sammeln
- für =>A   Die Pfadfinder sammeln Geld für einen guten Zweck.

schalten
- auf =>A   Inge schaltet das Radio auf ein anderes Programm.

s. schämen
- für =>A   Hans schämt sich für sein schlechtes Ergebnis.
- vor =>D   Der geschlagene Boxer schämt sich vor dem Trainer.

s. scharen
- um =>A   Die Kinder scharen sich um den Eiswagen.

schätzen
- auf =>A   Der Juwelier schätzt die Uhr auf einen hohen Wert.

scheiden
- aus =>D   Inge scheidet aus dem Rosenverein.

s. scheiden lassen
- von =>D   Inges Freundin lässt sich von ihrem Mann scheiden.

scheinen
- auf =>A   Die Sonne scheint auf die Küste.

s. scheren
- um =>A   Der König schert sich nicht um ein Volk.

scherzen
- über =>A   Das Volk scherzt über den König.

s. scheuen
- vor =>D   Hans scheut sich vor der Gartenarbeit.

schicken
- an =>A   Inge schickt einen Brief an die Freundin.
- zu =>D   Inge schickt Hans zu ihrer Freundin.

schieben
- auf =>A   Hans schiebt die Arbeit auf die nächste Woche.

schießen
- auf =>A   Der Musketier schießt auf den Angreifer.

schimpfen
- auf =>A   Hans schimpft auf den Nachbarn.
- über =>A   Hans schimpft über den Lärm.

schließen
- aus =>D   Hans schließt den Nachbarn von dem Fest aus.

schmecken
- nach =>D   Der Keks schmeckt nach Zimt.

schmücken
- mit =>D   Inge schmückt den Weihnachtsbaum mit einem Stern.

schnappen
- nach =>D   Das Krokodil schnappt nach dem Gnu.

(s.) schneiden
- in =>A   Inge schneidet sich in den Finger.

schnuppern
- an =>D   Inge schnuppert an ihren Rosen.

schreiben
- an =>A   Inge schreibt einen Brief an ihre Freundin.
- über =>A   Inge schreibt über die schöne Erlebnisreise.
- von =>D   Inge schreibt von der Überraschung.

schreien
- vor =>D   Der gefoulte Fußballer schreit vor Schmerz.

(s.) schützen
- gegen =>A   Inge schützt ihre Rosen gegen die Kälte.
- vor =>D   Inge schützt ihre Rosen vor Läusen.

schwärmen
- für =>A   Inge schwärmt für ihren Hans.
- von =>D   Inge schwärmt von ihrem Hans.

schweigen
- zu =>D   Der Anlageberater schweigt zu den Vorwürfen.

schwören
- auf =>A   Hans schwört auf einen guten Kaffee zum Frühstück.

sehen
- nach =>D   Hans sieht nach dem Hund des Nachbarn.

s. sehnen
- nach =>D   Hans sehnt sich nach einem Urlaub.

sein
- für =>A   Hans ist für Kauf eines Rasenmähers.
- gegen =>A   Inge ist gegen den Kauf eines Rasenmähers.

senden
- an =>A   Inge sendet den Brief an ihre Freundin.

siegen
- über =>A   Der Musketier siegt über seinen Gegner.

sorgen
- für =>A   Inge sorgt für ihre Rosen.

s. sorgen
- um =>A   Inge sorgt sich um ihre Rosen.

s. spalten
- in =>A   Die Arbeiter spalten sich in zwei Lager.

sparen
- für =>A   Hans und Inge sparen für eine Kreuzfahrt.
- spekulieren
  auf =>A   Hans spekuliert auf einen sinkenden Preis.

s. spezialisieren
- auf =>A   Inge spezialisiert sich auf die Rosenzucht.

s. spiegeln
- in =>D   Die Häuser spiegeln sich in den Pfützen.

spielen
- mit =>D   Der Nachbar spielt mit dem Hund.
- um =>A   Hans und Inge spielen um einen Euro.

sprechen
- mit =>D   Hans spricht mit Inge.
- über =>A   Hans spricht über den nächsten Urlaub.
- von =>D   Inge spricht von der Kreuzfahrt.
- zu =>D   Inge spricht zu den Gästen von der Kreuzfahrt.

sprudeln
- aus =>D   Das Wasser sprudelt aus der Quelle.

stammen
- aus =>D   Das Wasser stammt aus der Quelle.

staunen
- über =>A   Der Nachbar staunt über den neuen Rasenmäher.

stecken
- in =>A   Inge steckt die Setzlinge in die Erde.

steigen
- aus =>D   Hans steigt aus dem Zug.
- in =>A   Hans steigt in den Bus.

sterben
- an =>D   Der Tourist stirbt an einem Schlangenbiss.

stimmen
- für =>A   Die Arbeiter stimmen für mehr Geld.
- gegen =>A   Die Arbeiter stimmen gegen einen Lohnverzicht.

stinken
- nach =>D   Das frisch lackierte Auto stinkt nach dem Lack.

stöhnen
- vor =>D   Der gefoulte Fußballer stöhnt vor Schmerz.

stolpern
- über =>A   Inge stolpert über einen Ast.

stören
- bei =>D   Der Nachbar stört Hans beim Lernen.

stoßen
- auf =>A   Die Goldgräber stoßen auf ein Goldstück.
- gegen =>A   Inge stößt gegen die Leiter.

s. stoßen
- an =>D   Inge stößt sich an der Leiter.

s. sträuben
- gegen =>A   Hans sträubt sich gegen die Gartenarbeit.

streben
- nach =>D   Hans strebt nach einem guten Testergebnis.

streiken
- für =>A   Die Arbeiter streiken für mehr Geld.

streiten
- für =>A   Die Arbeiter streiten für mehr Geld.

(s.) streiten
- mit =>D   Hans streitet mit Inge.
- mit =>D   Hans streitet sich mit Inge.
- über =>A   Hans streitet über den Kuchen.
- um =>A   Hans streitet um das letzte Stück Kuchen.

(s.) stürzen
- auf =>A   Die Geschwister stürzen sich auf die Geschenke.
- in =>A   Der Stuntman stürzt sich aus dem Flugzeug.
- aus =>D   Der Stuntman stürzt in die Tiefe.

suchen
- nach =>D   Hans sucht nach seiner Brille.

tadeln
- wegen =>G   Der Lehrer tadelt den Schüler wegen des Fehlers.

tanzen
- mit =>D   Inge tanzt mit Hans einen Walzer.

tasten
- nach =>D   Hans tastet nach seiner Brille.

tauschen
- gegen =>A   Hans tauscht eine Axt gegen ein Beil.
- mit =>D   Hans tauscht mit dem Nachbarn.

s. täuschen
- in =>D   Hans täuscht sich in dem Nachbarn.

teilen
- in =>A   Inge teilt den Kuchen in zwölf Stücke.
- mit =>D   Inge teilt den Kuchen mit den Nachbarn.

teilnehmen
- an =>D   Hans nimmt an dem Sprachkurs teil.

telefonieren
- mit =>D   Inge telefoniert mit ihrer Freundin.

trachten
- nach =>D   Der Sportler trachtet nach dem Sieg.

trauern
- um =>A   Das Volk trauert um den alten König.

träumen
- von =>D   Inge träumt von einer Kreuzfahrt.

s. treffen
- mit =>D   Inge trifft sich mit ihrer Freundin.

s. trennen
- von =>D   Inges Freundin trennt sich von ihrem Mann.

triefen
- vor =>D   Der Mantel trieft vor Nässe.

trinken
- auf =>A   Inge trinkt auf den Erfolg von Hans.
- aus =>D   Inge trinkt aus einer Champagnerschale.

triumphieren
- über =>A   Der Musketier triumphiert über seinen Gegner.

(s.) trösten
- mit =>D   Hans tröstet sich mit einem Stück Schokolade.
- über =>A   Hans tröstet sich über sein Testergebnis.

zu tun haben
- mit =>D   Hans hat es mit einem schweren Problem zu tun.

s. üben
- in =>D   Hans wartet auf Inge und übt sich in Geduld.

übereinkommen
- über =>A   Hans kommt mit dem Kunden überein.

übergeben
- an =>A   Der König übergibt den Preis an den Preisträger.

übergreifen
- auf =>A   Der Befall greift auf die Rosen über.

überraschen
- mit =>D   Inge überrascht Hans mit einer Geburtstagsfete.

überreden
- zu =>D   Inge überredet Hans zu einer Kreuzfahrt.

überschütten
- mit =>D   Die Kunden überschütten Inge mit großem Lob.

übersetzen
- aus =>A   Der Text wird aus dem Indischen übersetzt.
- in =>A   Der Text wird in das Deutsche übersetzt.

überspielen
- auf =>A   Hans überspielt die Musik auf seinen MP3-Player.

übertragen
- auf =>A   Der König überträgt das Amt auf den Musketier.

übertreiben
- mit =>D   Hans übertreibt es mit dem Vokabellernen.

überweisen
- an =>A   Hans überweist Geld an das Finanzamt.
- auf =>A   Hans überweist Geld auf das Konto des Finanzamtes.

überzeugen
- von =>D   Hans überzeugt Inge von einem neuen Rasenmäher.

übriglassen
- von =>D   Die Gäste lassen nichts vom Buffet übrig.

s. umdrehen
- nach =>D   Hans dreht sich nach einem Sportwagen um.

umgehen
- mit =>D   Hans geht vorsichtig mit dem neuen Rasenmäher um.

umkommen
- bei =>D   Der Tourist kommt beim Bergsteigen um.

umrechnen
- in =>A — Inge rechnet 100 Euro in eine andere Währung um.

s. umsehen
- nach =>D — Hans sieht sich nach einem neuen Rasenmäher um.

umsteigen
- auf =>A — Hans steigt auf einen anderen Telefonanbieter um.
- in =>A — Hans steigt in einen anderen Bus um.

umstellen
- auf =>A — Inge stellt die Uhren auf die Winterzeit um.

umwickeln
- mit =>D — Inge umwickelt den Olivenbaum mit einer Folie.

(s.) unterhalten
- mit =>D — Hans unterhält sich gern mit Inge.
- über =>A — Hans und Inge unterhalten sich über den Garten.

unterrichten
- in =>D — Der Argentinier unterrichtet Inge im Tangotanzen.
- über =>A — Hans unterrichtet Inge über den Reiseplan.

(s.) unterscheiden
- von =>D — Der neue Rasenmäher unterscheidet sich vom alten.

unterstützen
- in =>D — Hans unterstützt Inge in ihrer Arbeit.
- mit =>D — Hans unterstützt Inge mit seinem Wissen.

untersuchen
- auf =>A — Inge untersucht ihre Rosen auf Blattläuse.

unterweisen
- in =>D — Der Argentinier unterweist im Tangotanzen.

urteilen
- über =>A — Der Richter urteilt über den Betrüger.

s. verabreden
- mit =>D — Inge verabredet sich mit ihrer Freundin.
- zu =>D — Inge verabredet sich zu einem Kaffee.

s. verabschieden
- von =>D — Hans verabschiedet sich von einem Freund.

verarbeiten
- zu =>D — Inge verarbeitet die Kirschen zu einem Kirscheis.

s. verändern
- in =>A — Der Bach verändert sich bei Regen in einen Fluss.
- zu =>D — Der Bach verändert sich bei Regen zu einem Fluss.

(s.) verbergen
- vor =>D — Der Postbote verbirgt sich vor dem Hund.

s. verbeugen
- vor =>D   Der Botschafter verbeugt sich vor dem König.

verbinden
- mit =>D   Der Arzt verbindet die Wunde mit einem Verband.

verdienen
- an =>D   Inge verdient an dem Verkauf ihrer Rosen.
- mit =>D   Inge verdient Geld mit dem Verkauf ihrer Rosen.

verdrängen
- aus =>D   Die Musketiere verdrängen den Gegner aus dem Land.

verfügen
- über =>A   Hans verfügt über ausreichende Mittel.

verführen
- zu =>D   Hans verführt Inge zu einem romantischen Essen.

vergleichen
- mit =>D   Hans vergleicht sein Ergebnis mit der Lösung.

verhandeln
- über =>A   Hans verhandelt mit dem Verkäufer über den Preis.

verheimlichen
- vor =>D   Inge verheimlicht eine Überraschung vor Hans.

s. verheiraten
- mit =>D   Inge verheiratet sich mit ihrem Hans.

verhelfen
- zu =>D   Der Lehrer verhilft dem Schüler zu guten Noten.

verkaufen
- an =>A   Inge verkauft die Rosen an den Nachbarn.
- zu =>D   Inge verkauft die Rosen zu einem fairen Preis.

verklagen
- auf =>A   Der Kunde verklagt den Berater auf Schadensersatz.

verlangen
- nach =>D   Der Anlageberater verlangt nach einem Anwalt.
- von =>D   Der Lehrer verlangt viel Fleiß von dem Schüler.

verlängern
- auf =>A   Hans verlängert die Reise auf eine Woche.
- um =>A   Hans verlängert die Reise um zwei Tage.

s. verlassen
- auf =>A   Inge verlässt sich auf die Hilfe von Hans.

s. verlaufen
- in =>D   Der Tourist verläuft sich in der fremden Stadt.

s. verlieben
- in =>A   Vor Jahren hat sich Inge in Hans verliebt.

s. verloben
- mit =>D   Hans hat sich vor Jahren mit Inge verlobt.

vermieten
- an =>A   Hans vermietet sein Ferienhaus an einen Freund.

veröffentlichen
- bei =>D   Der Autor veröffentlicht sein Buch bei einem Verlag.
- in =>D   Inge veröffentlicht eine Anzeige in einem Magazin.

(s.) verpflichten
- zu =>D   Der Berater verpflichtet sich zu mehr Ehrlichkeit.

verraten
- an =>A   Die Schwester verrät den Bruder an die Eltern.

verschenken
- an =>A   Inge verschenkt eine Rose an den Nachbarn.

verschieben
- auf =>A   Inge verschiebt das Fest auf nächste Woche.
- um =>A   Hans und Inge verschieben ihre Reise um einen Tag.

verschwinden
- aus =>D   Die Gnus verschwinden vom Flussufer.

s. versetzen
- in =>A   Hans versetzt sich in die Lage von Inge.

(s.) versichern
- bei =>D   Hans versichert sich bei einer Versicherung.
- gegen =>A   Hans versichert sich gegen einen Sturmschaden.

s. versöhnen
- mit =>D   Hans versöhnt sich mit dem Nachbarn.

versorgen
- mit =>D   Inge versorgt Hans mit leckerem Kaffee.

s. verspäten
- mit =>D   Der Postbote verspätet sich mit einer Lieferung.

(s.) verstecken
- vor =>D   Die Schwester versteckt sich vor dem Bruder.

s. verstehen
- mit =>D   Inge versteht sich gut mit Hans.

verstehen
- von =>D   Inge versteht viel von der Gartenarbeit.

verstoßen
- gegen =>A   Der Fußballspieler verstößt gegen die Regeln.

s. verstricken
- in =>A   Der Berater verstrickt sich in einen Widerspruch.

(s.) verteidigen
- gegen =>A   Der Berater verteidigt sich gegen die Vorwürfe.

verteilen
- an =>A   Inge verteilt Rosen an die Nachbarn.
- unter =>D   Inge verteilt Rosen unter den Nachbarn.

s. vertragen
- mit =>D   Hans verträgt sich wieder mit dem Nachbarn.

vertrauen
- auf =>A   Inge vertraut auf die Hilfe von Hans.

verurteilen
- zu =>D   Das Gericht verurteilt den Dieb zu einer Strafe.

s. verwandeln
- in =>A   Die Raupe verwandelt sich in einen Schmetterling.

verwechseln
- mit =>D   Hans verwechselt das Salz mit dem Zucker.

verweisen
- an =>A   Der Verkäufer verweist Hans an den Verkaufsleiter.
- auf =>A   Der Verkaufsleiter verweist auf die hohen Kosten.
- aus =>D   Der Trainer verweist den Spieler aus dem Team.
- von =>D   Der Schiedsrichter verweist den Spieler vom Platz.

verwenden
- als =>A   Hans verwendet seine Erkältung als Ausrede.

verwickeln
- in =>A   Hans verwickelt den Nachbarn in ein Gespräch.

verzichten
- auf =>A   Inge verzichtet auf das letzte Stück Kuchen.

verzieren
- mit =>D   Inge verziert den Kuchen mit einem Sahnehäubchen.

(s.) verzinsen
- mit =>D   Die Bank verzinst das Guthaben mit zwei Prozent.

verzweifeln
- an =>D   Der Schüler verzweifelt an der schweren Aufgabe.

vorbeifahren
- an =>D   Der Postbote fährt an dem Haus vorbei.

vorbeigehen
- an =>D   Der Postbote geht an dem Haus vorbei.

vorbeikommen
- an =>D   Die Touristen kommen an dem Denkmal vorbei.

(s.) vorbereiten
- auf =>A   Hans bereitet sich auf seine Prüfung vor.

vorlesen
- aus =>D   Die Oma liest dem Enkel aus dem Buch vor.

s. etwas vorstellen
- unter =>D   Hans stellt sich unter einer Party ein Fest vor.

wählen
- zu =>D   Die Mitglieder wählen Inge zur Vorsitzenden.

warnen
- vor =>D   Der Nachbar warnt den Postboten vor dem Hund.

warten
- auf =>A   Die Kinder warten auf den Weihnachtsmann.
- mit =>D   Hans wartet mit der Gruppe bis zum frühen Abend.

weglaufen
- von =>D   Der Hund läuft von dem Nachbarn weg.
- vor =>D   Der Postbote läuft vor dem Hund weg.

s. wehren
- gegen =>A   Der Anlageberater wehrt sich gegen die Vorwürfe.

weinen
- über =>A   Inge weint über den Verlust der Rosen.
- um =>A   Inge weint um die abgebrochenen Rosen.

weitergeben
- an =>A   Hans gibt das Buch an Inge weiter.

s. wenden
- an =>A   Inge wendet sich an einen Fachmann.
- gegen =>A   Das Volk wendet sich gegen den König.

werben
- für =>A   Inge wirbt für ihre Rosen.

werden
- zu =>D   Im Winter wird Regen zu Schnee.

wetten
- um =>A   Hans und Inge wetten um einen Euro.

wickeln
- um =>A   Inge wickelt das Band um den Rosenzweig.

s. widerspiegeln
- in =>D   Die Häuser spiegeln sich in den Pfützen wider.

wimmeln
- von =>D   Der Garten wimmelt von Regenwürmern.

s. winden
- um =>A   Das Efeu windet sich um den Baum.

wirken
- auf =>A   Das Schutzmittel wirkt auf die Blattläuse.

wissen
- über =>A   Inge weiß viel über Rosen.
- von =>D   Das Kind weiß nichts von seinem Geburtstagsgeschenk.

s. wundern
- über =>A   Inge wundert sich über das Unkraut im Garten.

zahlen
- an =>A   Hans und Inge zahlen Zinsen an die Bank.
- für =>A   Hans und Inge zahlen Zinsen für das Darlehen.

zählen
- auf =>A   Hans zählt auf die Hilfe von Inge.
- zu =>D   Die Rosen zählen zu den Sträuchern.

s. zanken
- mit =>D   Hans zankt sich mit Inge.
- über =>A   Die Kinder zanken sich über das letzte Bonbon.

zehren
- an =>D   Die Arbeit zehrt an den Kräften.

zeigen
- auf =>A   Hans zeigt auf die schönste Rose.
- nach =>D   Der Pfeil zeigt nach Norden.

zielen
- auf =>A   Der Schütze zielt auf die Zielscheibe.

zittern
- vor =>D   Das Kind zittert vor Schreck nach dem Donner.

zögern
- mit =>D   Hans zögert mit dem Kauf eines neuen Rasenmähers.

zubinden
- mit =>D   Hans bindet die Kiste mit einem Draht zu.

(s.) zudecken
- mit =>D   Inge deckt das Beet mit einem Tannenast zu.

s. zufriedengeben
- mit =>D   Hans gibt sich mit dem Ergebnis zufrieden.

zufriedenlassen
- mit =>D   Hans lässt Inge mit seinem Ärger zufrieden.

zufrieden sein
- mit =>D   Hans und Inge sind zufrieden mit ihrem Leben.

zugehen
- auf =>A   Hans geht auf den Nachbarn zu.

zukommen
- auf =>A   Hans kommt auf den Nachbarn zu.

zurechtkommen
- mit =>D   Hans und Inge kommen mit ihrem Leben zurecht.

zurückführen
- auf =>A   Das Ergebnis ist auf die Arbeit zurückzuführen.

zurückgreifen
- auf =>A   Inge greift auf einen alten Trick zurück.

zurückhalten
- mit =>D   Der Nachbar hält sich mit einem Ratschlag zurück.

zurückkommen
- auf =>A   Der Redner kommt auf das Thema zurück.

zurückschrecken
- vor =>D   Der Postbote schreckt vor dem Hund zurück.

zurückweichen
- vor =>D   Der Postbote weicht vor dem Hund zurück.

zusammenhängen
- mit =>D   Das gute Ergebnis hängt mit dem Lernen zusammen.

s. zusammensetzen
- aus =>D   Die Versammlung setzt sich aus Arbeitern zusammen.

zusammenstoßen
- mit =>D   Das Auto stößt mit einem Bus zusammen.

zuschauen
- bei =>D   Hans schaut Inge bei der Gartenarbeit zu.

zusehen
- bei =>D   Hans sieht Inge bei der Gartenarbeit zu.

zusteuern
- auf =>A   Das Schiff steuert auf den Hafen zu.

zweifeln
- an =>D   Die Bürger zweifeln an den Politikern.

s. zwingen
- zu =>D   Hans zwingt sich zum Vokabellernen.

WORTFORMEN VON UND BESONDERHEITEN NACH KONKUNKTIONEN ALS KONNEKTOR

Ein Konnektor – ein Verbindungswort – ist ein grundsätzlich unveränderlicher Ausdruck, um

- Hauptsätze,
- gleichwertige und untergeordnete Nebensätze sowie
- Satzteile und
- Wörter oder Wortgruppen

zu verknüpfen und Verhältnisse der Satzglieder zueinander darzustellen, indem räumliche und zeitliche Ordnungen oder aber Beziehungen der Art und Weise ausgedrückt werden.

Als Konnektoren verwendet werden können alle Konjunktionen, einige Adverbien und die meisten Partikeln.

Konjunktionen sind Bindewörter, die Wörter oder Satzteile miteinander verbinden. Unterschieden werden Satzteilkonjunktionen zur Verbindung von Satzteilen ...
- Das Auto des Nachbarn ist größer <u>als</u> meins.

... Infinitivkonjunktionen ...
- Das Kind rennt auf die Straße, <u>ohne</u> auf die Autos <u>zu</u> achten.

... sowie **nebenordnende Konjunktionen**, die

aneinanderreihen	als auch, und, sowie, weder ... noch, wie
ausschließen	außer, oder
entgegensetzen	aber, doch, jedoch, sondern
einschränken	bloß, nur
begründen	denn, dennoch

- Ernesto liest dieses Buch,
  um neue Wörter zu lernen <u>und</u> besser deutsch zu sprechen.
- Der Nachbar legt sich in den Garten und
  liest entweder die Zeitung <u>oder</u> schläft eine Stunde.

... und **unterordnende Konjunktionen**, die

▪	Begründungen einleiten	da, dadurch, dass, weil
▪	Bedingungen nennen	falls, sofern, wenn
▪	unzureichende Gründe benennen	obgleich, obwohl
▪	Zeitpunkte angeben	als, nachdem, während
▪	vergleichen	als ob, je ... desto, wie
▪	Absichten nennen	damit, dass, um zu
▪	Gegensätze aufzeigen	während

- Ernesto liest dieses Buch,
  <u>um</u> neue Wörter <u>zu</u> lernen.
- Der Nachbar muss sich mit dem Rasenmähen beeilen,
  <u>damit</u> er vor dem Regen fertig wird.

Info: Ein Satz ist untergeordnet, wenn er die Information eines anderen Satzes erklärt oder begründet und somit von diesem Satz – ob Hauptsatz oder Nebensatz – abhängt.

Unterordnende Konjunktionen – logisch zugeordnet
{denn da weil oder obgleich}

Bitte beachten:
Ähnliche oder gleichlautende Beispielsätze stehen für die Austauschmöglichkeit eines Wortes beziehungsweise einer Wortform.

Ausschließende Konjunktionen (disjunktiv)

beziehungsweise
- Die Hunde sind zwei beziehungsweise drei Jahre alt.
- Hans ist mit Inge befreundet beziehungsweise verlobt.

entweder ... oder
- Hans isst entweder einen Apfel oder eine Birne.
- Ernesto spielt entweder Fußball oder Tennis.

oder
- Hans isst einen Apfel oder eine Birne.
- Ernesto spielt Fußball oder Tennis.

Begründende Konjunktion (kausal)

da
- Hans mäht den Rasen nicht, da es regnet.
- Ernesto geht nicht zum Sprachkurs, da er krank ist.

denn
- Hans mäht den Rasen nicht, denn es regnet.
- Ernesto geht nicht zum Sport, denn er ist krank.

weil
- Hans mäht den Rasen nicht, weil es regnet.
- Ernesto geht nicht zum Sport, weil er krank ist.

zumal
- Hans bleibt den ganzen Tag zuhause, zumal es regnet.
- Inge kocht nicht, zumal sie keinen Hunger hat.

Einräumende Konjunktionen (konzessiv)

ob + oder
- Hans mäht den Rasen, ob es regnet oder stürmt.
- Inge backt einen Kuchen, ob sie Zeit hat oder nicht.

obgleich
- Hans mäht den Rasen, obgleich es regnet.
- Ernesto geht zum Sprachkurs, obgleich er krank ist.

obschon
- Hans mäht den Rasen, obschon es regnet.
- Ernesto geht zum Sprachkurs, obschon er krank ist.

obwohl
- Hans mäht den Rasen, obwohl es regnet.
- Ernesto geht zum Sprachkurs, obwohl er krank ist.

wenn auch
- Hans hört zu, wenn ihn das Thema auch interessiert.
- Inge backt Kuchen, wenn auch sie keine Zeit hat.

wenngleich
- Hans geht in den Film, wenngleich ihn das Thema nicht interessiert.
- Inge backt einen Kuchen, wenngleich sie eigentlich keine Zeit hat.

Entgegensetzende Konjunktionen (adversativ)

aber
- Ernestos schlechte Note ist hart, aber berechtigt.
- Inge will Kuchen backen, aber sie hat keine Zeit.

allein
- Inge möchte verreisen, allein es fehlt die Zeit.
- Es geht allein um die Zeit, nicht um das Wollen.

doch
- Hans soll den Rasen mähen, doch er hat keine Lust.
- Inge will Kuchen backen, doch sie hat keine Zeit.

hingegen
- Hans interessiert sich nicht für den Film, Inge hingegen schon.
- Ernestos Note ist berechtigt, Martas hingegen nicht.

indes / indessen
- Hans mäht den Rasen, indes Inge die Blumen düngt.
- Hans mäht den Rasen, indessen Inge die Blumen düngt.
- Ernesto geht ins Kino, indes Marta Vokabeln lernt.
- Ernesto geht ins Kino, indessen Marta Vokabeln lernt.

jedoch
- Hans hört dem Nachbarn nicht zu, jedoch Inge.
- Ernestos Note ist berechtigt, Martas jedoch nicht.

sondern
- Hans mäht nicht den Rasen, sondern düngt die Blumen.
- Ernesto geht nicht zum Sprachkurs, sondern ins Kino.

während
- Hans mäht den Rasen, während Inge die Blumen düngt.
- Ernesto geht ins Kino, während Marta Vokabeln lernt.

währenddessen
- Hans mäht den Rasen, währenddessen Inge die Blumen düngt.
- Ernesto geht ins Kino, währenddessen Marta Vokabeln lernt.

wohingegen
- Ernesto schläft, wohingegen Marta Vokabeln lernt.
- Inge pflanzt Rosen, wohingegen Hans den Rasen mäht.

Finale Konjunktionen

damit
- Inge schreibt Notizen, damit sie nichts vergisst.
- Marta lernt Vokabeln, damit sie die Prüfung besteht.

dass
- Inge düngt die Rosen, dass sie besser wachsen.
- Ernesto schließt das Rad ab, dass es nicht wegkommt.

um ... zu
- Inge schreibt Notizen, um nichts zu vergessen.
- Marta lernt Vokabeln, um die Prüfung zu bestehen.

Konditionale Konjunktionen

falls
- Inge backt einen Kuchen, falls sie Zeit hat.
- Ernesto wird die Prüfung bestehen, falls er lernt.

sofern
- Inge backt einen Kuchen, sofern sie Zeit hat.
- Ernesto wird die Prüfung bestehen, sofern er lernt.

wenn
- Inge backt einen Kuchen, wenn sie Zeit hat.
- Ernesto wird die Prüfung bestehen, wenn er lernt.

Konsekutive Konjunktionen (Folge)

als dass
- Die Zeit reicht nicht, als dass Inge kommen kann.
- Ernesto weiß zu wenig, als dass er bestehen kann.

dass
- Ernesto ist so krank, dass er nicht zur Schule geht.
- Der Nachbar hört so laut Musik, dass es nervt.

ohne dass
- Ernesto geht zur Prüfung, ohne dass er vorher lernt.
- Hans isst ein Stück Kuchen, ohne dass er gefragt hat.

ohne zu
- Ernesto geht zur Prüfung, ohne vorher zu lernen.
- Hans nascht vom Kuchen, ohne zu fragen.

um … zu
- Die Zeit reicht nicht, um einen Kuchen zu backen.
- Ernesto ist zu krank, um zum Sprachkurs zu gehen.

sodass / so dass
- Er weiß zu wenig, sodass er die Prüfung nicht besteht.
- Er weiß zu wenig, so dass er die Prüfung nicht besteht.
- Hans nascht vom Kuchen, sodass Inge sauer ist.
- Hans nascht vom Kuchen, so dass Inge sauer ist.

Modale Konjunktionen (Art und Weise)

als
- Der Rabe ist klüger als das Huhn.
- Die erste Tochter ist älter als der letzte Sohn.

als ob
- Hans tut so, als ob er beschäftigt ist.
- Der Hase rennt, als ob er gejagt wird.

als wenn
- Hans tut so, als wenn er beschäftigt ist.
- Der Hase rennt, als wenn er gejagt wird.

anstatt … dass
- Ernesto schaut fern, anstatt dass er Vokabeln lernt.
- Hans liest ein Buch, anstatt dass er Inge hilft.

anstatt ... zu
- Ernesto schaut fern, anstatt Vokabeln zu lernen.
- Hans liest ein Buch, anstatt Inge zu helfen.

außer
- Am Bahnsteig kann Hans nichts tun, außer zu warten.
- Es gibt nichts Gutes, außer man tut es. *(Erich Kästner)*

indem
- Hans hilft Inge, indem er die Blumen düngt.
- Hans überrascht Inge, indem er eine Reise bucht.

je ... desto
- Je mehr Ernesto lernt, desto besser wird seine Note.
- Je mehr es regnet, desto schlechter wird Inges Laune.

je ... umso
- Je mehr Ernesto lernt, umso besser wird seine Note.
- Je mehr es regnet, umso schlechter wird Inges Laune.

ohne dass
- Hans mäht den Rasen, ohne dass er Blumen beschädigt.
- Ernesto geht zur Prüfung, ohne dass er gelernt hat.

ohne ... zu
- Hans mäht den Rasen, ohne die Blumen zu beschädigen.
- Ernesto geht zur Prüfung, ohne gelernt zu haben.

soweit
- Hans mäht den Rasen, soweit er Zeit hat.
- Ernesto besteht die Prüfung, soweit er gelernt hat.

statt ... zu
- Ernesto schaut fern, statt Vokabeln zu lernen.
- Hans liest ein Buch, statt Inge zu helfen.

wie
- Der Urlaub war so schön, wie wir es erwartet haben.
- Ernestos Prüfung fällt aus, wie es zu erwarten war.

wie wenn
- Hans tut so, wie wenn er beschäftigt ist.
- Der Hase rennt, wie wenn er gejagt wird.

Verbindende Konjunktionen (kopulativ)

nicht nur ... auch
- Hans mag nicht nur Kirschen, auch Pflaumen.
- Inge pflanzt nicht nur Tomaten an, auch Zwiebeln.

nicht nur ... sondern auch
- Hans mag nicht nur Äpfel, sondern auch Birnen.
- Inge pflanzt nicht nur Rosen an, sondern auch Tulpen.

und
- Hans mag Äpfel und Birnen.
- Inge pflanzt Rose und Tulpen an.

sowie
- Hans mag Äpfel sowie Birnen.
- Inge pflanzt Rosen und Tulpen sowie Tomaten an.

sowohl ... als auch
- Hans mag sowohl Äpfel, als auch Birnen.
- Inge pflanzt sowohl Rosen, als auch Tulpen an.

sowohl ... wie auch
- Hans mag sowohl Äpfel, wie auch Birnen.
- Inge pflanzt sowohl Rosen, wie auch Tulpen an.

weder ... noch
- Ernesto mag weder Äpfel noch Birnen.
- Der Nachbar pflanzt weder Rosen, noch Tulpen an.

wie
- Hans mag Äpfel wie Birnen.
- Ernesto trinkt Bier wie Wein.

Zeitliche Konjunktionen – Vorzeitigkeit

als
- Inge pflanzte Rosen, als es aufgehört hat zu regnen.
- Hans arbeitete weiter, als die Sonne wieder schien.

nachdem
- Nachdem Inge Rosen gepflanzt hat, ist sie entspannt.
- Nachdem Hans den Rasen gemäht hat, ist er müde.

seit / seitdem
- Seit Inge Rosen pflanzt, ist sie entspannter.
- Seit Hans täglich den Rasen mäht, ist er fitter.

seit / seitdem
- Seit Inge Rosen pflanzt, ist sie entspannter.
- Seitdem Inge Rosen pflanzt, ist sie entspannter.
- Seit Hans täglich den Rasen mäht, ist er fitter.
- Seitdem Hans täglich den Rasen mäht, ist er fitter.

sobald
- Sobald Inge Rosen pflanzt, ist sie entspannt.
- Sobald Hans den Rasen mäht, hat er gute Laune.

sowie
- Sowie Inge Rosen pflanzt, ist sie entspannt.
- Sowie Hans den Rasen mäht, hat er gute Laune.

wenn
- Inge pflanzt Rosen, wenn es aufgehört hat zu regnen.
- Hans arbeitet weiter, wenn die Sonne wieder scheint.

Zeitliche Konjunktionen – Gleichzeitigkeit

als
- Inge pflanzte Rosen, als die Sonne schien.
- Hans mähte den Rasen, als es regnete.

indessen
- Inge pflanzt Rosen, indessen Hans den Rasen mäht.
- Marta lernt Vokabeln, indessen Ernesto fernsieht.

sobald
- Sobald das Krokodil das Gnu sieht, versteckt es sich.
- Das Gnu rennt weg, sobald es das Krokodil sieht.

solange
- Solange das Krokodil weit weg ist, trinkt das Gnu.
- Hans mäht den Rasen, solange es nicht regnet.

sooft
- Sooft sie mag, geht Marta ins Museum.
- Marta lernt Vokabeln, sooft sie Zeit hat.

sowie
- Sowie das Krokodil das Gnu sieht, versteckt es sich.
- Das Gnu rennt weg, sowie es das Krokodil sieht.

während
- Inge pflanzte Rosen, während die Sonne schien.
- Hans mähte den Rasen, während es regnete.

wenn
- Das Kind hört auf zu weinen, wenn es ein Eis bekommt.
- Die Krokodile verstecken sich, wenn die Gnus kommen.

wie
- Wie Hans den Rasen mäht, fängt es an zu regnen.
- Das Gnu rennt weg, wie es das Krokodil sieht.

Zeitliche Konjunktionen – Nachzeitigkeit

bevor
- Hans mäht den Rasen, bevor es regnet.
- Das Gnu rennt weg, bevor das Krokodil zuschnappt.

bis
- Hans wartet mit dem Mähen, bis es nicht mehr regnet.
- Ernesto wartet mit dem Lernen, bis es zu spät ist.

ehe
- Hans mäht den Rasen, ehe es regnet.
- Das Gnu rennt weg, ehe das Krokodil zuschnappt.

Weitere Konjunktionen

dass
- Hans freut sich, dass der neue Rasenmäher gut mäht.
- Ernesto dachte, dass er genug gelernt hat.

ob
- Ernesto fragt sich, ob er genug gelernt hat.
- Hans weiß nicht, ob er die Blumen düngen soll.

wie
- Ernesto merkt, wie er in der Prüfung scheitert.
- Ernestos Note fällt aus, wie sie zu erwarten war.

WORTFORMEN VON UND BESONDERHEITEN NACH PARTIKELN

Partikeln sind Signalwörter, die für eine Abschwächung oder eine Verstärkung von Sachverhalten eingesetzt werden.

Die Partikeln selbst
- sind keine selbstständigen Satzglieder,
- können nicht erfragt werden und
- sind immer unveränderlich.

Dafür haben sie meist mehrere Funktionen oder Bedeutungen, die in der Regel den Wahrheitsgehalt einer Aussage aber nicht beeinflussen und wegfallen können, ohne dass ein Satz ungrammatisch wird.

Partikeln nach Funktion
{das sieht aber gut aus und das sieht äußerst gut aus}

Bitte beachten:
Ähnliche oder gleichlautende Beispielsätze stehen für die Austauschmöglichkeit eines Wortes beziehungsweise einer Wortform.

Abtönungspartikeln (Modalpartikeln)

aber
- Die Rosen sehen aber gut aus.

allerdings
- Du hättest allerdings mehr lernen müssen.

auch
- Die Rosen sehen auch gut aus.

bloß
- Wo habe ich bloß meine Schlüssel hingelegt?

denn
- Wo habe ich denn meine Schlüssel hingelegt?

doch
- Das hätte er doch wissen müssen.

eben
- Du hättest eben mehr lernen müssen.

eh
- Ernesto weiß die Antwort eh nicht.

eigentlich
- Wo habe ich eigentlich meine Schlüssel hingelegt?

einfach
- Das ist einfach nicht wahr.

erst
- Und das fällt dir erst jetzt ein?

etwa
- Geht Hans etwa mit ins Kino?

halt
- Du hättest halt mehr lernen müssen.

immerhin
- Du hättest immerhin mehr lernen können.

ja
- Du kannst mir ja helfen, wenn zu Zeit hast.

jedenfalls
- Du hättest jedenfalls mehr lernen müssen.

mal
- Kannst du mir mal helfen?

nicht
- Das hat Hans jetzt nicht gemacht.

nur
- Wo habe ich nur meine Schlüssel hingelegt?

ruhig
- Lies die Zeitung ruhig weiter, wir haben Zeit.

schon
- Ich werde den Schlüssel schon finden.

sowieso
- Ich probiere die Hose nicht an, sie passt sowieso.

überhaupt
- Wo habe ich überhaupt meine Schlüssel hingelegt?

vielleicht
- Da hättest du vielleicht mehr lernen müssen.

wohl
- Da hättest du wohl mehr lernen müssen.

Gradpartikeln

allein
- Die Kosten für das Gehäuse sind allein enorm.

allenfalls
- Die Prüfungsnote ist allenfalls ausreichend.

annähernd
- Die Prüfungsnote ist annähernd ausreichend.

auch
- Diesen Test besteht auch Ernesto.

ausgerechnet
- Ausgerechnet heute muss es regnen.

ausschließlich
- Der Preis versteht sich ausschließlich der Extras.

bereits
- Inges Rosen sind bereits ausgezeichnet.

besonders
- Inges neue Kamera ist besonders gut.

bestenfalls
- Die Prüfungsnote ist bestenfalls ausreichend.

bloß
- Wie konnte es bloß soweit kommen?

eben
- Inges neue Kamera ist eben sehr gut.

einzig
- Das Foto links ist einzig sehenswert.

erst
- Was soll Hans bei dem Angebot erst sagen?

etwa
- Hat Hans das Angebot etwas angenommen?

frühestens
- Nach dem Tipp wusste Ernesto die Lösung frühestens.

gar
- Zu der Prüfungsfrage fällt Ernesto gar nichts ein.

genau
- Die Prüfungsnote ist genau ausreichend.

gerade
- Die Prüfungsnote ist gerade ausreichend.

gleichfalls
- Inges neue Kamera ist gleichfalls sehr gut.

lediglich
- Die Prüfungsnote ist lediglich ausreichend.

mindestens
- Inges neue Kamera ist mindestens sehr gut.

noch
- Das hat mir noch gefehlt.

nur
- Die Prüfungsnote ist nur ausreichend.

schon
- Die neue Kamera von Hans ist schon recht gut.

schon
- Die neue Kamera von Inge ist schon sehr gut.

selbst
- Selbst Ernesto hat den Test bestanden.

sogar
- Sogar Ernesto hat den Test bestanden.

spätestens
- Am Fluss hätte das Gnu spätestens aufpassen müssen.

vor allem
- In Köln ist vor allem der Dom sehenswert.

wenigstens
- Wenigstens ist beim Unfall keinem etwas passiert.

zumindest
- Zumindest ist beim Unfall keinem etwas passiert.

Steigerungspartikeln

ausgesprochen
- Das Testergebnis fällt ausgesprochen gut aus.

absolut
- Das Testergebnis fällt absolut gut aus.

außerordentlich
- Das Testergebnis fällt außerordentlich gut aus.

außergewöhnlich
- Das Testergebnis fällt außergewöhnlich gut aus.

äußerst
- Das Testergebnis fällt äußerst gut aus.

beileibe
- Das Testergebnis fällt beileibe gut aus.

ein bisschen
- Das Testergebnis fällt ein bisschen negativ aus.

einigermaßen
- Das Testergebnis fällt einigermaßen gut aus.

enorm
- Das Testergebnis fällt enorm gut aus.

etwas
- Das Testergebnis fällt etwas schlecht aus.

extrem
- Das Testergebnis fällt extrem gut aus.

fast
- Das Testergebnis fällt fast gut aus.

ganz
- Das Testergebnis fällt ganz gut aus.

ganz und gar
- Das Testergebnis fällt ganz und gar gut aus.

höchst
- Das Testergebnis fällt höchst mangelhaft aus.

kaum
- Das Testergebnis fällt kaum befriedigend aus.

komplett
- Das Testergebnis fällt komplett gut aus.

nahezu
- Das Testergebnis fällt nahezu gut aus.

recht
- Das Testergebnis fällt recht gut aus.

sehr
- Das Testergebnis fällt sehr gut aus.

total
- Das Testergebnis fällt total mangelhaft aus.

überaus
- Das Testergebnis fällt überaus gut aus.

ungemein
- Das Testergebnis fällt ungemein gut aus.

unglaublich
- Das Testergebnis fällt unglaublich gut aus.

ungewöhnlich
- Das Testergebnis fällt ungewöhnlich gut aus.

völlig
- Das Testergebnis fällt völlig mangelhaft aus.

vollauf
- Das Testergebnis fällt vollauf gut aus.

vollkommen
- Das Testergebnis fällt vollkommen gut aus.

weit
- Der erste Test fällt weit besser aus.

weitaus
- Das Testergebnis fällt weitaus gut aus.

ziemlich
- Das Testergebnis fällt ziemlich gut aus.

zu
- Das Testergebnis fällt zu gut aus.

SATZBAU UND SATZARTEN, DEKLINATION UND KONJUGATION

In einem Satz werden die jeweiligen Abhängigkeiten sowie die Beziehungen der Satzglieder über

- den Kasus (morphologisch),
- die Präpositionen (lexikalisch) oder
- die Wortstellung (syntaktisch)

angezeigt. Für einen gültigen Satz müssen die Satzglieder

- Subjekt – Nominativ
- Prädikat – finites Verb | infinites Verb
- Objekt – Akkusativ
- Adverbiale – Dativ/Genitiv/Akkusativ/Präpositionalphrase
- Attribut – Dativ/Genitiv/Akkusativ/Präpositionalphrase

stets sprachlich und logisch aufeinander bezogen werden.

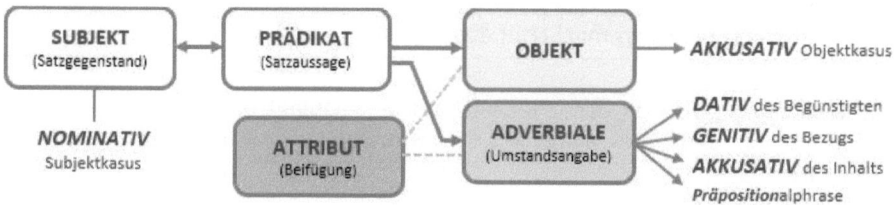

Satzbau und Satzarten
{Das Subjekt trifft das Objekt}

Das Schema **Subjekt** → **Prädikat** → **Objekt** funktioniert grundsätzlich auch in der deutschen Sprache, allerdings sind die Satzglieder im Deutschen nicht an eine bestimmte Satzposition gebunden. Das finite Verb hat in einem Aussagesatz eine mehr oder weniger feste Zweitstellung, in einem Nebensatz steht es am Satzende.

Das **Prädikat** (P) selbst hat keinen Kasus, fordert selbigen aber von anderen Satzgliedern.

Das **Subjekt** (S) ist quasi „der Täter" der Handlung und gibt bei allen persönlichen Verben die **Person** und den **Numerus** für die Konjugation vor. Bei einem unpersönlichen Verb steht ein „es" als Subjektersatz. *Der Kasus für das Subjekt ist immer der Nominativ.*

- Ernesto kocht.   S ⇆ P
- Der Arzt antwortet.   S ⇆ P
- Es schneit.   [Es] ⇆ P

Nominativ: **_Wer_** oder **_was_** macht/tut etwas?

Die Beziehung zwischen dem Prädikat und dem **Objekt** oder **Adverbiale** hängt davon ab, ob das Verb zielgerichtet – **transitiv** – oder nicht zielgerichtet – **intransitiv** – ist.

Ist die Handlung des Verbs auf eine Person oder Sache gerichtet oder ist eine Person oder Sache gezielt von der Handlung betroffen (quasi „das Opfer" der Handlung), ist sie das **Objekt** (O) der Handlung, dessen Richtung nicht umgekehrt werden kann. *Der Kasus für das Objekt ist immer der Akkusativ.*

- Ernesto kocht eine Suppe.   S ⇆ P ⇉ O

  [Handlungsrichtung S ← P ← O: Eine Suppe wird gekocht.]

Akkusativ: Wer macht **_was_**? Was betrifft **_wen_**?

[!] Nur bei einem transitiven Verb kann ein Objekt stehen. Viele transitive Verben können auch intransitiv – ohne Objekt – und einige wenige Verben transitiv und intransitiv verwendet werden.

- Der Koch schmeckt das Röstaroma.   S ⇆ P ⇉ O
- Die Wurst schmeckt.   S ⇆ P↺

Ist die Handlung nicht auf ein Ziel – auf ein Objekt – gerichtet, genügt sie sich selbst (↻). Die Handlungsrichtung kann nicht umgekehrt werden. Bei vielen Verben ist zur Vervollständigung der Satzaussage die Angabe einer Umstandsbestimmung – ein **Adverbiale** (ADV) – notwendig. *Der Kasus für eine begünstige Person ist immer der Dativ, der Kasus für ein Besitzverhältnis und für einen Bezug der Genitiv.*

- Das Schild fällt um. $\quad$ S ⇆ P↻
- Das Schild fällt im Sturm um. $\quad$ S ⇆ P → ADV

$\qquad$ [Handlungsrichtung ~~S ← P ← ADV: Das Schild wird umgefallen.~~]

Dativ: Was passiert **_wem_**?
Genitiv: Was ist **_wessen_**?

Ein **Attribut** (ATT) kann in einem Satz ein Teil eines anderen Satzglieds oder eine freie Angabe – eine Beifügung – sein. Das Attribut ist immer unabhängig vom Verb (✓) und steht für weitere Informationen in Hinblick auf Raum, Zeit, Ursache, Zweck oder Art und Weise. Seine Satzposition ist mit Einschränkungen frei, zudem kann es wegfallen, ohne dass der Satz ungrammatisch wird.

- Ernesto kocht seinem Freund eine Suppe. $\quad$ S ⇆ P ✓ATT ⇉ O

Die **Reihenfolge der Satzglieder** ist grundsätzlich frei. Das bedeutet, dass die Positionen der Satzglieder getauscht werden können, ohne dass sich die Satzaussage ändert. Allerdings ändert sich mit dem Umstellen in der Regel die Betonung oder Bewertung in der Aussage.

- Ernesto kocht seinem Freund eine Suppe.
- = Seinem Freund kocht Ernesto eine Suppe.
- = Eine Suppe kocht Ernesto seinem Freund.

Erwartete Satzpositionen

Verbzweitstellung im Hauptsatz

- Die Wurst <u>schmeckt</u> dem Koch.
- Dem Koch <u>schmeckt</u> die Wurst.

Verbletztstellung im Nebensatz

- Ich denke, dass die Wurst dem Koch <u>schmeckt</u>.
- Ich denke, dass dem Koch die Wurst <u>schmeckt</u>.

Der Aussagesatz/Feststellungssatz

Aussagesatz
- Ernesto kocht.

Aussagesatz
- Ernesto kocht ein leckeres Essen.

Aussagesatz mit Attribut (Beifügung)
- Ernesto kocht seiner Frau ein leckeres Essen.

Aussagesatz mit trennbarem Verb
- Ernesto kauft mit seiner Frau ein.

Aussagesatz mit Hilfsverb
- Ernesto hat ein leckeres Essen gekocht.

Aussagesatz mit Modalverb
- Ernesto muss ein leckeres Essen kochen.

Aussagesatz mit Modalverb und Hilfsverb
- Ernesto hat ein leckeres Essen kochen müssen.

Aussagesatz mit zwei Vollverb
- Ernesto geht mit seiner Frau einkaufen.

Der Ausrufesatz

Ausrufesatz
- Du hast aber abgenommen!
- Hast du aber abgenommen!

Ausrufesatz mit W-Wort
- Wie hast du abgenommen!

Der Aufforderungssatz

Aufforderungssatz als Höflichkeitsform mit Konjunktiv 1
- Seien Sie bitte vorsichtig!

Aufforderungssatz mit Konjunktiv 2
- Könnten Sie mir die Uhrzeit sagen? [= Sagen Sie mir die Uhrzeit!]

Aufforderungssatz als Einwortsatz

• Aufpassen!

Befehlssatz mit Imperativ

• Koch ein leckeres Essen!

Befehlssatz mit Imperativ

• Koch (du) ein leckeres Essen!

Wunschsatz mit wenn

• Wenn ich bloß bald zu Hause bin.

Der Fragesatz

Mit einer Entscheidungsfrage (Ja-/Nein-Frage) wird nach einer Zustimmung oder Ablehnung oder Verneinung gefragt. Als Antwort ist „ja", „nein" oder „doch" möglich, bei Unentschlossenheit auch „vielleicht".

• Kocht Ernesto ein leckeres Essen?	Ja. / Nein. / Vielleicht.
• Kocht Ernesto kein leckeres Essen?	Doch. / Nein. / Vielleicht.

Entscheidungsfrage mit Hilfsverb

• Hat Ernesto ein leckeres Essen gekocht?

Mit einer Ergänzungsfrage (W-Frage) mit Fragewort wird nach einer Information zu einem Sachverhalt (Sache, Person, Ort, Zeitpunkt, Dauer, Zweck ...) gefragt. Die Antwort ist in der Regel offen.

nach Kasus: was, wer, wessen, wen, wem, wo, wohin, woher, woran

• Was kocht Ernesto seiner Frau?	Ein leckeres Essen.
• Wem kocht Ernesto ein leckeres Essen?	Seiner Frau.
• Wen trifft Ernesto im Restaurant?	Seine Frau.
• Wer kocht seiner Frau ein leckeres Essen?	Ernesto.
• Wessen Essen kocht Ernesto?	Das (Essen) seiner Frau.
• Wo gehst du spazieren?	In dem Wald.
• Wohin gehst du spazieren?	In den Wald.
• Woran denkt Ernesto?	An das Essen mit seiner Frau.

nach Handlung/Tätigkeit: was

• Was macht Ernesto?	Er kocht ein leckeres Essen.

nach Grund: wieso/weshalb/warum, wozu

• Warum kocht Ernesto ein leckeres Essen?	Weil er ...

nach Modus, Maß, Menge: wie

• Wie kocht Ernesto ein leckeres Essen?	Mit viel Spaß ...

nach Ort/Richtung: wo, wohin, woher

- Wo kocht Ernesto ein leckeres Essen?   In der Küche ...
- Woher kommt Ernesto?   Aus dem Kino.
- Wohin geht Ernesto?   In das Kino.

nach Zeit: wann, wie lange

- Wann kocht Ernesto ein leckeres Essen?   Nach der Arbeit.
- Seit wann kocht Ernesto ein leckeres Essen? Seit Jahren.
- Wie lange geht Ernesto spazieren?   Zwei Stunden.

Ergänzungsfrage mit Hilfsverb
- Wann hat Ernesto ein leckeres Essen gekocht?

Der Nebensatz

Ein Nebensatz ist in einen übergeordneten Satz eingebunden und kann nach oder vor dem Hauptsatz stehen. Im Nebensatz steht das Bindewort an Position 1 und das Prädikat am Satzende.

Adversativ (Gegenüberstellung) – aber, dagegen, doch, hingegen, jedoch, sondern, während ...
- Ernesto lernt Vokabeln, während das Kind schläft.

Final (Absicht) – dafür, damit, dazu, um ... zu ...
- Ernesto lernt Vokabeln, damit er sich unterhalten kann.

Kausal (Ursache) – aufgrund, da, denn, deshalb, infolge, weil, wegen, weshalb ...
- Ernesto kennt die Vokabeln, da/weil er sie gelernt hat.

Komparativ (Vergleich) – als, wie
- Ernesto kocht besser, als ich gedacht habe.

Konditional (Bedingung) – andernfalls, falls, sofern, sonst, wenn ...
- Ernesto kann sich unterhalten, falls/sofern/wenn er vorher die Wörter gelernt hat.

Konsekutiv (Folge) – also, daher, darum, deshalb, deswegen, infolgedessen, so dass ...
- Ernesto hat keine Zeit, so dass er keine Vokabeln lernen kann.

Konzessiv (Einschränkung) – allerdings, dennoch, obgleich, obwohl, zwar ...
- Ernesto vergisst das Wort, obgleich/obwohl er es gelernt hat.

Modal (Art und Weise) – anstatt, dabei, dadurch, damit, indem, ohne, so ...
- Ernesto lernt die Vokabeln, indem er sie aufschreibt.

Temporal (Zeit) – bevor, bis, nachdem, seitdem, sobald, solange, vor, während, wenn ...
- Ernesto lernt Vokabeln, sobald/wenn er Zeit hat.

Die Infinitivkonstruktion

Eine Infinitivkonstruktion ist ein subjektloser Nebensatz, der sich auf eine Person oder Sache im übergeordneten Hauptsatz bezieht.

Aussagesatz + Nebensatz
- Ernesto hofft, bald viele Wörter zu kennen.
  [Ernesto hofft, dass er bald viele Wörter kennt.]

Aussagesatz + Nebensatz
- Ernesto lernt Vokabeln, um sich unterhalten zu können.
  [Ernesto lernt Vokabeln, damit er sich unterhalten kann.]

Aussagesatz + Nebensatz mit Hilfsverb
- Ernesto hofft, bald viele Wörter gelernt zu haben.
  [Ernesto hofft, dass er bald viele Wörter gelernt hat.]

Die Negation (Verneinung)

Satznegation
Ernesto **kocht** seiner Frau das Essen **nicht**.

Negation Von Satzteilen
Ernesto kocht seiner Frau **nicht das Essen**.

Verneinung mit „nicht"

Mit „nicht" kann die Satzaussage (= das Verb) verneint werden. In einem Satz steht das „nicht" dabei generell am Satzende, ...
- Das Kind hilft dem Freund nicht.

... aber vor einer Präposition oder dem zweiten Teil eines mehrteiligen Prädikats.
- Das Kind hilft dem Freund nicht bei den Hausaufgaben.
- Das Kind hat dem Freund nicht geholfen.
- Das Kind darf dem Freund nicht helfen.

Stehen eine Präposition und ein zweiter Teil eines Prädikats am Ende des Satzes, rückt das nicht vor beide.
- Das Kind hat dem Freund nicht bei den Hausaufgaben geholfen.

Mit „nicht" können auch einzelne Satzteile verneint werden. Das „nicht" steht vor dem Satzteil, der verneint werden soll.
- Das Kind hilft nicht dem Freund.
- Nicht das Kind hilft dem Freund.

Verneinung mit „kein"

Mit „kein" werden Substantive mit einem unbestimmtem oder ohne einen Artikel verneint. Dabei hat das Negationswort „kein" die Funktion eines Artikels und wird entsprechend dekliniert.

- Das Kind hilft keinem Freund bei den Hausaufgaben.
- Das Kind hilft dem Freund bei keiner Hausaufgabe.

Die Satzaussage kann mit „kein" nicht verneint werden.

- ~~Das Kind kein hilft Freund bei den Hausaufgaben~~.

Weitere Möglichkeiten der Verneinung

- Außer dem roten sind die Bilder schön.
- Der Mann kennt keinen/niemanden.
- Das kann keinesfalls richtig sein.
- Davon habe ich noch nichts gehört.
- Die Frau vergisst nie ihr Buch.
- Er würde niemals etwas sagen.
- Sie kann die Brille nirgends finden.
- Wir lernen ohne Stress.
- Dazu habe ich weder Zeit, noch Lust.

- unfreundlich = nicht freundlich
- unglaublich = nicht zu glauben
- inkorrekt = nicht korrekt
- endlos = ohne Ende
- glücklos = ohne Glück
- missachten = nicht achten

Die Deklination
{das große Buch und eines großen Buches}

Der **Kasus** – der grammatische Fall – wird zur Unterscheidung der Abhängigkeiten und Bezüge in einem Satz sowie der verschiedenen Satzglieder benötigt. An die lateinische Grammatik angelehnt ist
- der **Nominativ** der erste Fall oder der **Subjektkasus,**
- der **Genitiv** der zweite Fall oder der **Kasus des Bezugs,**
- der **Dativ** der dritte Fall oder der **Kasus des Begünstigten,**
- der **Akkusativ** der vierte Fall oder der **Objektkasus.**

Substantivgruppe: Artikel + Adjektiv + Substantiv

Dekliniert werden die sämtliche Wörter in einer Substantivgruppe, wobei die Substantive – sofern möglich – nur
- im Dativ Plural aller Genera
  - der Tisch – die Tische – den Tischen
  - das Kind – die Kinder – den Kindern
  - die Tasche – der Tasche – den Taschen

sowie
- im Genitiv Singular der Maskulina und der Neutra
  - der Tisch – des Tisches
  - das Auto – des Autos

die Wortform verändern.

[!] Steht die Endung des Kasus im Singular Nominativ, Akkusativ und Dativ sowie im Plural aller Genera nicht am Artikel (Begleiter des Substantivs), muss sie am Adjektiv stehen!
- Da<u>s</u> grüne Auto rast über die Autobahn.
- Ein grüne<u>s</u> Auto rast über die Autobahn.

Allerdings: In der N-Deklination erhalten die Maskulina auf -e, -ad, -at, -and, -ant, -ent, -ist, -oge sowie als Personen- und Berufsbezeichnung im Genitiv, Dativ und Akkusativ die Endung „(e)n".
- des/dem/den|die Fotografen, Jungen, Kameraden, Löwen, Nachbarn, Pilot, Polizisten, Touristen, Zeugen ...

[!] aber: des Buchstabens, des Herzens, des Namens

Die Deklination in der Übersicht

Maskulina | Neutra | Feminina

Nominativ

M   Der kleine Finger | Ihr kleiner Finger → ist gebrochen.

N   Das rechte Gelenk | Ihr rechtes Gelenk → ist gebrochen.

F   Die linke Hand | Ihre linke Hand → ist gebrochen.

Akkusativ

M   Inge bricht sich → den kleinen Finger | ihren kleinen Finger.

N   Inge bricht sich → das rechte Gelenk | ihr rechtes Gelenk.

F   Inge bricht sich → die linke Hand | ihre linke Hand.

Dativ

M   Bewegung schadet → dem kleinen Finger | ihrem kleinen Finger.

N   Bewegung schadet → dem rechten Gelenk | ihrem rechten Gelenk.

F   Bewegung schadet → der linken Hand | ihrer linken Hand.

Genitiv

M   Inge sorgt sich wegen → des kleinen Fingers | ihres kleinen Fingers.

N   Inge sorgt sich wegen → des rechten Gelenks | ihres rechten Gelenks.

F   Inge sorgt sich wegen → der linken Hand | ihrer linken Hand.

Nominativ Plural

M|N|F   Die kleinen Finger | Ihre kleinen Finger → sind gebrochen.

Akkusativ Plural

M|N|F   Inge bricht sich → die kleinen Finger | ihre kleinen Finger.

Dativ Plural

M|N|F   Bewegung schadet → den kleinen Fingern | ihren kleinen Fingern.

Genitiv Plural

M|N|F   Inge sorgt sich wegen → der kleinen Finger | ihrer kleinen Finger.

Das Lernschema zur Deklination

	der/maskulin		**das**/neutral		**die**/feminin		**die**/Plural	
NOMINATIV	d**er**	−e	da**s**	−e	di**e**	−e	di**e**	−en
	ein	**-er**	ein	-e**s**	ein**e**	−e	[∅]	−en
	ihr	**-er**	ihr	-e**s**	ihr**e**	−e	ihr**e**	−en
	[∅]	**-er**	[∅]	-e**s**	[∅]	**-e**	[∅]	**-e**
AKKUSATIV	d**en**	−en	da**s**	−e	di**e**	−e	di**e**	−en
	ein**en**	−en	ein	-e**s**	ein**e**	−e	[∅]	−en
	ihr**en**	−en	ihr	-e**s**	ihr**e**	−e	ihr**e**	−en
	[∅]	**-en**	[∅]	-e**s**	[∅]	**-e**	[∅]	**-e**
DATIV	d**em**	−en	d**em**	−en	d**er**	−en	d**en**	−en +**n**
	ein**em**	−en	ein**em**	−en	ein**er**	−en	[∅]	−en +**n**
	ihr**em**	−en	ihr**em**	−en	ihr**er**	−en	ihr**en**	−en +**n**
	[∅]	**-em**	[∅]	**-em**	[∅]	**-er**	[∅]	**-en** +**n**
GENITIV	d**es**	−en +**s**	d**es**	−en +**s**	d**er**	−en	d**er**	−en
	ein**es**	−en +**s**	ein**es**	−en +**s**	ein**er**	−en	[∅]	−en
	ihr**es**	−en +**s**	ihr**es**	−en +**s**	ihr**er**	−en	ihr**er**	−en
	[∅]	−en +**s**	[∅]	−en +**s**	[∅]	**-er**	[∅]	**-er**

Artikel/Pronomen
Adjektivendung
Substantivendung

Substantivgruppe: Artikel + Adjektiv + Adjektiv + Substantiv

	[**SUBSTANTIVGRUPPE**		**]**	
↱ Kasus ↑	Träger Genus +Numerus +Kasus ↓		↰ Genus +Numerus ↑	
		ADJEKTIVE		
Prädikat Präposition	**Artikel**	**STARKE FLEXION**	**SCHWACHE FLEXION**	**Substantiv**
Hans kommt mit	ein**em** ↳	[Ø]	leckeren spanischen	Wein	von der Weinprobe.
Hans kommt mit	[Ø]	lecker**em** ↰ spanischen **WECHSELFLEXION**		Wein	von der Weinprobe.
Hans kommt mit	[Ø]	lecker**em** [Ø] spanisch**em** **PARALLELFLEXION**		Wein	von der Weinprobe.

- Hans kommt mit

  ein**em** lecker**en** trocken**en** spanisch**en**
  [Ø]   lecker**em** trocken**en** spanisch**en**
  [Ø]   lecker**em** trocken**em** spanisch**em**

  Wein von der Weinprobe.

- Hans trinkt den Wein mit ein**er** groß**en** wachsen**den** Begeisterung.
- Hans trinkt den Wein mit groß**er** wachsen**den** Begeisterung.
- Hans trinkt den Wein mit groß**er** wachsen**der** Begeisterung.

Die Konjugation
{er sagt er komme}

Die Konjugation bringt eine (Satz)Aussage in einen zeitlichen, modalen oder auch handlungsformalen Bezug. Wie die Wortform eines Verbs gebildet wird, hängt
- von Person und Numerus des Subjekts,
- von der Zeit,
- den Handlungsformen Aktiv oder Passiv,
- einer der drei Aussageweisen sowie
- davon ab, ob das Verb stark oder schwach ist.

Zeitstufen

Mit **Gegenwart, Vergangenheit** und **Zukunft** gibt es drei natürliche Zeitstufen mit je einer Vollendungsstufe.

[!] Die Zeitform muss nicht mit der Zeitbedeutung identisch sein.

Von den sechs Zeitstufen haben das Präsens und das Präteritum jeweils eigene Wortformen, die anderen Zeiten werden mit den Stammformen der Hilfsverben *haben, sein* und *werden* sowie dem Partizip2 des Vollverbs gebildet.

	leben	gehen
Präsens (Gegenwart)	du lernst	du fährst
Perfekt (vollendete Gegenwart)	hast gelernt	bist gefahren
Präteritum (Vergangenheit)	lerntest	fuhrst
Plusquamperfekt (vollendete Vergangenheit)	hattest gelernt	warst gefahren
Futur1 (Zukunft)	wirst lernen	wirst fahren
Futur2 (vollendete Zukunft)	wirst gelernt haben	wirst gefahren sein

---

[!] Bei Verben mit Stamm auf -d, -m, -n, -t wird in der 2. und 3. Person Singular und der 2. Person Plural vor der Endung ein „e" eingefügt, aber nicht bei Verben auf -lm, -ln, -rm, -rn.
- arbeiten – Präsens: du arbeitest, Präteritum: du arbeitetest

Bei Verben mit Stamm auf -s, -ß, -x, -z fällt in der 2. Person Singular das „s" in der Endung weg.
- heizen – Präsens: du heizt
- rasen – Präsens: du rast

Starke Verben bilden einen Vokalwechsel von e nach i oder ie. Die Endung -e ist im Singular bei den meisten Verben optional, steht aber bei Verben ohne Vokalwechsel.

- Ernesto wirft das Laub auf den Komposthaufen.
- Hans läuft zum Apfelbaum.
  Lauf(e) zum Apfelbaum!
- Hans wartet beim Apfelbaum.
  ~~Wart~~ Warte beim Apfelbaum!

Bei Verben mit Vokalwechsel fällt die Endung -e zumeist weg, aber nicht bei Verben, die im Infinitiv im Stamm auf -b, -d, -g, -k, -p oder -t enden.

- Inge isst einen Apfel.
  ~~Isse~~ Iss einen Apfel!
- Inge badet im See.
  ~~Bad~~ Bade nicht im See!

---

haben, sein und werden

haben, hatte, habe **gehabt**	sein, war, bin **gewesen**	werden, wurde, bin **geworden**
ich habe – hatte – habe gehabt	bin – war – bin gewesen	werde – wurde – bin geworden
du hast – hattest – hast gehabt	bist – warst – bist gewesen	wirst – wurdest – bist geworden
er/sie/es hat – hatte gehabt	ist – war – ist gewesen	wird – wurde – ist geworden
wir haben – hatten – haben gehabt	sind – waren – sind gewesen	werden – wurden – sind geworden
ihr habt – hattet – habt gehabt	seid – wart – seid gewesen	werdet – wurdet – seid geworden
sie haben – hatten – haben gehabt	sind – waren – sind gewesen	werden – wurden – sind geworden

Als **Vollverb** steht *haben* immer mit einem Objekt, ...

- Der Staubsaugervertreter hat einen Plan.

... die Verben *sein* und *werden* stehen dagegen mit einem Prädikativum.

- Inge ist von der Gartenarbeit erschöpft.
- Hans wird durch den Lärm verrückt.

Info: Übernehmen die Verben *haben* und *sein* eine Modalfunktion, drücken sie eine Verpflichtung aus. Das ist der **modale Infinitiv**, in dem die Verben mittels der Infinitivverbindung *zu* mit einem Infinitiv verbunden werden:

- Der Apfel ist zu essen.
- Inge hat den Apfel zu essen.

Genus verbi: aktiv und passiv

Das Genus verbi steht für die Geschehens- und Handlungsart des Verbs. Im **Aktiv** ist der Ausgangspunkt der aktiven Handlung das Subjekt als Handlungsträger und das Objekt das Ziel eines durch ein Verb ausgedrückten aktiven Verhaltens.

- Der Nachbar ^{SUBJEKT} mäht den Rasen ^{OBJEKT}.

Das **Vorgangspassiv** – werden-Passiv – drückt inhaltlich die gleiche Handlung aus wie das Aktiv, aber aus anderer Perspektive. Beim **persönlichen Vorgangspassiv** wird mit der Umkehrung der Handlung aus dem Objekt im Aktiv das Subjekt im Passiv. Das Subjekt im Aktiv ist Veranlasser oder Verursacher und muss nicht genannt werden. Das Bilden eines persönlichen Vorgangspassivs ist bei transitiven sowie intransitiven Verben mit adverbialem Akkusativ möglich.

- Der Nachbar ^{SUBJEKT} mäht den Rasen ^{OBJEKT}.
- Der Rasen ^{SUBJEKT} wird {vom Nachbarn} gemäht.

Mit den intransitiven Verben kann ein **unpersönliches Vorgangspassiv** gebildet werden, wenn das Subjekt im Satz aktiv handelnd ist, wobei das Adverbiale als Dativ- oder Genitivform erhalten bleibt.

- Die Krankenpflegerin ^{SUBJEKT} hilft dem Patienten ^{ADVERBIALE}.
- Dem Patienten ^{ADVERBIALE} wird {von der Krankenpflegerin} geholfen.

Zudem ist es möglich, dass das im Passiv nicht vorkommende Subjekt durch ein „es" als Platzhalter ersetzt wird.

- Die Krankenpflegerin ^{SUBJEKT} hilft dem Patienten ^{ADVERBIALE}.
- **Es** wird dem Patienten ^{ADVERBIALE} {von der Krankenpflegerin} geholfen.

Das **Zustandspassiv** – sein-Passiv – ist entweder ein neuer Zustand oder aber ein abgeschlossenes Ereignis nach einem Geschehen.

- Der Nachbar ^{SUBJEKT} mäht den Rasen ^{OBJEKT}.
- Der Rasen ^{SUBJEKT} wird {vom Nachbarn} gemäht.
- Der Rasen ^{SUBJEKT} ist gemäht.

[!] Ausschließlich die Handlung eines persönlichen Vorgangspassivs kann zu einem Zustandspassiv führen.

Modus: Indikativ, Imperativ und Konjunktiv

Der Modus einer (Satz)Aussage hängt einerseits von den Bedingungen und dem Standpunkt der sprechenden Person ab und drückt andererseits die Stellung dieser Person zur Aussage aus.

Indikativ

Der Indikativ ist die Wirklichkeitsform für alles, was zumindest real und möglich sein kann.

- AKTIV   Du musst die Grammatik und viele Wörter lernen.
                   In wenigen Jahren fliegen die Menschen zum Mars.
- PASSIV   Die Grammatik und viele Wörter müssen gelernt werden.

Imperativ

Der Imperativ steht vor allem für direkt an eine Person oder Personen gerichtete Befehle, Anweisungen, Aufforderungen und Verbote, das Formulieren von Bitten und Ratschlägen ist aber auch möglich.

- **Lern** die Grammatik und viele Wörter!
- **Lernt** bitte die Grammatik und viele Wörter.

Die Formen sind funktionsbedingt auf die 2. Person und die direkte Ansprache mit der Höflichkeitsform „Sie" sowie auf die Zeitform Präsens und den Modus im Aktiv beschränkt.

Konjunktiv

Mit dem Konjunktiv verlässt der Sprecher/Schreiber die reale Welt und begibt sich in die Welt der Unwirklichkeit und Unmöglichkeit.

Der **Konjunktiv 1** steht für die innerliche Abhängigkeit übergeordneter Aussagen und wird für die indirekte Rede und Vergleichssätze verwendet, enthält aber keine Auskunft zum Wahrheitsgehalt der Aussage.

- Hans sagt, er lerne die Grammatik und viele Wörter.

Info: Die Formen im Konjunktiv 1 stimmen teils mit den Präsensformen überein. Ist eine Unterscheidung nicht möglich, kann der Konjunktiv 2 als eine Ersatzform verwendet werden. [! *nur als Ersatz, auf Einleitung und Kontext achten*]

- Hans sagt, er lerne die Grammatik und viele Wörter.
      ↳ würde die Grammatik und viele Wörter lernen

Der **Konjunktiv 2** steht für alle Sachverhalte, die unwirklich, unmöglich oder hypothetisch sind und verändert immer den Sinn einer Aussage. Zudem wird der Konjunktiv 2 verwendet, um eine Form der Höflichkeit, eine Zurückhaltung oder eine Ungewissheit auszudrücken.

- Hans würde gern die Grammatik und viele Wörter lernen.
- Würdest du bitte die Grammatik und viele Wörter lernen?

Der Konjunktiv 2 kann nur als Gegenwarts- oder Vergangenheitsform verwendet werden. Die schwachen Verben unterscheiden sich nicht vom Indikativ Präteritum, daher wird hier meist die würde-Form verwendet.

[!] Die Wortformen mit eigener Endung sind bedeutungsgleich mit der Verwendung der Wortformen mit „würde".

- Ernesto sagt, er lernte den ganzen Tag. = ... er würde den ganzen Tag lernen.
- Der Arzt führe gern in den Urlaub. = Der Arzt würde gern in den Urlaub fahren.

Zeiten und Zeitformen

Präsens – Gegenwart AKTIV

VORGANGSPASSIV

Stamm +Endung +Umlaut bei starken Verben

ich	lerne	fahre	wird gelernt | gefahren
du	lernst	fährst	wirst gelernt | gefahren
er/sie/es	lernt	fährt	wird gelernt | gefahren
wir	lernen	fahren	werden gelernt | gefahren
ihr	lernt	fahrt	werdet gelernt | gefahren
sie	lernen	fahren	werden gelernt | gefahren

Perfekt – vollendete Gegenwart

Präsens Hilfsverb haben oder sein + Partizip2 Vollverb   **+worden**

ich	habe gelernt	bin gefahren	bin gelernt | gefahren worden
du	hast gelernt	bist gefahren	ist gelernt | gefahren worden
er/sie/es	hat gelernt	ist gefahren	ist gelernt | gefahren worden
wir	haben gelernt	sind gefahren	sind gelernt | gefahren worden
ihr	habt gelernt	seid gefahren	seid gelernt | gefahren worden
sie	haben gelernt	sind gefahren	sind gelernt | gefahren worden

Präteritum – Vergangenheit AKTIV

VORGANGSPASSIV

Stamm +Endung +Umlaut bei starken Verben

ich	lernte	fuhr	wurde gelernt | gefahren
du	lerntest	fuhrst	wurdest gelernt | gefahren
er/sie/es	lernte	fuhr	wurde gelernt | gefahren
wir	lernten	fuhren	wurden gelernt | gefahren
ihr	lerntet	fuhrt	wurdet gelernt | gefahren
sie	lernten	fuhren	wurden gelernt | gefahren

Plusquamperfekt – vollendete Vergangenheit

Präteritum Hilfsverb haben oder sein + Partizip2 Vollverb   **+worden**

ich	hatte gelernt	war gefahren	war gelernt | gefahren worden
du	hattest gelernt	warst gefahren	warst gelernt | gefahren worden
er/sie/es	hatte gelernt	war gefahren	war gelernt | gefahren worden
wir	hatten gelernt	waren gefahren	waren gelernt | gefahren worden
ihr	hattet gelernt	wart gefahren	wart gelernt | gefahren worden
sie	hatten gelernt	waren gefahren	waren gelernt | gefahren worden

Futur I – Zukunft

Präsens Hilfsverb werden + Infinitiv Vollverb

ich	werde lernen	werde fahren
du	wirst lernen	wirst fahren
er/sie/es	wird lernen	wird fahren
wir	werden lernen	werden fahren
ihr	werdet lernen	werdet fahren
sie	werden lernen	werden fahren

werde gelernt | gefahren werden **PASSIV**

Futur II – vollendete Zukunft

Präsens Hilfsverb werden + Partizip2 Vollverb + Infinitiv haben/sein   **+worden**

ich	werde gelernt haben	werde gefahren sein
du	wirst gelernt haben	wirst gefahren sein
er/sie/es	wird gelernt haben	wird gefahren sein
wir	werden gelernt haben	werden gefahren sein
ihr	werdet gelernt haben	werdet gefahren sein
sie	werden gelernt haben	werden gefahren sein

werde gelernt | gefahren worden sein **PASSIV**

Zeiten und Zeitformen Konjunktiv

Konjunktiv 1 Präsens AKTIV

Stamm +Endung, kein Umlaut bei starken Verben

			VORGANGSPASSIV
ich	lerne	fahre	werde gelernt | gefahren
du	lernest	fahrest	werdest gelernt | gefahren
er/sie/es	lerne	fahre	werde gelernt | gefahren
wir	lernen	fahren	werden gelernt | gefahren
ihr	lernet	fahret	werdet gelernt | gefahren
sie	lernen	fahren	werden gelernt | gefahren

Konjunktiv 1 Perfekt

Hilfsverb haben oder sein + Partizip2 Vollverb ... **+worden**

ich	habe gelernt	sei gefahren	sei gelernt | gefahren worden
du	habest gelernt	seiest gefahren	seiest gelernt | gefahren worden
er/sie/es	habe gelernt	sei gefahren	sei gelernt | gefahren worden
wir	haben gelernt	seien gefahren	seien gelernt | gefahren worden
ihr	habet gelernt	seiet gefahren	seiet gelernt | gefahren worden
sie	haben gelernt	seien gefahren	seien gelernt | gefahren worden

Konjunktiv 2 Präteritum AKTIV

Stamm +Endung +Umlaut bei starken Verben

			VORGANGSPASSIV
ich	lernte	führe	würde gelernt | gefahren
du	lerntest	führest	würdest gelernt | gefahren
er/sie/es	lernte	führe	würde gelernt | gefahren
wir	lernten	führen	würden gelernt | gefahren
ihr	lerntet	führet	würdet gelernt | gefahren
sie	lernten	führen	würden gelernt | gefahren

Konjunktiv 2 Plusquamperfekt

Hilfsverb haben oder sein + Partizip2 Vollverb ... **+worden**

ich	hätte gelernt	wäre gefahren	wäre gelernt | gefahren worden
du	hättest gelernt	wärest gefahren	warst gelernt | gefahren worden
er/sie/es	hätte gelernt	wäre gefahren	war gelernt | gefahren worden
wir	hätten gelernt	wären gefahren	waren gelernt | gefahren worden
ihr	hättet gelernt	wärt gefahren	wart gelernt | gefahren worden
sie	hätten gelernt	wären gefahren	waren gelernt | gefahren worden

Konjunktiv 1 Futur

ich werde, du werdest, er/sie/es werde, wir werden, ihr werdet, sie werden

lernen | *fahren* **Futur1** AKTIV
gelernt haben | *gefahren sein* **Futur2** AKTIV
gelernt werden **Futur1** PASSIV
gelernt worden sein **Futur2** PASSIV

Konjunktiv 2 Futur

ich würde, du würdest, er/sie/es würde, wir würden, ihr würdet, sie würden

lernen | *fahren* **Futur1** AKTIV
gelernt haben | *gefahren sein* **Futur2** AKTIV
gelernt werden **Futur1** PASSIV
gelernt worden sein **Futur2** PASSIV

Zeiten und Zeitformen im Zustandspassiv

Hilfsverb +Vollverb +Hilfsverb | (Unübliche Verwendung)

Präsens – Gegenwart

Präsens Hilfsverb sein + Partizip2 Vollverb
der Präsident   ist gewählt

Präteritum – Vergangenheit

Präteritum Hilfsverb sein + Partizip2 Vollverb
der Präsident   war gewählt

Futur I – Zukunft

Präsens Hilfsverb werden + Partizip2 Vollverb + sein
der Präsident   wird gewählt sein

Perfekt – vollendete Gegenwart
Präsens Hilfsverb sein + Partizip2 Vollverb + gewesen (Partizip2)
(der Präsident   ist gewählt gewesen)

Plusquamperfekt – vollendete Vergangenheit
Präteritum Hilfsverb sein + Partizip2 Vollverb + gewesen (Partizip2)
(der Präsident   war gewählt gewesen)

Futur II – vollendete Zukunft
Präsens Hilfsverb werden + Partizip2 Vollverb + gewesen (Partizip2) + sein
(der Präsident   wird gewählt sein)

EXTRA 1: REDEMITTEL

Ein Redemittel ist eine sprachliche Struktur, die im Rahmen oder Kontext einer Argumentation, Beschreibung, Stellungnahme oder eines sonstigen Vortrags zur Strukturierung eingesetzt und meist mittels Konnektor in die Aussage eingebunden wird.

[!] Dieses Extra ist angelehnt an die Prüfungsteile „Schriftliche Kommunikation" und „Mündliche Kommunikation". Aufgelistet wird pro Unterkategorie in der Regel eine größere Anzahl möglicher Redemittel, die sich als austauschbare Auswahl versteht. Für eine Prüfung ist es ratsam, sich nur die Redemittel aufzuschreiben und zu merken, die auch in der Prüfung verwenden werden sollen. Alle genannten Redemittel können beliebig ergänzt und erweitert werden!

Grafik beschreiben

- Statische Grafik mit Diagramm ...
- Dynamische Grafik mit Koordinatensystem/Verlaufslinie ...

Zu diesem Text/Vortrag liegt eine Grafik vor.
Hierzu liegt eine Grafik vor.
Die beigefügte/folgende Grafik bestätigt die Aussage.
Aus der beigefügten/folgenden Grafik ergibt sich ein anderes Bild.
Das Thema wird durch eine beigefügte/folgende Grafik weiter vertieft

Gegenstand der Grafik ist ...
Die Grafik hat [WAS] zum Gegenstand ...
Die Grafik informiert über [WAS] ...
Der Grafik ist zu entnehmen ...
In der Grafik ist [WAS] zusammengestellt ...
(Die) Grafik zeigt ...
- Grafik 1 zeigt, aus welchen Gasen sich die Atmosphäre zusammensetzt.
- Die Grafik 2 zeigt, dass der Kohlendioxidgehalt in der Atmosphäre gestiegen ist.
- Die Grafik 2 liefert uns Informationen zum Thema Kohlendioxidgehalt.

Aus der Grafik geht hervor, ...
Der Grafik ist zu entnehmen, ...
Auf der Grafik ist zu erkennen, ...
- Der Grafik 1 ist zu entnehmen, wie die Atmosphäre zusammensetzt ist.
- Auf der Grafik ist zu erkennen, dass 21 % der Atmosphäre aus Sauerstoff besteht.

Beispiel für eine statische Grafik / statisches Diagramm

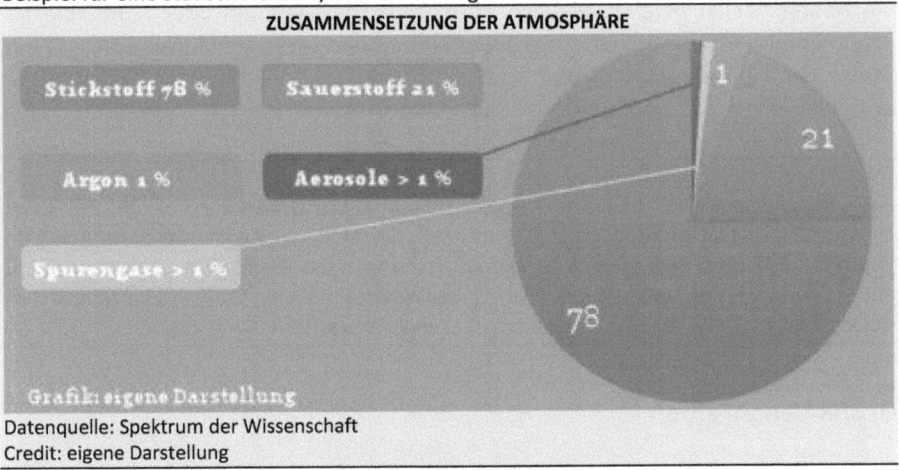

ZUSAMMENSETZUNG DER ATMOSPHÄRE

Stickstoff 78 %
Sauerstoff 21 %
Argon 1 %
Aerosole > 1 %
Spurengase > 1 %
1
21
78
Grafik: eigene Darstellung

Datenquelle: Spektrum der Wissenschaft
Credit: eigene Darstellung

Beispiel für eine dynamische Grafik / Entwicklungsdiagramm

KOHLENDIOXIDGEHALT IN DER ATMOSPHÄRE

DIREKTE MESSUNGEN 1958-HEUTE – LETZTE MESSUNG MAI 2024: 427 PPM

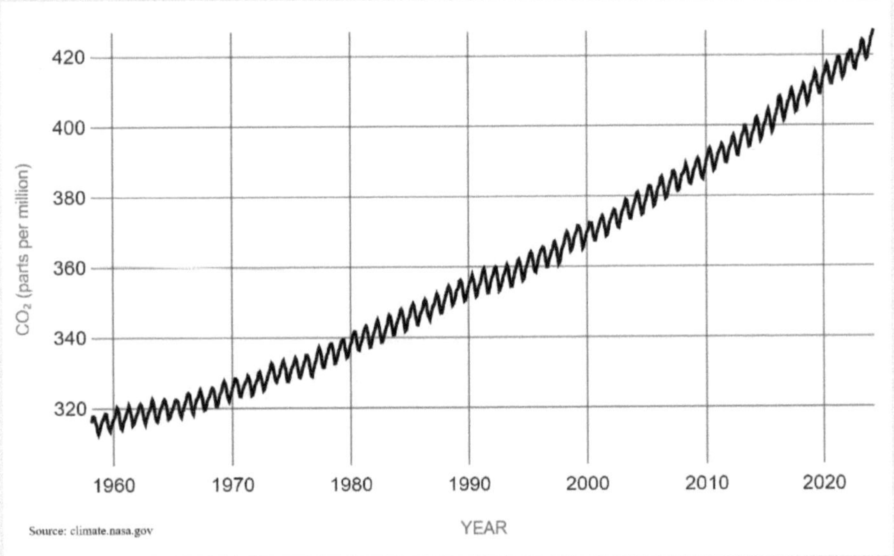

420
400
380
360
340
320
CO2 (parts per million)
1960
1970
1980
1990
2000
2010
2020
YEAR
Source: climate.nasa.gov

Datenquelle: NOAA, gemessen am Mauna Loa Observatory
Credit: NASA Mai 2024

Die Grafik basiert auf Daten [VON] [WANN]
Die Grafik aus dem Jahr [WANN] wurde von [WEM] veröffentlicht
Die [VON] [WANN] veröffentliche Grafik [TITEL] zeigt [WAS] …
- Die <u>von der NASA</u> <u>im Mai 2024</u> veröffentliche Grafik „<u>Kohlendioxidgehalt in der Atmosphäre</u>" zeigt <u>den CO_2-Anstieg für den Zeitraum von 1960 bis 2024</u>.

Auf der Grafik zu sehen ist ein
- Balken-/Flächen-/Kreis-/Linien-/Säulendiagramm
- Koordinatensystem

Die X-Achse enthält …
Auf der Y-Achse aufgetragen sind …

Die Angabe erfolgt in Prozent / absoluten Zahlen/Werten.
Die Werte sind in Prozent / absoluten Zahlen/Werten angegeben.
Die Werte geben den Anteil von [WAS] an …
- In Grafik 1 stehen auf der x-Achse die Jahre und auf der y-Achse ist der Kohlendioxidgehalt in Teilen pro Million angegeben.
- Auf Grafik 2 ist ein Kreisdiagramm zu sehen, mit dem die Zusammensetzung der Atmosphäre in Prozent angeben wird.

Der Grafik zu entnehmen ist [WAS]
Die Grafik zeigt/verdeutlicht [WAS]
Die Grafik bildet [WAS] ab
Die Grafik gibt einen Überblick / veranschaulicht [WAS]
- Grafik 1 zeigt die Anteile der Gase in Prozent.
- (Der) Grafik 2 kann entnommen werden, dass der Wert auf über 420 gestiegen ist.

Die Grafik zeigt die Entwicklung von [WAS]
Die Grafik zeigt, wie sich [WAS] von [X] bis [Y] entwickelt …
Anhand der Grafik lässt sich die Entwicklung von [WAS] über Zeitraum [X] verfolgen.
Der Grafik ist zu entnehmen, dass [X] kontinuierlich steigt/sinkt.
Der Anteil von [WAS] hat sich um [X] erhöht | verringert/reduziert.
Die Zahl der [WAS] ist von [X] auf [Y] gestiegen/gesunken | gefallen/zurückgegangen.
Die Zahl von [WAS] hat sich halbiert | verdoppelt/verdreifacht/vervierfacht …
- Der Kohlendioxidgehalt ist <u>im genannten Zeitraum</u> <u>von 320</u> <u>auf über 420</u> gestiegen.

Wie der Vergleich der Ergebnisse zeigt, …
Im Vergleich zu [WANN] ist die Zahl [VON] gleichgeblieben/gestiegen/gesunken.
Im Jahr [WANN] hat sich die Zahl [VON] im Vergleich zu [WANN] erhöht/verringert, dagegen ist die Zahl der [WAS] im Jahr [WANN] höher/geringer als im Jahr [WANN].

Schreiben/Vortragen

Einleiten

ERST/ERSTENS – DANN – SCHLIESSLICH / ZUM SCHLUSS

Die Medien berichten, dass …
Medienberichten zufolge …

In letzter Zeit wird oftmals …
Es ist oft die Rede von …
Es wird vielfach gesagt/behauptet …

Heute spreche ich über das Thema …
Heute möchte ich über die Vor- und Nachteile von [WAS] …

zunächst
anschließend

Argumentieren

Ein Argument für/gegen [WAS] ist, dass …
Das erste/wichtigste Argument für/gegen [WAS] ist …
Zuerst/Zunächst möchte ich anführen …
Zu Beginn gehe ich auf [WAS] ein …

daneben
darüber hinaus
des Weiteren
ferner
weiterhin
ein weiteres Argument für/gegen [WAS] ist …
ein zweites Argument für/gegen [WAS] ist …

Zu ergänzen/hinzuzufügen ist, dass …
Es sollte noch hinzugefügt werden, dass …
Zudem möchte ich noch anmerken, dass …
Zu den zuvor genannten Punkten kommt hinzu, dass …
Es darf auch nicht vergessen werden, dass …
Als abschließendes Argument möchte ich noch erwähnen, …

abschließend
letztlich
schließlich
zuletzt
zum Schluss

Begründen und belegen

Ein wichtiger Grund ist, dass …
Ein Grund dafür ist, dass …
Dafür lassen sich folgende Gründe anführen …
[A] kann damit begründet werden, dass …
Welche Gründe gibt es für …?
Welche Gründe sind zu nennen für …?

Das zeigt sich daran, dass [WAS]
Das ist daran zu erkennen/sehen, dass …
Dies liegt daran, dass …
Der Grund dafür ist …
Dazu trägt bei, dass …
Das ist sinnvoll, weil …

Als Beispiel hierfür kann genannt werden …
Dazu möchte ich ein Beispiel nennen …
Ich möchte das anhand eines Beispiels verdeutlichen …
Hierzu ein konkretes Beispiel …
Ein Beispiel für [A] ist [WAS] …
Ein Beispiel dafür ist [WAS] …
Als Beispiel dafür lässt sich [WAS] nennen …
Exemplarisch verdeutlicht das …
Beispielhaft ist hier zu nennen …
Dies zeigt sich zum Beispiel / beispielsweise …

zum Beispiel
beispielsweise

Abwägen

ein wichtiges Argument dafür ist [WAS] ⇆ Dagegen spricht aber …
dafür spricht ⇆ dagegen spricht
was dafür spricht, ist [WAS] ⇆ Was dagegen spricht, ist [WAS]
Befürworter vertreten die Ansicht … ⇆ Gegner sind der Meinung …
wohingegen [A] den Vorteil hat, dass [WAS], hat [B] den Nachteil, dass [WAS] …
im Gegensatz zu [A] hat [B] den Vorteil/Nachteil …

auf der einen Seite … ⇆ auf der anderen Seite …
einerseits … ⇆ andererseits …
zum einen … ⇆ zum anderen …
wenn auch [A], so ist doch [B] …

[A] ist zwar …, aber [B] ist …
sowohl [A] …, als auch [B] …

Ich stimme (dir/Ihnen) in dem Punkt zu, aber …
Das stimmt zwar, aber/jedoch ….
Ich kann deine/Ihre Argumente nachvollziehen, aber/jedoch …
Im Prinzip ist das richtig, aber/jedoch …
Da kann ich dir/Ihnen zustimmen, auch wenn …
Auch wenn du/Sie in Bezug auf [WAS] recht hast, ist zu sehen, dass …
Es ist aber berücksichtigen, dass …

Das ist nur bedingt richtig, denn …
Das sehe ich gänzlich anders, denn …
Dem kann ich nicht zustimmen.

Aus diesem Grund …
daher
daraus folgt
deshalb/deswegen
folglich
infolgedessen

Vermuten

Ich nehme an …
Ich vermute …
Ich schätze …
Es kann nur gemutmaßt werden …

vermutlich
wahrscheinlich

Zitieren

GEMÄSS/LAUT/NACH – SO

Nach [VORNAME NACHNAME / TITEL NACHNAME] kann es …
Nach [VORNAME NACHNAME / TITEL NACHNAME] ist es möglich …
Nicht auszuschließen ist nach [VORNAME NACHNAME / TITEL NACHNAME], dass …

Es ist möglich, so [VORNAME NACHNAME / TITEL NACHNAME], dass …
Nicht auszuschließen ist, so [VORNAME NACHNAME / TITEL NACHNAME], dass …
Wie [VORNAME NACHNAME / TITEL NACHNAME] aufführt …
Wie [VORNAME NACHNAME / TITEL NACHNAME] in seinem Buch/Vortrag aufführt …

Personalisieren

Aus eigener Erfahrung kann ich sagen …
Aus eigener Erfahrung weiß ich …

Ich habe die Erfahrung gemacht …
Ich selbst habe damit auch bereits Erfahrungen gemacht.
In unserem Unternehmen war es so …

Unsere Erfahrungen bestätigen dies …
Nach meiner Auffassung …
Nach meinem Dafürhalten …
Meines Erachten …
Meiner Meinung nach …

Abschließen/beenden

Ich spreche mich daher für [A] und gegen [B] aus
Ich plädiere dafür, dass [A] …

[A] ist so zu sehen …
Ich beurteile [A] so …
[A] erachte ich für …

[A] halte ich für richtig
angemessen
berechtigt
gut
positiv
sinnvoll
vernünftig

[B] halte ich für falsch
inadäquat
nachteilig
negativ
unangemessen
unberechtigt

Ob [A] oder [B] ist Ermessenssache.
Das liegt im Ermessen jedes Einzelnen.
Das muss jeder nach seinem Gutdünken entscheiden.
Das muss jeder für sich entscheiden.

EXTRA 2: ABKÜRZUNGEN UND AKRONYME

Einige Abkürzungen und Akronyme
{wie z. B. die EU}

Abkürzung: Ein abgekürztes Wort oder eine abgekürzte Folge von Wörtern.

- Abk. = Abkürzung

Akronym: Ein aus den Anfangsbuchstaben mehrerer Wörter gebildetes Kurzwort.

- EU = Europäische Union

©	Copyright
&	und
§	Paragraf
§§	Paragrafen
%	Prozent
‰	Promille

a. a. O.	am angegebenen Ort
Abb.	Abbildung
Abk.	Abkürzung
Abonnement	
ABM	Arbeitsbeschaffungsmaßnahme
Abs.	Absender
abw.	abwesend
a. D.	außer Dienst
AG	Aktiengesellschaft
AGB	Allgemeine Geschäftsbedingungen
Akkumulator	
allg.	allgemein
Anl.	Anlage
Anm.	Anmerkung
Art.	Artikel
Aufl.	Auflage
Automobil	
Az.	Aktenzeichen
Azubi	Auszubildender

Bafög	Berufsausbildungsförderungsgesetz
baul.	baulich
Bd.	Band
Betr.	Betreff
Bez.	Bezeichnung
Bf.	Bahnhof

BGB	Bürgerliches Gesetzbuch
Bhf.	Bahnhof
BIC	Bank Identifier Code
Bj.	Baujahr
Bsp.	Beispiel
bspw.	beispielsweise
Bus	Omnibus
bw.	bitte wenden
bzgl.	bezüglich
bzw.	beziehungsweise
ca.	circa/zirka
cm	Zentimeter
Damen	
DAX®	Deutscher Aktienindex
DB	Deutsche Bahn
Deodorant	
ders.	Derselbe
derw.	derweil
derz.	Derzeit
dgl.	dergleichen
DIN	Deutsche Industrie Norm
d. h.	das heißt
Dienstag	
Donnerstag	
Dr.	Doktor
dt.	deutsch
EDV	Elektronische Datenverarbeitung
EG	Europäische Gemeinschaft
E-Mail	Electronic Mail
etc.	et cetera
etc. pp.	et cetera perge perge
EU	Europäische Union
EUR	Euro
e. V.	eingetragener Verein
exkl.	Exklusive
f.	folgend
Fa.	Firma
FAQ	Frequently Asked Question

ff.	fortfolgend
FH	Fachhochschule
Freitag	
g.	Gramm
geb.	geboren
Geb.	Geburtstag
gem.	gemäß
ggf.	gegebenenfalls
gr.	Gramm
Herren	
Hbf	Hauptbahnhof
hist.	Historisch
i. A.	im Allgemeinen
i. A.	im Auftrag
IBAN	International Bank Account Number
i. d. R.	in der Regel
i. d. S.	in dem Sinne
i. V.	in Vertretung
i. V. m.	in Verbindung mit
inkl.	inklusive
insb.	Insbesondere
jährl.	jährlich
Jh.	Jahrhundert
Kfz	Kraftfahrzeug
kg	Kilogramm
Kilogramm	
KKH	Krankenhaus
Kl.	Klasse
km	Kilometer
km/h	Kilometer pro Stunde
Kripo	Kriminalpolizei
Kto.	Konto
Kto.Nr.	Kontonummer
kW	Kilowatt
l.	Liter
lfd.	laufend
Lkw	Lastkraftwagen

Lokomotive
Ltr.   Liter

m   Meter
max.   maximal
Mayonnaise
m. E.   meines Erachtens
MESZ   Mitteleuropäische Sommerzeit
MEZ   Mitteleuropäische Zeit
MfG   Mit freundlichen Grüßen
Mill.   Million(en)
min.   minimal
Min.   Minute
Mio.   Million(en)
Mittwoch
mm   Millimeter
m. M. n.   meiner Meinung nach
Montag
mtl.   monatlich
m. W.   meines Wissens
MwSt.   Mehrwertsteuer

n. Chr.   nach Christus
N. N.   nomen nominandum (noch zu benennen)
Nr.   Nummer

o. a.   oben angegeben
o. ä.   oder ähnlich
o. Ä.   oder Ähnliches
o. g.   oben genannt

Parkhaus
Parkplatz
PIN   Personal Identification Number
Pkw   Personenkraftwagen
Pos.   Position
priv.   privat
Prof.   Professor
PS   Pferdestärke(n)
PS.   Postskript(um)
qm   Quadratmeter

rd.	rund
s.	siehe
S.	Seite
sächl.	sächlich
Samstag	
s. a.	siehe auch
S-Bahn	Stadtschnellbahn
sog.	sogenannt
s. o.	siehe oben
Sonntag	
St./Skt.	Sankt
St./Stk.	Stück
Std.	Stunde(n)
StGB	Strafgesetzbuch
Str.	Straße
s. u.	siehe unten
t	Tonne
tägl.	täglich
Tel.	Telefon
Trafo	Transformator
TÜV	Technischer Überwachungsverein
u. a.	unter anderem
u. ä.	und ähnliches
U-Bahn	Untergrundbahn
Universität	
UNO	United Nations Organization
USt.	Umsatzsteuer
usw.	und so weiter
u. U.	unter Umständen
v. a.	vor allem
v. Chr.	vor Christus
vgl.	vergleiche
v. l.	von links
v. r.	von rechts
vs.	versus
WE	Wochenende
wg.	Wegen

Wg.	Wohnung
WG	Wohngemeinschaft
wöchentl.	wöchentlich
www	World Wide Web
z. B.	zum Beispiel
z. Hd.	zu Händen
z. Hd. v.	zu Händen von
z. T.	zum Teil
z. z.	zurzeit
zzgl.	zuzüglich
zzt.	Zurzeit

EXTRA 3: ZAHLEN

0 bis 999999

null bis zwölf

0	null	10	zehn	[!] (~~einzehn~~)
1	eins	11	elf	[!] (~~einsundzehn~~)
2	zwei	12	zwölf	[!] (~~zweiundzehn~~)
3	drei			
4	vier			
5	fünf			
6	sechs			
7	sieben			
8	acht			
9	neun			

- Die kälteste Temperatur im Universum beträgt 0 Kelvin.
- Der Mensch hat 2 Arme, zwei Hände, zwei Beine und zwei Füße.
- Drei Monate bilden ein Quartal.
- Das Jahr hat 4 Quartale.
- Die Menschen haben 5 Finger an jeder Hand, also 10 Finger insgesamt.
- Sechs Monate sind ein halbes Jahr.
- Die Woche hat 7 Tage.
- Das Jahr hat 12 Monate.

zehn, zwanzig, 3 bis 9 +zig

10	zehn	[!] (~~einzehn~~)		60	sechzig	[!] (~~sechszig~~)
20	zwanzig	[!] (~~zweizehn~~)		70	siebzig	[!] (~~siebenzig~~)
30	dreißig	[!] (~~dreizig~~)		80	achtzig	
40	vierzig			90	neunzig	
50	fünfzig					

13 bis 99 {ein-/2 bis 9 +und +ZEHNER}

13	dreizehn	
14	vierzehn	
15	fünfzehn	
16	sechzehn	[!] (~~sechszehn~~)
17	siebzehn	[!] (~~siebenzehn~~)
18	achtzehn	
19	neunzehn	

Einerstelle eins bis neun +und + Zehner

21	einundzwanzig	22	zweiundzwanzig
23	dreiundzwanzig	24	vierundzwanzig
25	fünfundzwanzig	26	sechsundzwanzig
27	siebenundzwanzig	28	achtundzwanzig
29	neunundzwanzig		
31	einunddreißig	42	zweiundvierzig
53	dreiundfünfzig	64	vierundsechzig
75	fünfundsiebzig	86	sechsundachtzig
97	siebenundneunzig	98	achtundneunzig
99	neunundneunzig		

100 bis 999 {ein-/2 bis 9 +hundert +(1 bis 99)}

100	einhundert	
101	einhunderteins	
102	einhundertzwei	
111	einhundertelf	
199	einhundertneunundneunzig	
200	zweihundert	
234	zweihundertvierunddreißig	
645	sechshundertfünfundvierzig	[!] (~~sechhundert~~)
767	siebenhundertsiebenundsechzig	[!] (~~siebhundert~~)
999	neunhundertneunundneunzig	

1000 bis 99999 {ein-/2 bis 999 +tausend +(1 bis 99999)}

1000	eintausend	[!] ~~zehnhundert~~
1001	eintausendeins (eintausendundeins)	
1100	eintausendeinhundert	= elfhundert
1900	eintausendneunhundert	= neunzehnhundert
2000	zweitausend	[!] ~~zwanzighundert~~
9999	neuntausendneunhundertneunundneunzig	
10000	zehntausend	
60000	sechzigtausend	
99999	neunhundertneunundneunzigtausend	
100000	(ein)hunderttausend	
100001	einhunderttausendeins	
999999	neunhundertneunundneunzigtausendneunhundertneunundneunzig	

Schreibweisen

Tausendermarkierungspunkt zur besseren Lesbarkeit   1.000

1.000.000.000.000.000

Million bis Quadrillion

eine Million	[!] (eine ~~Millionen~~)	1000000
zwei Millionen		2000000
eine Milliarde		1000000000
eine Billion	[!] (eine ~~Billionen~~)	1000000000000
eine Billiarde		1000000000000000
eine Trillion	[!] (eine ~~Trillionen~~)	1000000000000000000
eine Trilliarde		1000000000000000000000
eine Quadrillion		1000000000000000000000000
Quadrilliarde		1000000000000000000000000000

Quintillion/Quinquillion, Quintilliarde/Quinquilliarde, Sextillion, Sextilliarde, Septillion, Septilliarde, Oktillion, Oktilliarde, Nonillion, Nonilliarde

Einerstelle eins bis neun + Million bis Quadrillion + 0-999999
eine Million zweihundertvierundfünfzigtausend 1254000

Schreibweisen
Zwei Komma drei Millionen = 2,3 Millionen =	2.300.000
Tausend Milliarden = 1.000 Milliarden = 1 Billion	1.000.000.000.000

Kardinalzahlen

Zahlen eins bis neunzehn +te
1. → der/die/das erste im ersten Stock
2. → der/die/das zweite im zweiten Stock
3. → der/die/das dritte im dritten Stock
4. → der/die/das vierte im vierten Stock
5. → der/die/das fünfte im fünften Stock
6. → der/die/das sechste im sechsten Stock
7. → der/die/das siebte im siebten Stock
8. → der/die/das achte im achten Stock
9. → der/die/das neunte im neunten Stock
10. → der/die/das zehnte im zehnten Stock
11. → der/die/das elfte im elften Stock
12. → der/die/das zwölfte
13. → der/die/das dreizehnte
14. → der/die/das vierzehnte
18. → der/die/das achtzehnte
19. → der/die/das neunzehnte

Zahlen ab neunzehn +ste
20. → der/die/das zwanzigste
21. → der/die/das einundzwanzigste
30. → der/die/das dreißigste
100. → der/die/das hundertste
111. → der/die/das hundertelfste
1000. → der/die/das tausendste

Brüche, Prozente und Nachkomma

1 Prozent	$1/_{100}$ = ein Hundert**stel**	0,01 = null Komma null eins
5 Prozent	$5/_{100}$ = $1/_{20}$ = ein Zwanzig**stel**	0,05 = null Komma null fünf
10 Prozent	$10/_{100}$ = $1/_{10}$ = ein Zehn**tel**	0,1 = null Komma eins
15 Prozent	$15/_{100}$ = $3/_{20}$ = drei Zwanzig**stel**	0,15 = null Komma eins fünf
19 Prozent	$19/_{100}$ = neunzehn Hundert**stel**	0,15 = null Komma eins fünf
20 Prozent	$20/_{100}$ = $1/_5$ = ein Fünf**tel**	0,2 = null Komma zwei
25 Prozent	$25/_{100}$ = $1/_4$ = ein Viertel	0,25 = null Komma zwei fünf
33,3 Prozent	$33/_{100}$ = $1/_3$ ≈ ein Drittel [!] (~~Dreitel~~)	0,33 = null Komma drei drei
50 Prozent	$50/_{100}$ = $1/_2$ = ein Halb(es) [!] (~~Zweitel~~)	0,5 = null Komma fünf
66,6 Prozent	$66/_{100}$ = $2/_3$ ≈ zwei Drittel	0,66 = null Komma sechs sechs
75 Prozent	$75/_{100}$ = $3/_4$ = drei Viertel	0,75 = null Komma sieben fünf
100 Prozent	$1/_1$ = ein Ganzes	1

Aussprache

0,66 = null Komma sechs sechs = null Komma sechsundsechzig

0,75 = null Komma sieben fünf = null Komma fünfundsiebzig

0,125 = null Komma eins zwei fünf = null Komma einhundertfünfundzwanzig

---

EXTRA 4: UHRZEITEN UND TAGESZEITEN

Uhrzeit

Null (0) Uhr ⊙ Zwölf (12) Uhr

Ein (1) Uhr ⊙ Dreizehn (13) Uhr

Zwei (2) Uhr ⊙ Vierzehn (14) Uhr

Drei (3) Uhr ⊙ Fünfzehn (15) Uhr

Vier (4) Uhr ⊙ Sechzehn (16) Uhr

Fünf (5) Uhr ⊙ Siebzehn (17) Uhr

Sechs (6) Uhr ⊙ Achtzehn (18) Uhr

Sieben (7) Uhr ⊙ Neunzehn (19) Uhr

Acht (8) Uhr ⊙ Zwanzig (20) Uhr

Neun (9) Uhr ⊙ Einundzwanzig (21) Uhr

Zehn (10) Uhr ⊙ Zweiundzwanzig (22) Uhr

Elf (11) Uhr ⊙ Dreiundzwanzig (23) Uhr

⊙ halb eins nachts/mittags

⊙ halb zwei nachts/mittags

⊙ halb drei morgens/mittags

⊙ halb vier morgens/mittags

⊙ halb fünf morgens/mittags

⊙ halb sechs morgens/abends

⊙ halb sieben morgens/abends

⊙ halb acht morgens/abends

⊙ halb neun morgens/abends

⊙ halb zehn morgens/abends

⊙ halb elf morgens/abends

⊙ halb zwölf mittags/nachts

9:00 = 9 Uhr = Neun Uhr → 9:05 = 9 Uhr (und) 5 Minuten = 5 Minuten nach 9 Uhr
9:10 = 9 Uhr 10 = 10 nach 9
9:15 = 9 Uhr 15 = Viertel nach 9
9:20 = 9 Uhr 20 = 20 nach 9 = 10 vor halb 10
9:25 = 9 Uhr 25 = 5 vor halb 10
9:30 = 9 Uhr 30 = Halb 10
9:35 = 9 Uhr 35 = 5 nach halb 10
9:40 = 9 Uhr 40 = 10 nach halb 10 = 20 vor 10
9:45 = 9 Uhr 45 = Viertel vor 10
9:50 = 9 Uhr 50 = 10 vor 10
10:00 = 10 Uhr = Zehn Uhr ← 9:55 = 9 Uhr 55 = 5 vor 10

Tageszeit

Die Tageszeiten sind nicht genau nach Uhrzeiten festgelegt.

→ die Nacht / nachts

→ früher Morgen / frühmorgens

→ der Morgen / morgens

→ der Vormittag / vormittags

→ der Mittag

→ der Nachmittag / nachmittags

→ später Nachmittag / früher Abend

→ der Abend / abends

→ später Abend / spätabends

- Der Zug fährt um <u>16:30 Uhr / sechzehn Uhr dreißig / halb fünf nachmittags</u> ab.
- Wir treffen uns am Montag um <u>9:45 Uhr / viertel vor zehn</u>.
- Das Flugzeug landet um <u>20:00 Uhr / acht Uhr abends</u> in Dubai.
- Der Bäcker beginnt um <u>ein Uhr dreißig / halb zwei in der Nacht</u> mit der Arbeit.

Datum

Tag (Kardinalzahl) + Monat + Jahr
- 20. Juli 1969

Tag (Kardinalzahl) + Monat (Kardinalzahl) + Jahr
- 20.7.1969 = 20.07.1969

Wochentag + Tag (Kardinalzahl) + Monat + Jahr
- Sonntag, 20.7.1969 = Sonntag, 20. Juli 1969
- Sonntag, den 20.7.1969 = Sonntag, den 20. Juli 1969

minus / vor unserer Zeitrechnung (v. u. Z.) [vor Christus (v. Chr.)]
- Trier wird im Jahr 16 v. u. Z. gegründet.
- Trier wird im Jahr -16 gegründet.

Tag, Monat, Jahr und Jahreszeit

der Wochentag, die Wochentage: der Montag, der Dienstag, der Mittwoch, der Donnerstag, der Freitag, der Samstag, der Sonntag

das Wochenende: der Samstag (auch: der Sonnabend), der Sonntag

der Arbeitstag, der Werktag, der Feiertag

der Monat, die Monate	**die Jahreszeit** (meteorologisch)
der Januar	der Winter
der Februar	der Winter
der März	der Frühling
der April	der Frühling
der Mai	der Frühling
der Juni	der Sommer
der Juli	der Sommer
der August	der Sommer
der September	der Herbst
der Oktober	der Herbst
der November	der Herbst
der Dezember	der Winter

das Jahr, die Jahre

vor unserer Zeitrechnung (v. u. Z.)	nach unserer Zeitrechnung (n. u. Z.)
vor Christus (v. Chr.)	nach Christus (n. Chr.)

Die Angabe wird nur bei negativen Jahren und Uneindeutigkeiten verwendet.

das Jahr -2000 = das Jahr 2000 v. u. Z.   das Jahr 2000 = (das Jahr 2000 n. u. Z.)
das Jahr -50 = das Jahr 50 v. u. Z.   das Jahr 50 = (das Jahr 50 n. u. Z.)

1969	= das Jahr eintausendneunhundertneunundsechzig
	= das Jahr neunzehnhundertneunundsechzig
1900	= das Jahr eintausendneunhundert
	= das Jahr neunzehnhundert
2000	= das Jahr zweitausend
	das Jahr ~~zwanzighundert~~

Jürgen Lang
Warum wandert ein Wanderfalke, wenn er doch fliegen kann?
Ausgabe 2024, 368 Seiten
Taschenbuch ISBN 978-3-384-15622-8
Kindle-eBook ASIN B0CWVFKJ48

Der Löffel, aber *das* Messer und *die* Gabel. Der *schöne* Tag, aber ein *schöner* Tag, einen *schönen* Tag und *eines* schönen *Tages*. Hans klopft an *der* Tür, aber Inge klopft an *die* Tür. Wir kaufen, *kauften* und haben *gekauft*, aber laufen, *liefen* und sind *gelaufen*. Wegen *dem* Eis ruht still und starr *der See*, aber wegen *des* Windes tobt und tost *die See*. Und spielt das Mädchen mit *seinem* oder mit *ihrem* Zopf?
Das sind nur wenige von gefühlt eine Millionen Irrungen und Wirrungen – oder eine Million? –, weshalb es im Volksmund „deutsche Sprache, *schwere* Sprache" heißt. Aber muss es nicht „deutsche Sprache, *schwierige* Sprache" heißen?

Ist die deutsche Sprache nun derart chaotisch und systemlos, sodass wir grammatische Kategorien nicht mehr erklären können und ständig nach richtigen und falschen Wortformen suchen müssen oder sind die möglichen Wortformen ein Ausdruck für die Vielfalt der deutschen Sprache, sodass es gar kein Richtig und Falsch gibt? Dies und vieles mehr findet heraus, wer mit diesem Buch als interdisziplinäre Abhandlung mit auf einen kurzweiligen wie unterhaltsamen Ausflug in die deutsche Sprache mit ihren scheinbaren Irrungen, Wirrungen und Untiefen kommt, an dessen Ende offensichtlich ist, warum der Wanderfalke wandert, obgleich er doch fliegen kann.

Ignoriert die Sprache die Geschlechter einiger Mitmenschen oder ignorieren einige Mitmenschen bei den Geschlechtern die Grammatik der Sprache?

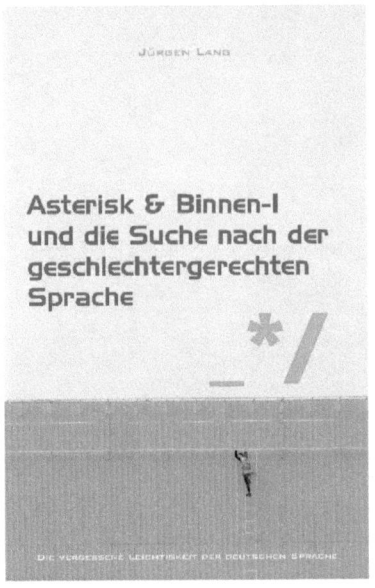

Jürgen Lang
Asterisk & Binnen-I und die Suche nach der geschlechtergerechten Sprache
Ausgabe 2024, 184 Seiten
Taschenbuch ISBN 978-3-384-15620-4
Kindle-eBook ASIN B0CTHPCSCL

„Ich wollte diese Woche noch zum Zahnarzt gehen, aber Frau Doktor ist im Urlaub."

Nach dem Postulat der Befürworter der Gendersprache müsste der Leser und die Leserin jetzt überrascht sein, dass der Zahnarzt hier eine Frau Doktor ist, denn mit der Zahnarzt werden keine Frauen bezeichnet, sondern benachteiligt und ignoriert. Oder nicht?
Das ist komprimiert und vereinfacht gesagt der sprachliche Kern der Genderdebatte, die sich auf eine einzige Frage reduzieren lässt: Ignoriert die Sprache die Geschlechter einiger Mitmenschen oder ignorieren einige Mitmenschen bei den Geschlechtern die Grammatik der Sprache?

Dies und vieles mehr findet heraus, wer mit diesem Buch als interdisziplinäre Abhandlung mit auf einen kurzweiligen wie unterhaltsamen Ausflug in die Sprachdebatte mit dem „Muss-sein" der Genderbefürworter und „Muss-nicht-sein" der Genderkritiker kommt, an dessen Ende ein Vorschlag – ein aus so mancher Sicht sicherlich überraschender – zum Beenden der festgefahrenen, meist emotional aufgeladenen und mittlerweile viele Mitmenschen nervenden Diskussion steht.